Rompe la barrera del no

Rompe la barrera del no

9 principios para negociar como si te fuera la vida en ello

CHRIS VOSS
con TAHL RAZ

Traducción de María Serrano Giménez

Las opiniones expuestas en ese libro son específicamente del autor y no del FBI.

Título original: *Never Split the Difference*
Primera edición: noviembre de 2016

ISBN: 978-84-16029-74-7

Depósito legal: B-17.428-2016

Impreso en Colombia - *Printed in Colombia*

Para mi madre y mi padre,
que me demostraron lo que es el amor incondicional
y me enseñaron los valores del trabajo duro y la integridad

Índice

1

Las nuevas reglas

Estaba intimidado.

Llevaba más de veinte años en el FBI, quince de ellos ejerciendo de negociador en crisis con rehenes, desde Nueva York hasta Filipinas y Oriente Medio. En un momento dado puede haber en la agencia diez mil agentes del FBI, pero solo un negociador jefe internacional de secuestros. Y ese era yo. Sin embargo, nunca me había enfrentado a una situación con rehenes tan tensa ni tan personal.

«Tenemos a su hijo, Voss. Entréguenos un millón de dólares o morirá.» Pausa. Parpadeo. Me concentro en hacer que mi ritmo cardíaco recupere la normalidad.

Sin duda, me había encontrado antes en este tipo de situaciones. Muchas veces. Dinero a cambio de vidas. Pero ninguna como esta. No con mi hijo en la diana. Ni por un millón de dólares. Y tampoco teniendo al otro lado a personas con brillantes títulos académicos y con la experiencia negociadora de una vida entera.

Verán, los que se encontraban al otro lado de la mesa —mi contraparte en la negociación— eran profesores de negociación de la facultad de Derecho de Harvard.

Estaba en Harvard para hacer un cursillo de negociación para ejecutivos y ver si podía aprender algo del enfoque del mundo empresarial. Supuestamente iba a ser algo tranquilo y relajado, un poco de desarrollo profesional para un tipo del FBI que trata de ampliar horizontes.

Pero cuando Robert Mnookin, el director del Harvard Negotiation Research Project, se enteró de que estaba en el campus, me invitó a su despacho para tomar un café. Solo para charlar, me dijo.

Me sentí honrado. Y asustado. Mnookin es un hombre impresionante a quien sigo desde hace años: no solo es profesor de derecho de Harvard, sino también un pez gordo en el ámbito de la resolución de conflictos y autor del libro *Pactar con el diablo: cuándo negociar y cuándo luchar*.[1]

Si soy sincero, me parecía injusto que Mnookin quisiera hablar del arte de la negociación conmigo, un ex policía de barrio de Kansas City. Y entonces la cosa se puso peor. En cuanto Mnookin y yo nos sentamos, se abrió la puerta y entró otra profesora de Harvard. Era Gabriella Blum, especialista en negociación internacional, conflictos armados y lucha antiterrorista, que había trabajado durante ocho años como negociadora para el Consejo de Seguridad Nacional de Israel y las Fuerzas de Defensa de Israel. La durísima FDI.

A una señal, entró el ayudante de Mnookin y puso una grabadora sobre la mesa. Mnookin y Blum me sonrieron.

Era una trampa.

—Tenemos a su hijo, Voss. Entréguenos un millón de dólares o morirá —me dijo Mnookin, sonriendo—. Soy el secuestrador. ¿Qué va a hacer?

Tuve un acceso de pánico, pero era de esperar. Eso no cambia jamás: incluso si llevas dos décadas negociando para salvar vidas humanas, sigues sintiendo miedo. Aunque se trate de una situación ficticia.

Me serené. Vale, yo era un policía de barrio que había llegado a ser agente del FBI y estaba viéndomelas con unos auténticos pesos pesados. Y tampoco puede decirse que fuese ningún genio. Pero si estaba en esa habitación era por alguna razón. A lo largo de los años había ido acumulando una serie de habilidades y tácticas para abordar la interacción humana que no solo me han ayudado a salvar vidas, sino que, tal como reconozco ahora en retrospectiva, también han transformado mi propia vida. Mis años como negociador lo habían permeado todo, desde la manera en que me relaciono con los agentes de atención al cliente hasta la forma en la que educo a mis hijos.

—Vamos. Si no me da el dinero, le corto el cuello a su hijo ahora mismo —dijo Mnookin. Estaba tanteándome.

Le miré larga y detenidamente. Y sonreí.

—¿Cómo se supone que voy a conseguir eso?

Mnookin guardó silencio. Su expresión tenía un matiz de compasión divertida, como un perro cuando el gato al que persigue se da la vuelta e intenta perseguirlo a él. Era como si estuviéramos jugando a juegos distintos con reglas diferentes.

Mnookin recuperó la compostura y me miró arqueando las cejas como si quisiera recordarme que el partido aún no había terminado.

—¿Así que le da igual que me cargue a su hijo, señor Voss?

—Lo siento, Robert, ¿cómo sé que sigue con vida? —le dije, empleando una disculpa y su nombre de pila, sembrando calidez en la interacción con el objetivo de complicarle su estrategia de avasallarme—. Lo siento de verdad, pero ¿cómo puedo darte dinero en este momento, y más un millón de dólares, si ni siquiera sé que está vivo?

Fue todo un espectáculo ver a un hombre tan brillante como aquel quedarse aturdido por lo que debió de parecerle una insensatez muy rudimentaria. Por el contrario, sin embargo, si hay algo que no era insensato era mi jugada. Estaba empleando la que había llegado a ser una de las herramientas de negociación más potentes del FBI: la pregunta de respuesta abierta.

Hoy, tras haber dedicado algunos años a desarrollar estas técnicas para el sector privado con mi agencia de consultoría, The Black Swan Group, a esta táctica la llamamos «preguntas calibradas»: son interrogantes a los que el otro puede responder pero que no tienen respuestas cerradas. Sirven para ganar tiempo. Le dan al interlocutor una ilusión de control —a fin de cuentas, sigue siendo él quien tiene las respuestas y el poder—, y todo ello sin darle ni la más mínima idea de hasta qué punto esto le constriñe.

Como era de esperar, Mnookin empezó a titubear porque el marco de la conversación se había desplazado de la cuestión de cómo respondería yo a la amenaza de que mataran a mi hijo a cómo gestionaría el profesor las cuestiones logísticas relativas a la consecución del dinero. A cómo resolvería él mis problemas. A cada una de sus amenazas y exigencias, yo seguía preguntándole de dónde se suponía que iba a sacar el dinero y cómo se suponía que podía fiarme de que mi hijo estuviera vivo.

Después de que lleváramos así tres minutos, intervino Gabriella Blum.

—No le dejes que te haga eso —le dijo a Mnookin.

—Bueno, pues inténtalo tú —contestó él, alzando las manos al aire.

Blum entró en la negociación. Por los años que había pasado en Oriente Medio, ella era más dura. Pero mantuvo la estrategia de avasallarme y todo lo que consiguió sacarme fueron las mismas preguntas.

Mnookin intervino de nuevo, pero tampoco consiguió llegar a ningún sitio. De la frustración, empezó a ponérsele la cara roja. Era evidente que la frustración le estaba impidiendo pensar con claridad.

—Vale, vale, Bob. Ya está —le dije, poniendo fin al mal rato.

Asintió. Mi hijo viviría un día más.

—Bueno —dijo—, supongo que el FBI sí que tiene algo que enseñarnos.

No solo había conseguido permanecer en mi terreno frente a dos de las figuras más distinguidas de Harvard, sino que había competido contra lo mejor de lo mejor y había salido victorioso.

Pero ¿había sido solo suerte? Desde hacía más de tres décadas Harvard era el epicentro mundial de la teoría y la práctica de la negociación. Lo único que yo sabía acerca de las tácticas que usábamos en el FBI es que funcionaban. En los veinte años que llevaba en la agencia, habíamos diseñado un sistema que había resuelto con éxito casi todos los casos de secuestro en los que lo habíamos aplicado. Pero no teníamos ninguna gran teoría al respecto.

Nuestras técnicas eran producto del aprendizaje: las habían desarrollado los propios agentes a partir de su experiencia negociando las diversas crisis y compartiendo después la información sobre lo que había funcionado y lo que no. Se trataba de un proceso repetitivo, no intelectual, en el que íbamos refinando las herramientas que usábamos día a día. Y la urgencia siempre estaba presente. Nuestras herramientas tenían que funcionar porque lo contrario significaba la muerte de alguna persona.

Pero ¿por qué funcionaban? Esa era la pregunta que me había llevado hasta Harvard y hasta aquel despacho con Mnookin y Blum. Fuera de las fronteras de mi pequeño mundo, me faltaba confianza. Y, sobre todo, necesitaba articular mis conocimientos y aprender cómo combinarlos con los suyos —y estaba claro que ellos tenían unos cuantos— para poder entenderlos, sistematizarlos y ampliarlos.

Sí, nuestras técnicas sin duda funcionaban con mercenarios, traficantes de drogas, terroristas y asesinos brutales. Pero ¿y con las personas normales?

Como pronto descubriría en los pasillos de Harvard, nuestras técnicas tenían un gran componente teórico y funcionaban en cualquier parte. Resultó que nuestra forma de abordar las negociaciones encerraba algunas claves que permiten desarrollar una interacción humana provechosa en todos los ámbitos, formas de interacción y relaciones de la vida.

Este libro cuenta cómo funcionan.

El tonto más listo de la clase

Para dar respuesta a mis preguntas, un año después, en 2006, conseguí ser admitido en el curso de invierno de negociación de la Escuela de Derecho de Harvard. Allí solo entran los mejores y el curso estaba lleno de brillantes alumnos de empresariales y derecho de Harvard, y de otras universidades punteras de Boston como el MIT y Tufts. Eran como las clasificatorias para las olimpíadas de la negociación. Y yo era el único que venía de fuera.

El primer día de clase, los 144 alumnos nos amontonamos en un auditorio para asistir a la charla introductoria y después nos repartimos en cuatro grupos, cada uno bajo la dirección de un instructor de negociación. Tras una breve conversación con nuestro instructor —la mía se llamaba Sheila Heen y, a día de hoy, sigue siendo una buena amiga— nos dividieron en parejas para realizar un simulacro de negociación. Era sencillo: uno vendía un producto y el otro era el comprador,, y cada uno tenía fijado el precio límite al que podía llegar.

Mi contraparte era un pelirrojo lánguido llamado Andy (es un seudónimo), uno de esos tipos que llevan su superioridad intelectual exactamente igual que sus pantalones de vestir: con relajada confianza. Entramos en un aula vacía que daba a uno de los patios de estilo inglés del campus de Harvard y empezamos a poner en uso las herramientas con las que contábamos cada uno. Andy hacía una oferta y desarrollaba una explicación racional imposible de refutar que justificaba por qué aquella era una buena oferta —una trampa lógica—, y yo le contestaba con alguna variación de la pregunta: «¿Cómo se supone que voy a hacerlo?».

Repetimos esta rutina unas cuantas veces hasta que llegamos a una cifra final. Cuando salimos del aula yo estaba contento. Creía que, para ser el tonto de la clase, no lo había hecho del todo mal.

Cuando volvimos a reunirnos todos en el aula, Sheila nos fue preguntando a qué acuerdo habíamos llegado cada uno sobre el precio e iba escribiendo el resultado en la pizarra.

Finalmente, me tocaba.

—Chris, ¿cómo te ha ido con Andy? —me preguntó—. ¿Cuánto le has sacado?

Nunca olvidaré la expresión de Sheila cuando le dije lo que Andy había aceptado pagar. Primero se le puso la cara roja, como si no pudiera respirar. Después soltó una especie de jadeo ahogado, como el llanto hambriento de un pajarillo recién nacido. Y finalmente se echó a reír.

A Andy se le veía avergonzado.

—Le has sacado literalmente cada penique que tenía —dijo—, y en sus instrucciones se indicaba que tenía que reservarse una cuarta parte para futuras empresas.

Andy se hundió en la silla todo lo que pudo.

Al día siguiente pasó lo mismo con otro compañero.

En serio, me quedé con todo el presupuesto de aquel tipo.

No tenía sentido. Tener suerte una vez era una cosa, pero esto era un patrón. Con lo que yo había aprendido por experiencia, a la vieja usanza, estaba fulminando a estudiantes que conocían cada ultimísimo truco que pudiera encontrarse en los libros.

La cuestión era que precisamente las técnicas a la última que empleaban ellos eran las que estaban anticuadas y más que vistas. Me sentía como si Roger Federer hubiera usado una máquina del tiempo y hubiera vuelto a los años veinte para jugar un torneo de tenis contra aquellos caballeros distinguidos con sus trajes sastre, sus raquetas de madera y sus regímenes de entrenamiento a media jornada. Allí estaba yo, con mi raqueta de aleación de titanio, mi entrenador personal y mis jugadas estratégicas de servicio y volea desarrolladas por ordenador. Los tipos contra los que jugaba eran igual de listos que yo —en realidad más—, y básicamente estábamos jugando al mismo juego con las mismas reglas. Pero yo tenía algunas habilidades de las que ellos carecían.

—Tu estilo especial se está haciendo famoso, Chris —me dijo Sheila cuando anuncié mis resultados del segundo día.

Se me abrió una sonrisa como la del gato de Cheshire. Es divertido ganar.

—Chris, ¿por qué no nos cuentas a todos cuál es tu enfoque? —me pidió Sheila—. Parece que a tus compañeros lo único que les has hecho es decirles «no» y quedarte ahí mirándolos, y los has desmontado. ¿De verdad es así de fácil?

Entendí lo que quería decir. Aunque en realidad no les había dicho que «no», las preguntas reiterativas que les hacía sí sonaban un poco a eso. Parecían insinuar que la otra parte estaba siendo injusta y deshonesta. Y eso era suficiente para hacer que dudaran de sí mismos y flaquearan. Responder a mis preguntas calibradas exigía una gran fortaleza emocional y unos conocimientos psicológicos tácticos que no estaban en la caja de herramientas que se les había proporcionado.

Me encogí de hombros.

—Solo les hago preguntas —contesté—, es un enfoque pasivo-agresivo. Me limito a hacer las mismas tres o cuatro preguntas abiertas una y otra vez. Acaban agotados de buscar respuestas y terminan por darme todo lo que quiero.

Andy dio un respingo en su asiento como si le hubiera picado una avispa.

—¡Maldita sea! —dijo—. Así que era eso lo que estaba pasando. No tenía ni idea.

Para cuando terminé mi curso de invierno en Harvard, me había hecho amigo de algunos de mis compañeros. Incluso de Andy.

Si algo me enseñó mi corta estancia en Harvard es que desde el FBI teníamos mucho que enseñarles a los demás sobre el arte de la negociación.

Allí me di cuenta de que sin una comprensión profunda de la psicología humana, sin aceptar que los seres humanos somos animales irracionales, locos e impulsivos que se dejan llevar por las emociones, toda la inteligencia y toda la lógica matemática del mundo resultan de poca ayuda en la interacción tensa y mudable que supone la negociación entre dos personas.

Sí, quizá el hombre sea el único animal que practica el regateo —entre los monos no se da el intercambio de un trozo de plátano por unas nueces—, pero independientemente de cuánto envolvamos nuestras negociaciones en teorías matemáticas, no dejamos de ser animales, actuamos y reaccionamos en primer lugar desde nuestros miedos, en su mayoría invisibles e innatos, nuestras necesidades y nuestras percepciones y deseos más profundos.

Pero no es eso lo que se enseñaba en Harvard. Sus técnicas y sus teorías tenían que ver sobre todo con el poder de lo intelectual y de la lógica, con acrónimos rimbombantes como BATNA y ZOPA, con nociones racionales del valor y con una concepción moralista de lo que es justo y lo que no. Y, por supuesto, todo el proceso de negociación se levantaba sobre este falso armazón de racionalidad. Contaban con un guión al que ceñirse, una secuencia predeterminada de acciones, ofertas y contraofertas diseñada en un orden específico para alcanzar un resultado concreto. Es como si estuvieran tratando con un robot que, invariablemente, respondería *x* si uno hacía *a*, *b* y *c* en un orden prefijado. Pero en el mundo real la negociación es demasiado impredecible y compleja. Quizá tengamos que hacer *a* y luego *d* y luego *q*.

Si yo era capaz de dominar a los mejores estudiantes del país con una sola de las muchas técnicas de negociación sintonizadas con lo emocional que había desarrollado y empleado contra terroristas y secuestradores, ¿por qué no aplicarlas al mundo empresarial? ¿Qué diferencia había entre unos atracadores de bancos que toman rehenes y unos CEO que emplean tácticas agresivas para conseguir rebajar el precio de una adquisición de 1.000 millones de dólares?

Después de todo, los secuestradores no dejan de ser hombres de negocios que intentan conseguir el mejor precio.

Negociación al estilo de la vieja escuela

La captura de rehenes —y por tanto la negociación con rehenes— ha existido desde el principio de los tiempos. El Antiguo Testamento ofrece numerosos relatos en los que tanto los israelís como sus enemigos toman rehenes como botín de guerra. Los romanos, por su parte, tenían la costumbre de obligar a los príncipes de los territorios sobre los que tenían vasallaje a que enviaran a sus hijos a educarse a Roma, y así se aseguraban la lealtad de los príncipes.

En Estados Unidos, hasta los tiempos de la administración Nixon la negociación con rehenes se limitaba a enviar a las tropas e intentar liberar a los rehenes a tiro limpio. Para los cuerpos de seguridad, la estrategia consistía básicamente en hablar y hablar hasta que dábamos con una forma de sacarlos a punta de pistola. Fuerza bruta.

Y entonces ocurrieron una serie de desastres que nos obligaron a cambiar el método.

En 1971, murieron treinta y nueve rehenes cuando la policía intentó resolver mediante el uso de las armas una rebelión de presos en la cárcel de Attica, en el norte del estado de Nueva York.

Poco después, durante las Olimpíadas de Munich de 1972, once atletas y entrenadores israelís fueron asesinados por sus captores palestinos después de un chapucero intento de rescate a cargo de la policía alemana.

Pero la mayor inspiración para que se diera un cambio institucional en los cuerpos de seguridad estadounidenses ocurrió en la pista de un aeropuerto de Jacksonville, Florida, el 4 de octubre de 1971.

En aquel momento, Estados Unidos estaba viviendo una epidemia de secuestros aéreos: en 1970 se habían producido cinco en un período de tres días. En medio de aquella atmósfera cargada, un hombre desquiciado llamado George Giffe secuestró un vuelo chárter que salía de Nashville, Tennessee, con intención de desviarlo a las Bahamas. Cuando acabó el incidente, Giffe había asesinado a dos rehenes —su ex mujer y el piloto— y, finalmente, se había suicidado.

Lo que ocurrió en esta ocasión es que la culpa no recayó sobre el secuestrador, sino directamente sobre el FBI. Dos de los rehenes habían conseguido convencer a Giffe de que les dejara marchar en la pista de Jacksonville, donde habían parado a repostar. Pero los agentes se impacientaron y dispararon al motor del avión, lo que llevó a Giffe a optar por la opción más drástica.

De hecho, la responsabilidad que se le atribuía al FBI era tan inexcusable que cuando la mujer del piloto y la hija de Giffe interpusieron una demanda por homicidio imprudente alegando negligencia por parte del FBI, los jueces fallaron a su favor.

En el emblemático fallo del caso *Downs contra Estados Unidos* de 1975, el tribunal de apelaciones sentenció que «había una alternativa más adecuada para proteger la seguridad de los rehenes» y dijo que el FBI había convertido «lo que había sido un "compás de espera" exitoso, durante el cual dos personas habían dejado el avión sanas y salvas, en una "competición de tiros" que acabó con la muerte de tres personas». El tribunal concluyó que «antes de proceder a una intervención táctica deben hacerse intentos razonables por negociar».

El caso Downs es el epítome de todo lo que no debe hacerse en una situación de crisis, y fue la inspiración de las teorías, las técnicas y el entrenamiento actuales para las negociaciones con rehenes.

Poco después de la tragedia de Giffe, el Departamento de Policía de la Ciudad de Nueva York (NYPD, por sus siglas en inglés) se convirtió en la primera fuerza policial del país que organizó un equipo de especialistas para diseñar procesos y gestionar negociaciones en situaciones de emergencia. Después llegaron el FBI y otros más.

Había empezado una nueva era de la negociación.

Cabeza frente a corazón

A principios de la década de 1980, el centro neurálgico del mundo de la negociación era Cambridge, Massachusetts, donde diversos investigadores de varias disciplinas empezaron a interactuar y a explorar nuevos conceptos apasionantes. El gran salto llegó en 1979, con la fundación del Harvard Negotiation Project, que tenía el mandato de mejorar la teoría, la docencia y la práctica de la negociación de modo que la gente pudiera gestionar de forma más eficaz cualquier situación, desde tratados de paz hasta fusiones de empresas.

Dos años después, Roger Fisher y William Ury —cofundadores del proyecto— publicaron *Obtenga el sí*,[2] un tratado pionero sobre negociación que cambió radicalmente la concepción de todos los implicados.

El enfoque de Fisher y Ury consistía básicamente en sistematizar la resolución de problemas de modo que permitiera a las partes negociadoras alcanzar un acuerdo beneficioso para ambas —el «sí» del título—. Su punto de partida era la asunción de que podemos someter al cerebro emocional —esa bestia animal, impredecible e irracional— adoptando un enfoque más racional de la resolución de problemas.

Su sistema, con cuatro principios básicos, era seductor y fácil de seguir. Uno, distinguir entre la persona —la emoción— y el problema. Dos, no enredarse con la posición de la otra parte (aquello que piden), sino centrarse en sus intereses (por qué lo piden) para descubrir qué es lo que quieren de verdad. Tres, cooperar para generar opciones ventajosas para ambas partes. Y cuatro, acordar mutuamente unos indicadores que nos permitan evaluar esas posibles soluciones.

Era una síntesis brillante, racional y profunda de la teoría de juegos y del pensamiento legal más avanzado de la época. Durante años, después de que se publicara ese libro, todo el mundo —FBI y NYPD incluidos— utilizaba el enfoque de la resolución de problemas en las interacciones de negociación. Parecía todo muy moderno y muy inteligente.

Un poco más allá, en el interior de Estados Unidos, dos profesores de la Universidad de Chicago se estaban dedicando a enfocarlo todo —desde la economía hasta la negociación— desde un ángulo totalmente distinto.

Se trataba del economista Amos Tversky y del psicólogo Daniel Kahneman. Juntos desarrollaron el campo de la economía comportamental —Kahneman ganó el Premio Nobel—, y demostraron que el ser humano es un ser irracional. Las emociones, según sus descubrimientos, son una forma de pensamiento.

Como hemos visto, cuando la escuelas de empresariales como la de Harvard empezaron a dar cursos de negociación en la década de 1980, el proceso se abordaba directamente como un análisis económico. En esa época los economistas más destacados del mundo declaraban que somos «actores racionales». Y esta concepción se incorporó también a los cursos de negociación: partiendo de que la otra parte actuaba racional y egoístamente en un intento de maximizar su posición, el objetivo era averiguar cómo responder en diversos escenarios para maximizar nuestro valor.

Este planteamiento dejaba perplejo a Kahneman, quien tras años dedicados a la psicología había aprendido que, en sus propias palabras: «Es evidente que las personas no son ni totalmente racionales ni completamente egoístas, y que sus gustos no son de ningún modo estables».

A lo largo de décadas de investigación con Tversky, Kahneman demostró que todos los seres humanos sufrimos algún sesgo cognitivo; es decir, algún proceso cerebral inconsciente —e irracional— que distorsiona literalmente nuestra forma de ver el mundo. Kahneman y Tversky descubrieron más de ciento cincuenta variedades de este sesgo cognitivo.

Está el Efecto de encuadre, que demuestra que las personas podemos responder de forma distinta a una opción dependiendo de cómo se enmarque esta (la gente valora más la posibilidad de moverse de un 90 a un 100 % —de una alta probabilidad a la certeza— que de un 45 a un 55 %, aunque en ambos casos el porcentaje sea de diez puntos). La Teoría prospectiva explica por qué asumimos riesgos injustificados cuando nos enfrentamos a pérdidas inciertas. Y la más famosa es la Aversión a la pérdida, que demuestra que estadísticamente existen más probabilidades de que emprendamos alguna acción para evitar una pérdida que para conseguir una ganancia de la misma proporción.

Kahneman plasmó posteriormente esta investigación en su *best-seller* de 2011, *Pensar rápido, pensar despacio*.[3] El ser humano, escribió, tiene dos sistemas de pensamiento: el Sistema 1, nuestra mente animal, es rápido, instintivo y emocional; el Sistema 2 es lento, deliberativo y lógico. Y es el Sistema 1 el que tiene mayor influencia sobre nosotros. De hecho, es el que guía y dirige nuestro pensamiento racional.

Las creencias, las emociones y las impresiones rudimentarias del Sistema 1 son la fuente principal de la que manan las creencias explícitas y las elecciones deliberadas del Sistema 2. Son el manantial que nutre el río. Ante cualquier sugerencia o pregunta reaccionamos en primer lugar de forma emocional (Sistema 1) y, seguidamente, esa reacción del Sistema 1 modela y determina la respuesta del Sistema 2.

Piénsalo bien: según este modelo, si descubres cómo afectar al Sistema 1 de tu interlocutor, cómo influir en sus emociones inarticuladas, usando el encuadre y la forma de plantear tus preguntas y argumentos, serás capaz de guiar la racionalidad de su Sistema 2 y, por tanto, de modificar sus respuestas. Eso es lo que le ocurrió a Andy en Harvard cuando le pregunté: «¿Cómo se supone que voy a hacer eso?». Conseguí influir en la mente emocional de su Sistema 1 para que aceptara que su oferta no era lo suficientemente buena; después, su Sistema 2 racionalizó la situación de forma que para él tuviera sentido hacerme una oferta mejor.

Si confiamos en las teorías de Kahneman, abordar una negociación basándonos en los conceptos del Sistema 2 sin tener las herramientas para leer, comprender y manipular el subyacente Sistema 1 es como intentar hacer una tortilla sin saber cómo cascar un huevo.

El FBI se vuelve emocional

A medida que el nuevo Equipo de Negociación de Rehenes del FBI fue creciendo y ganando experiencia en las habilidades de resolución de problemas durante las décadas de 1980 y 1990, quedó claro que a nuestro sistema le faltaba un ingrediente crucial.

En aquella época estábamos muy centrados en el estilo del *Obtenga el sí*. Y, como negociador, consultor y docente con décadas de experiencia, aún estoy de acuerdo con muchas de las potentes estrategias de negociación que plantea el libro. Cuando se publicó, ofrecía ideas innovadoras acerca de la resolución cooperativa de problemas e introdujo conceptos absolutamente necesarios como el de abordar las negociaciones teniendo una BATNA: *Best Alternative To a Negotiated Agreement* o Mejor Alternativa a un Acuerdo Negociado.

Era brillante.

Pero después de dos asedios que resultaron catastróficos —en

1992, a la granja de Randy Weaver en Ruby Ridge (Idaho) y, en 1993, a las instalaciones de la rama davidiana de David Koresh en Waco (Texas)—, no hubo duda de que la mayoría de las negociaciones con rehenes no constituían casos de resolución de problemas que pudieran abordarse por la vía racional.

Quiero decir: ¿alguna vez has intentado construir una situación beneficiosa para ambas partes donde «todos ganan» con un tipo que se cree el mesías?

Se estaba haciendo evidente que el *Obtenga el sí* no funcionaba con los secuestradores. Independientemente de cuántos agentes se leyeran el libro rotulador en mano, no había nada en él que nos permitiera mejorar el modo en que nosotros, negociadores de situaciones con rehenes, abordábamos la consecución de un trato.

Estaba claro que había un abismo entre la brillante teoría del libro y la experiencia cotidiana de los cuerpos de seguridad. ¿Cómo era posible que todo el mundo hubiera leído este superventas del mundo empresarial y lo recomendara como uno de los mejores textos sobre negociación jamás escrito y que aun así muy pocos pudieran aplicarlo con éxito?

¿Acaso éramos todos imbéciles?

Después de los casos de Waco y Ruby Ridge, mucha gente estaba preguntándose eso mismo. En concreto, el fiscal general adjunto de Estados Unidos, Philip B. Heymann, quería saber por qué nuestras técnicas de negociación en situaciones con rehenes eran tan lamentables. En octubre de 1993 publicó un informe titulado «Lecciones de Waco. Cambios propuestos en los cuerpos de seguridad federales»,[4] que resumía el diagnóstico de un comité de expertos sobre la incapacidad de los cuerpos de seguridad para manejar situaciones complejas con rehenes.

Como resultado, en 1994 el director del FBI, Louis Freeh, anunció la formación del Critical Incident Response Group (CIRG), el

Grupo de Respuesta para Incidentes Críticos, una división mixta que combinaría los distintos equipos de Negociación de Crisis, Gestión de Crisis, Ciencias del Comportamiento y Rescate de Rehenes, y reinventaría las formas de negociación en situaciones de emergencia.

La única cuestión era: ¿qué técnicas íbamos a utilizar?

Por esta época, dos de los negociadores más condecorados de la historia del FBI, mi compañero Fred Lanceley y mi antiguo jefe Gary Noesner, impartían una clase de negociación con rehenes en Oakland, California, y plantearon a su grupo de treinta y cinco experimentados oficiales de la policía una pregunta simple: ¿cuántos de ellos se habían enfrentado con alguna situación de negociación clásica en la que la resolución de problemas resultara ser la mejor técnica?

Nadie levantó la mano.

Entonces les hicieron la pregunta complementaria: ¿cuántos habían tenido que negociar alguna vez en entornos dinámicos, intensos e inciertos en los que el secuestrador estaba en crisis emocional y no tenía demandas claras?

Todos levantaron la mano.

Estaba claro: si el grueso de los incidentes con los que tienen que lidiar los negociadores de la policía depende de impulsos emocionales y no de interacciones de negociación racional, entonces nuestras habilidades deberían enfocarse con precisión en lo animal, lo emocional y lo irracional.

A partir de ese momento, tendríamos que poner el énfasis no en entrenarnos en la resolución de problemas y la negociación mediante *quid pro quo*, sino en formarnos en las habilidades psicológicas necesarias para intervenir en situaciones de crisis. Lo que debía ocupar el centro de una negociación eficaz no eran los obstáculos que habría que superar, sino las emociones y la inteligencia emocional.

Lo que necesitábamos eran tácticas y estrategias simples que funcionaran sobre el terreno destinadas a tranquilizar a las personas, establecer un espacio de entendimiento mutuo, ganarse su confianza, provocar la verbalización de sus necesidades y persuadir a la otra parte de que empatizamos con ella. Necesitábamos algo que fuese fácil de enseñar, fácil de aprender y fácil de ejecutar.

Después de todo, se trataba de policías y agentes, no tenían ningún interés en convertirse en académicos ni terapeutas. Lo que deseaban era saber cómo modificar el comportamiento del que tiene a los rehenes en su poder, fuera quien fuese y quisiera lo que quisiese, y cómo transformar el entorno emocional de la situación de crisis justo lo suficiente para garantizar la seguridad de todos los implicados.

Durante los primeros años, el FBI experimentó con técnicas antiguas y nuevas desarrolladas por los profesionales de la psicología. Eran recursos de terapia que estaban orientados a desarrollar una relación positiva con el implicado, demostrándole que comprendemos lo que está experimentando y que entendemos sus sentimientos.

Todo parte de la premisa universal de que la gente lo que quiere es ser comprendida y aceptada. Escuchar es la concesión menos costosa y más eficaz que podemos hacer. Al escuchar con atención, el negociador muestra empatía y un sincero deseo de comprender mejor aquello por lo que está pasando la otra parte.

Los estudios de psicoterapia demuestran que cuando los individuos se sienten escuchados, tienden a escucharse a sí mismos con más atención y a evaluar y clarificar abiertamente sus propios pensamientos y sentimientos. Además, suelen adoptar posturas menos a la defensiva o de confrontación y están más dispuestos a escuchar otros puntos de vista, lo que les lleva al lugar calmado y lógico en el que los negociadores pueden actuar como buenos solucionadores de problemas en el estilo *Obtenga el sí*.

Este concepto, que como veremos constituye el punto fuerte de este libro, se llama Empatía táctica. Se trata de abordar la escucha como un arte marcial, equilibrando el sutil comportamiento de la inteligencia emocional con las habilidades asertivas de la capacidad de influencia para obtener acceso a la mente de otra persona. Al contrario de lo que habitualmente se cree, la escucha no es una actividad pasiva, sino lo más activo que se puede hacer.

Una vez que empezamos a desarrollar nuestras nuevas técnicas, el mundo de la negociación se dividió en dos corrientes: la negociación tal como se enseñaba en las mejores escuelas del país siguió por la senda establecida de la resolución racional de problemas, mientras que, irónicamente, los zoquetes del FBI empezamos a entrenar a nuestros agentes en un sistema experimental basado en la psicología, la terapia y la intervención en situaciones de crisis. Mientras que las universidades de la Ivy League enseñaban matemáticas y económicas, nosotros nos convertíamos en expertos de la empatía.

Y nuestro estilo funcionaba.

La vida es negociar

Si bien es posible que sientas cierta curiosidad por saber cómo hacen los negociadores del FBI para conseguir que algunos de los malos más malos del mundo terminen liberando a sus rehenes, también sería comprensible que no te intrigue en la misma medida la relación que pueda haber entre la negociación en situaciones con rehenes y tu propia vida. Por suerte, muy pocas personas se ven obligadas a lidiar alguna vez con terroristas que hayan secuestrado a sus seres queridos.

Pero deja que te cuente un secreto: la vida es negociar.

La mayoría de las interacciones que desarrollamos en el trabajo y en casa son negociaciones que, al final, se reducen a la expresión de una necesidad simple y animal: «Quiero esto».

«Quiero que liberes a los rehenes» es una de las que tienen más relevancia en este libro, por supuesto.

Pero también:

«Quiero que aceptes este contrato de un millón de dólares».

«Quiero pagar 20.000 dólares por ese coche.»

«Quiero que me aumentes el sueldo un 10 %.»

Y:

«Quiero que te vayas a la cama a las nueve».

La negociación está al servicio de dos funciones vitales: la obtención de información y la influencia en el comportamiento, e incluye casi cualquier forma de interacción en la que cada parte quiere algo de la otra. Tu carrera, tu situación financiera, tu reputación, tu vida amorosa, e incluso el destino de tus hijos..., en algún punto todas ellas dependerán de tus habilidades negociadoras.

La negociación, tal como se entiende aquí, no es otra cosa que comunicación con resultados. Conseguir lo que quieres de la vida tiene que ver con conseguir lo que quieres de —y con— otras personas. El conflicto entre dos partes es inevitable en todas las relaciones. Por tanto es útil —e incluso crucial— saber cómo manejarse en ese conflicto para sacar de él lo que quieres sin infligir daños.

En este libro, basándome en mi experiencia de más de dos décadas en el FBI, recojo todos los principios y las prácticas que he empleado en el campo de la negociación en un nuevo enfoque diseñado para desarmar, redirigir y desmantelar al contrario en prácticamente cualquier tipo de negociación. Y para hacerlo de modo que reafirme la solidez de la relación.

Sí, veremos cómo se negocia la liberación sin apenas causar daños de incontables rehenes. Pero también aprenderemos a utilizar nuestros conocimientos de la psicología humana para negociar el precio de un coche a la baja, un aumento de sueldo o la hora de acostarse de los niños. Este libro te enseñará a recuperar el control de las conversaciones que modelan tu vida y tu carrera.

El primer paso para llegar a ser un maestro de la negociación cotidiana es superar la aversión a negociar. No tiene que gustarte, solo tienes que entender cómo funciona el mundo. Negociar no significa intimidar ni descorazonar a la gente. Significa, simplemente, saber jugar el juego emocional para el que está preparada la sociedad humana. En este mundo uno consigue lo que pide, solo que hay que saber pedirlo correctamente. Así que reclama tu derecho a pedir lo que crees que es justo.

De lo que va este libro, por tanto, es de conseguir que termines aceptando la negociación y que, al hacerlo, aprendas a obtener aquello que deseas de una forma conscientemente psicológica. Aprenderás a usar tus emociones, tu instinto y tu percepción en cualquier encuentro para conectar mejor con los demás, influir en ellos y obtener más cosas.

Una negociación eficaz consiste en aplicar la inteligencia popular y saber adoptar un sesgo psicológico en cada uno de los ámbitos de la vida: cómo tomarle la talla a alguien, cómo influir en su evaluación sobre nosotros y cómo emplear ese conocimiento para conseguir lo que uno quiere.

Pero atención: este no es un libro más de psicología aplicada. Encierra una perspectiva profunda y reflexiva (y, sobre todo, práctica) sobre las teorías psicológicas más punteras con lecciones extraídas a lo largo de veinticuatro años en el FBI y diez años de docencia y asesoría en las mejores escuelas de negocios y empresas del mundo.

Y si funciona es por una simple razón: se diseñó en y para el mundo real. No nació en una clase ni en una sala de entrenamiento, sino que se elaboró a partir de años de experiencia que fueron mejorando el enfoque hasta que llegó a ser casi perfecto.

Recuerda, un negociador de rehenes desempeña un papel único: tiene que ganar. ¿Acaso puede decirle a un atracador de bancos: «Vale, tienes cuatro rehenes. Encontremos un punto medio: dame dos y arreglado»?

No. Para tener éxito, un negociador de rehenes tiene que saber conseguir todo lo que pide sin dar a cambio nada sustancial, y tiene que hacerlo de modo que su adversario se quede con la sensación de que la relación que mantienen es excelente. Su trabajo es pura inteligencia emocional con un chute de esteroides. Y estas son las herramientas que vas a aprender aquí.

Este libro

Como en un edificio, este libro se ha construido desde abajo hacia arriba: primero se han puesto los grandes bloques de los cimientos, después los muros de carga, la cubierta, elegante e impermeable, y la bonita decoración interior.

Cada uno de los capítulos supone un desarrollo con respecto al anterior. Primero aprenderás las refinadas técnicas del enfoque de la Escucha activa y, después, las herramientas específicas, los turnos de palabra, los entresijos de la intervención final —el regateo— y, finalmente, cómo descubrir aquella rareza que puede ayudarte a alcanzar una verdadera maestría en la negociación: el cisne negro.

En el capítulo 2 aprenderás a evitar las asunciones que ciegan a los negociadores neófitos y a reemplazarlas con técnicas de Escucha activa, como la del reflejo, los silencios y el tono de voz de locutor de radio de programa nocturno. Descubrirás cómo se pueden ralentizar las cosas y hacer que tu contraparte se sienta lo bastante segura para desvelarse; aprenderás a discernir entre deseos (aspiraciones) y necesidades (el mínimo de un acuerdo); y a concentrarte en lo que la otra parte tenga que decir.

El capítulo 3 se detendrá en la Empatía táctica. Aquí aprenderás a reconocer la perspectiva del contrario y a ganar confianza y comprensión a través de las etiquetas: es decir, repitiéndole a tu interlocutor dicha perspectiva. También aprenderás a desactivar las dinámicas negativas sacándolas a la luz. Y, finalmente, cómo desarmar los argumentos que tu interlocutor pueda tener en tu contra al explicitarlos tú mismo de viva voz en una autoacusación.

Después, en el capítulo 4, examinaremos algunas formas de conseguir que el interlocutor se sienta comprendido y reafirmado en una negociación con el objetivo de crear una atmósfera que se estime incondicionalmente como positiva. Aquí aprenderás por qué en cada una de las fases de una negociación deberías esforzarte por obtener como respuesta un «así es» en lugar de un «sí», y veremos cómo identificar, rearticular y afirmar emocionalmente la perspectiva del interlocutor a través de los resúmenes y las paráfrasis.

El capítulo 5 muestra el otro lado del *Obtenga el sí.* Descubrirás que obtener un «no» es crucial, porque el «no» abre la negociación. También aprenderás a dejar a un lado tu ego y a negociar dentro del mundo de tu contraparte, que es el único modo de obtener un acuerdo que la otra parte vaya a cumplir de verdad. Finalmente, veremos cómo involucrar al interlocutor reconociendo su derecho a elegir, y aprenderás una técnica por correo electrónico que garantiza que tus mensajes nunca volverán a ser ignorados.

El capítulo 6 aborda el arte de moldear la realidad. Es decir, explicaré diversas herramientas que te servirán para enmarcar una negociación de forma que tu interlocutor llegue a aceptar conscientemente los límites que le impongas en la discusión. Aprenderás cómo orientar los plazos límite para crear una sensación de urgencia, a emplear la noción de «lo justo» para presionar a tu interlocutor, y a anclar sus emociones de forma que no aceptar la oferta que le plantees parezca una pérdida.

El capítulo 7 estará dedicado a esa herramienta increíblemente poderosa que empleé en Harvard, la Pregunta calibrada, los interrogantes que empiezan por «¿Cómo?» o «¿Qué?». Al impedir las respuestas en forma de «sí» o «no», estas preguntas obligan a nuestro interlocutor a dedicar su energía a resolver tus problemas.

En el capítulo 8 mostraré cómo pueden emplearse estas preguntas calibradas para prevenir posibles fallos en la fase de implementación. Como siempre digo, un «sí» no es nada sin un «cómo». Descubrirás también la importancia de la comunicación no verbal; cómo emplear las preguntas que empiezan por «¿Cómo?» para decir «no» con elegancia; cómo hacer que tu interlocutor apueste contra sí mismo; y cómo influir sobre aquellos miembros del equipo de la otra parte que no se sientan a la mesa de negociación pero que tienen la capacidad de fulminar un acuerdo.

En algún momento todas las negociaciones se reducen a lo básico: es decir, al puro y duro regateo a la antigua usanza. El capítulo 9 ofrece un proceso paso a paso para regatear eficazmente, desde cómo prepararse a cómo eludir a un interlocutor agresivo o cómo pasar a la ofensiva. Aprenderás los rudimentos del sistema Ackerman, el proceso más eficaz que tiene el FBI para preparar y plantear una oferta.

Finalmente, el capítulo 10 explica cómo descubrir y emplear el más raro animal de la negociación: el cisne negro. En toda negociación hay de tres a cinco píldoras de información que, de descubrirse, lo cambiarían todo. Ese concepto tiene la capacidad de alterar por completo la partida, hasta tal punto que a mi empresa le he dado el nombre de The Black Swan Group. En este capítulo, aprenderás a reconocer las señales que indican dónde está el nido oculto del cisne negro, y también algunas herramientas sencillas para emplear los «cisnes negros» de forma que te permitan ganar ventaja sobre tu contraparte y conseguir unos acuerdos verdaderamente espectaculares.

Cada capítulo comienza con la historia a cámara rápida de alguna negociación en situaciones con rehenes, que posteriormente se diseccionan con la atención puesta en la exposición de lo que funcionó y lo que no. Una vez explicadas la teoría y las herramientas, veremos algunos casos extraídos de la vida real, de mi propia experiencia o de la de otras personas, que con estas herramientas han conseguido salirse con la suya negociando un salario, adquiriendo un automóvil o solucionando irritantes menudencias domésticas.

Si al terminar este libro he conseguido que apliques estas técnicas cruciales para mejorar tu carrera y tu vida, habré conseguido lo que quiero. Estoy seguro de que lo harás. Pero, recuerda, para negociar con éxito es imprescindible prepararse. Esta es la razón por la que en el apéndice se ofrece una herramienta de incalculable valor que yo mismo empleo con mis alumnos y mis clientes: el Pliego de negociación, un manual conciso que reúne todas nuestras tácticas y estrategias para que puedas reflexionar sobre ellas y adaptarlas a cualquiera que sea el tipo de trato que estés intentando cerrar.

Lo más importante para mí es que comprendas lo urgente, esencial e incluso bonita que puede ser una negociación. Cuando abrazamos las posibilidades transformadoras de la negociación, aprendemos cómo conseguir lo que queremos y cómo llevar a los demás hasta un lugar mejor.

La negociación es el núcleo de la colaboración. Es lo que hace que el conflicto pueda volverse potencialmente significativo y productivo para ambas partes. Puede cambiarte la vida, igual que cambió la mía.

Siempre me he considerado un tipo corriente. Alguien que trabaja duro y está dispuesto a aprender, eso es cierto, pero no creo que posea ningún talento especial. Y siempre he pensado que la vida nos guarda posibilidades asombrosas. Cuando era joven, simplemente no sabía cómo acceder a esas posibilidades.

Pero con las habilidades que he aprendido, me he visto haciendo cosas extraordinarias y he observado cómo las personas a las que he enseñado han conseguido resultados que han transformado sus vidas. Cuando pongo en práctica lo que he aprendido a lo largo de los últimos treinta años, sé que tengo el poder de alterar el curso de mi vida, y también de ayudar a los demás a que hagan lo mismo. Treinta años atrás, si bien sospechaba que eso podía hacerse, no sabía cómo.

Ahora lo sé. He aquí cómo.

2

Sé un espejo

30 de septiembre de 1993

Una fresca mañana de otoño, hacia las ocho y media. Dos atracadores de bancos enmascarados hacen saltar la alarma al irrumpir en el Chase Manhattan Bank de la Sexta Avenida con Carroll Street, en Brooklyn. Dentro hay solo dos cajeras y un guardia de seguridad. Los atracadores golpean en la cabeza al guardia de seguridad, que tiene sesenta años y va desarmado, con una pistola de calibre 357, lo arrastran hasta el lavabo de caballeros y lo encierran en él. Una de las cajeras recibe el mismo tratamiento.

Entonces uno de los atracadores se vuelve hacia la otra cajera, le mete el cañón en la boca y aprieta el gatillo... Clic, hace el tambor vacío.

—La próxima es de verdad —le dice el atracador—. Y ahora, abre la caja.

Un atraco a un banco, con rehenes. En las películas pasa sin cesar, pero habían transcurrido casi veinte años desde la última vez que se produjo una de estas situaciones de *impasse* en Nueva York, la ciudad donde tiene lugar el mayor número de negociaciones con rehenes de todo el país.

Y esta resultó ser la primera vez que me tocó a mí presionar y hablar cara a cara con alguien que estaba reteniendo a unos rehenes.

Llevaba aproximadamente un año y medio entrenándome en la negociación de situaciones con rehenes, pero no había tenido la oportunidad de poner en práctica mis nuevas habilidades. Para mí, 1993 había sido un año increíble y muy atareado. Como miembro de las Fuerzas Especiales Antiterroristas Conjuntas del FBI, había participado en una investigación que consiguió abortar una conspiración que pretendía detonar unas bombas en los túneles de Holland y Lincoln, la sede de Naciones Unidas, y en el número 26 de Federal Plaza, hogar del FBI en Nueva York. Lo abortamos justo en el momento en el que los terroristas estaban preparando las bombas en un piso franco. Los conspiradores estaban asociados con una célula egipcia vinculada al Jeque Ciego, que finalmente fue declarada culpable de la autoría intelectual de la conspiración que habíamos descubierto.

Después de haber reventado una conspiración terrorista, podría pensarse que, en comparación, un atraco a un banco es una menudencia, pero para entonces yo ya me había dado cuenta de que la negociación iba a ser la pasión de mi vida. Y estaba deseando poner a prueba mis nuevas habilidades. Además, esta situación no era nada sencilla.

Cuando recibimos la llamada, mi compañero Charlie Beaudoin y yo salimos disparados a la escena, nos apeamos de su Crown Victoria negro y nos dirigimos al puesto de mando. En esta ocasión se había personado allí toda la caballería —NYPD, FBI, SWAT—, toda la fuerza y la inteligencia de las fuerzas policiales contra la desesperación impulsiva de un par de atracadores que estaban, a todas luces, superados por la situación.

La policía de Nueva York se había apostado al otro lado de la calle, dentro de otra oficina bancaria, detrás de un muro de furgonetas y coches patrulla azules y blancos. Los miembros del SWAT, observándolo todo a través de las mirillas de sus rifles desde los tejados de los edificios de ladrillo marrón cercanos, apuntaban sus armas hacia las puertas delantera y trasera del banco.

Las asunciones ciegan, las hipótesis guían

Los buenos negociadores, al empezar, saben que tienen que estar preparados para cualquier posible sorpresa; los negociadores excelentes tratan de usar sus habilidades para desvelar las sorpresas que saben con seguridad que les aguardan.

La experiencia les ha enseñado que lo mejor es manejar múltiples hipótesis a la vez: sobre la situación, sobre los deseos de la contraparte y sobre una serie de variables. Centrados en el momento presente y en alerta, emplean cualquier información que se les presenta para contrastar y distinguir las hipótesis verdaderas de las falsas.

En la negociación, cada percepción psicológica y toda nueva información que se revela anuncian un paso adelante y nos permiten descartar alguna hipótesis en favor de otra. Debemos iniciar el proceso con una buena predisposición al descubrimiento. Desde el inicio, nuestro objetivo es sonsacar y examinar la mayor cantidad de información posible. Razón por la cual, por cierto, la gente muy inteligente con frecuencia tiene problemas con las negociaciones: creen que no van a descubrir nada que no sepan ya.

Demasiado a menudo, a la gente le resulta más fácil ceñirse a lo que ya cree de antemano. A partir de lo que han oído, o a causa de sus propios sesgos, dan por hechas cosas sobre los demás, incluso antes de haberlos conocido. Hasta tal punto que ignoran sus propias percepciones para hacer que se adapten a sus conclusiones previas. Estas asunciones enturbian nuestras ventanas de la percepción del mundo, mostrándonos una versión inmutable —y a menudo fallida— de la situación.

Los grandes negociadores son capaces de cuestionar las asunciones del resto de los participantes implicados, ya las hayan aceptado por fe o por arrogancia, y así se mantienen más abiertos emocionalmente a todas las posibilidades y más ágiles intelectualmente en situaciones dinámicas.

Por desgracia, en 1993, yo no estaba ni cerca de ser un gran negociador.

Todos daban por hecho que la crisis se solucionaría rápidamente. Los atracadores no tenían otra opción que rendirse, o eso pensábamos. De hecho, empezamos el día con la información de que querían rendirse. Poco podíamos imaginar que se trataba de un ardid del cabecilla para ganar tiempo. Durante todo el día se estuvo refiriendo a la influencia que los otros cuatro atracadores ejercían sobre él. Yo aún no había aprendido a estar alerta a si el interlocutor abusa de los pronombres personales: el uso del nosotros/ellos o del yo. Cuanto menos importancia se dé alguien, más probable es que sea importante (y viceversa). Más tarde descubriríamos que solo había otro atracador y que, además, le habían engañado para que participara en el robo. En realidad, eran tres, si contamos al conductor que esperaba en la puerta y que huyó antes de que nosotros llegáramos a la escena.

El «jefe» de los secuestradores estaba dirigiendo su propia «operación de contrainformación», haciéndonos llegar todo tipo de información errónea. Quería que creyéramos que formaba parte de un grupo de conspiradores de varios países. También quería que creyéramos que sus compinches eran mucho más inestables y peligrosos que él.

En retrospectiva, por supuesto, su estrategia estaba clara: confundirnos todo lo posible hasta que lograra encontrar una salida. Constantemente nos decía que no era él quien estaba al mando y que todas las decisiones eran responsabilidad de los otros. Nos dio indicios de estar asustado —o, al menos, se mostró ligeramente vacilante— cuando le pedimos que transmitiera cierta información. Y aun así siempre hablaba con un tono calmado y con absoluta confianza. Todo esto era un recordatorio, para mis colegas y para mí, de que hasta que no sepas con quién te las estás viendo, no sabes con quién te las estás viendo.

Aunque la llamada se produjo hacia las ocho y media, para cuando llegamos al banco y establecimos contacto serían ya las diez y media. Una vez en la escena, lo que se comentaba es que aquello iba a ser pan comido, una situación de manual, breve y fácil. Nuestros jefes creían que sería cosa de entrar y salir en diez minutos, porque los malos, supuestamente, querían entregarse. Después, todo esto supondría un problema cuando las negociaciones se estancaran y la jefatura se sintiera avergonzada porque había cometido el error de compartir esta perspectiva optimista con la prensa, basándose en una información errónea de partida.

Llegamos con la intención de aceptar una rendición, pero la situación se torció casi de inmediato.

Todo lo que dimos por hecho estaba equivocado.

Tranquiliza al esquizofrénico

Nuestro Centro Operativo de Negociaciones (NOC, Negotiation Operation Center) estaba en una calle estrecha, en la oficina de un banco justo enfrente del Chase. Se encontraba demasiado cerca de la localización de los rehenes, a menos de treinta metros del punto de crisis y lo ideal es estar un poco más lejos, con lo que de entrada ya estábamos en desventaja. Es conveniente poner algo de distancia entre el lugar en el que estás y el peor escenario posible que pueda estar aguardándote en el otro lado de la negociación.

Cuando llegamos mi compañero y yo, se me asignó la tarea de asesorar por teléfono al negociador de la policía. Se llamaba Joe y no lo estaba haciendo mal, pero en estos casos nadie trabaja solo. Siempre trabajábamos en equipo. El razonamiento que sustenta esta política es que cualquier oído extra puede recoger información extra. En algunas de estas situaciones de *impasse* hemos llegado a tener hasta cinco personas conectadas a la misma línea simultáneamente, analizando la información a medida que va llegando y ofreciendo desde la retaguardia su perspectiva y sus consejos a quien de entre nosotros esté al teléfono. Así es como nos organizamos en aquella ocasión: Joe se encargaba de llevar las negociaciones por teléfono y otros tres o cuatro nos manteníamos a la escucha, pasándonos notas e intentando entender la confusa situación. Uno de nosotros se centraba en calibrar el estado de ánimo del secuestrador que estaba al otro lado de la línea, y otro buscaba claves o «indicadores» que nos permitieran leer mejor a qué nos estábamos enfrentando.

Mis alumnos no terminan de creerse esta idea y me preguntan: «¿En serio se necesita todo un equipo para... escuchar a alguien?». Y siempre les contesto que el hecho de que el FBI haya llegado a esa conclusión debería darles alguna pista. En realidad, escuchar bien no es tan sencillo.

Nos distraemos fácilmente. Desarrollamos una escucha selectiva y oímos solo lo que queremos oír porque nuestras mentes actúan en función de un sesgo cognitivo, buscando la consistencia más que la verdad. Y esto solo es el principio.

Cuando entran en una negociación, la mayoría de las personas están tan centradas en los argumentos que sustentan su posición que son incapaces de escuchar atentamente a la otra parte. En uno de los artículos de investigación más citados de la psicología,[5] George A. Miller planteó convincentemente la idea de que nuestra mente consciente solo es capaz de procesar siete elementos de información en un momento particular. En otras palabras, es fácil abrumarnos.

A quienes enfocan la negociación como una batalla de argumentos, lo que en realidad termina por abrumarlos son las voces de su propia cabeza. Cuando no están hablando, están pensando en sus argumentos, y cuando hablan los están defendiendo. Y, con frecuencia, quienes se encuentran al otro lado de la mesa hacen lo mismo, con lo que se produce lo que yo llamo un «estado de esquizofrenia»: todos atienden únicamente a la voz en su cabeza (y ni siquiera la escuchan bien, porque están haciendo otras siete u ocho cosas a la vez). Quizá la apariencia sea la de una conversación entre dos personas, pero en realidad son más bien cuatro hablando a la vez.

Hay una forma muy potente de conseguir acallar a la vez la voz de tu cabeza y la de la cabeza del interlocutor: dar a ambos esquizofrénicos la misma medicina. En lugar de priorizar tus propios argumentos —de hecho, en lugar de pensar durante los momentos iniciales en lo que vas a decir— debes convertir a la otra persona, y lo que esta tenga que decir, en tu único y absoluto centro de atención. Con esta forma de verdadera escucha activa —ayudado por las tácticas que aprenderás en los siguientes capítulos— dejarás desarmado a tu interlocutor. Harás que se sienta seguro y conseguirás que la voz de su cabeza empiece a silenciarse.

El objetivo es identificar lo que nuestros interlocutores necesitan en realidad (en términos económicos, emocionales o del tipo que sea) y hacerles sentir lo bastante seguros para que hablen largamente de lo que quieren. Esto último nos ayudará a descubrir lo primero. Es fácil hablar de nuestras pretensiones, de aquello que queremos, pues representa la aspiración de salirnos con la nuestra y sostiene cualquier ilusión de control que tengamos al empezar una negociación; las necesidades implican supervivencia, el mínimo necesario para hacernos actuar, y es lo que nos hace vulnerables. Pero nuestro punto de partida no deben ser ni las pretensiones ni las necesidades; debemos empezar escuchando, volcándonos en la otra persona, validando sus emociones y creando la suficiente sensación de confianza y seguridad para que pueda iniciarse una conversación.

Con el jefe de los atracadores del banco que llevaba las conversaciones por teléfono estábamos muy lejos de lograr ese objetivo. Continuamente lanzaba unas cortinas de humo extrañísimas. No quería decirnos su nombre, intentaba disimular su voz, le decía a Joe todo el rato que le tenía puesto en altavoz para que todo el mundo pudiera escucharle en el banco y, de pronto, anunciaba que iba a poner a Joe en espera y colgaba el teléfono. Nos pedía una y otra vez una furgoneta, y afirmaba que él y sus compinches la querían para llevar a los rehenes a la comisaría y rendirse. De ahí había salido la idea absurda de la rendición, pero, por supuesto, no se trataba de un plan de rendición sino de un plan de escape. En algún lugar de su mente el tipo pensaba que podía salir del banco sin que lo detuvieran y, cuando vio que su conductor se había largado del lugar del crimen, necesitaba hacerse con un vehículo.

Cuando todo acabó, se hicieron evidentes un par de detalles adicionales. No éramos los únicos a quienes mintió. Por lo que parece, el jefe no les había dicho a sus compinches que esa mañana iban a atracar un banco. Resultó que él era uno de los transportistas de dinero que trabajaba para el banco y había hecho creer a los otros que iban a desvalijar el cajero automático. Pero estos no habían accedido a tomar rehenes, así que descubrimos que sus compinches eran, a su vez, en cierto modo, rehenes. Se vieron atrapados en una situación problemática que no habían visto venir y, al final, fue esta «desconexión» entre los secuestradores lo que nos ayudó a meter una cuña entre ellos y acabar con el *impasse*.

Baja. El. Ritmo.

El jefe quería hacernos creer que tenían a los rehenes bien atendidos, pero en realidad no había ni rastro del guardia de seguridad y la segunda cajera había huido al sótano del banco a esconderse. Cada vez que Joe decía que quería hablar con los rehenes, el secuestrador se bloqueaba y actuaba como si en el interior del banco hubiera mucha actividad, haciendo esfuerzos ridículos para hacernos saber la cantidad de tiempo y energía que él y sus secuaces estaban invirtiendo en atender a los rehenes. A menudo, el jefe empleaba esta excusa para poner a Joe en espera o para terminar la llamada. Decía: «Las chicas tienen que ir al baño», «Las chicas quieren llamar a sus familias» o «Las chicas quieren comer algo».

Joe lo estaba haciendo bien, conseguía que el tipo siguiera hablando, pero también se encontraba un poco limitado por el enfoque sobre negociaciones que en aquella época empleaban los departamentos de policía. Era un enfoque mitad «inventarse movidas» mitad una estrategia de venta: básicamente, se trataba de intentar persuadir, coaccionar o manipular al interlocutor de cualquier forma posible. El problema era que teníamos demasiada prisa, estábamos empujando el proceso hacia una solución rápida; estábamos intentando resolver un problema y no influir en una persona.

Apresurarse es uno de los errores que todos los negociadores tienden a cometer. Cuando se nos ve con demasiada prisa, el otro puede sentir que no le estamos escuchando y nos arriesgamos a socavar el buen entendimiento y la confianza que hayamos construido. Hay abundantes estudios que certifican que una de las mejores herramientas con las que cuenta un negociador es el paso del tiempo. Al ralentizar el proceso, también lo serenamos. Después de todo, si alguien se pone a hablar, no se pone a disparar.

Tuvimos un golpe de suerte cuando los atracadores empezaron a armar follón con el tema de la comida. Joe mantuvo una conversación con ellos durante un rato sobre lo que querían comer y cómo se lo íbamos a entregar. Fue otra negociación en sí misma. Lo organizamos y lo teníamos todo preparado para enviar la comida en una especie de chisme robótico, porque eso era lo que le hacía sentir cómodo al jefe, cuando dio un giro de ciento ochenta grados y nos dijo que nos olvidáramos del asunto, que habían encontrado algo de comida dentro del banco. Así que nos iba poniendo un muro tras otro, una cortina de humo tras otra. Cuando nos parecía que estábamos haciendo un pequeño progreso, el tipo cambiaba de idea o nos colgaba el teléfono.

Mientras tanto, nuestros investigadores emplearon ese tiempo para comprobar las matrículas de las decenas de vehículos aparcados en las inmediaciones, y consiguieron hablar con los dueños de todos ellos excepto con uno: alguien llamado Chris Watts. Esta era nuestra única pista en aquel momento, y mientras seguía nuestro interminable tira y afloja por teléfono enviamos a un grupo de investigadores a la dirección en la que figuraba inscrita la matrícula de Chris Watts, donde encontraron a una persona que le conocía y que accedió a acompañarles a la escena para identificarle si era posible.

Seguíamos sin tener una vista del interior, así que nuestro testigo ocular tuvo que actuar más bien como «testigo auricular», e identificó a Chris Watts por la voz.

Con eso, supimos más sobre nuestro adversario de lo que él

creía que sabíamos, lo que nos daba una ventaja momentánea. Estábamos reuniendo todas las piezas del puzle, pero eso no nos acercaba ni un milímetro al desenlace deseado, que era identificar a los que estaban en el interior del edificio, asegurar la salud y el bienestar de los rehenes y sacarlos sanos y salvos: a los buenos y a los malos.

La voz

Cinco horas después seguíamos estancados, así que el teniente que estaba al mando me pidió que tomara el relevo. Joe salía y yo entraba. Básicamente, era la única jugada estratégica de la que disponíamos que no implicara una escalada de fuerza.

El hombre que ahora conocíamos como Chris Watts tenía la costumbre de terminar sus llamadas de forma abrupta, así que mi tarea consistía en encontrar un modo de hacer que siguiera hablando. Por tanto, puse mi tono de voz de locutor de radio de programa nocturno: profunda, suave, tranquila y reconfortante. Tenía instrucciones de sacarle a Watts tan pronto como fuera posible el tema de su identidad. Por otra parte, sustituí a Joe sin previo aviso, contra todo protocolo estándar. Resultó una jugada astuta por parte del teniente para remover un poco las cosas, pero fácilmente podía haber resultado contraproducente. Mantener un tono relajante era clave para reducir la confrontación.

Chris Watts oyó mi voz al teléfono y me interrumpió inmediatamente.

—¡Eh! ¿Qué ha pasado con Joe? —dijo.

—Joe no está. Soy Chris. Ahora hablas conmigo —contesté.

No se lo planteé como una pregunta. Fue una declaración que buscaba bajarle los humos, imprimiendo una inflexión descendente a la voz. La mejor forma de describir el tono de locutor de radio de programa nocturno es como la voz de la serenidad y la razón.

Al preparar una estrategia o un plan de negociación, tendemos a centrar nuestra energía en pensar qué vamos a decir o hacer, pero, en realidad, el modo más eficaz de influir en nuestro interlocutor de forma inmediata es a través de nuestra actitud, de cómo somos (nuestro comportamiento y nuestra forma de hablar en general), y también es lo que resulta más fácil de representar. Nuestro cerebro no procesa e interpreta solamente las acciones y las palabras de los demás, sino también sus sentimientos y sus intenciones, el significado social de su comportamiento y sus emociones. En un nivel subconsciente, podemos entender la mente de los demás no a través del pensamiento, sino aprehendiendo de manera bastante literal lo que el otro está sintiendo.

Imagínatelo como un tipo de telepatía neurológica involuntaria: cada uno de nosotros está en todo momento lanzando señales al mundo que nos rodea que indican si estamos listos para jugar o pelear, reír o llorar.

Cuando irradiamos calidez y aceptación, la conversación fluye. Cuando entramos en una habitación mostrando cierto grado de comodidad y entusiasmo, atraemos a la gente hacia nosotros. Sonríele a alguien por la calle y como acto reflejo te devolverá la sonrisa. Comprender ese reflejo y saber ponerlo en práctica es fundamental para alcanzar el éxito con casi cualquier habilidad de negociación que se pueda aprender.

Ese es el motivo por el que la herramienta más poderosa con la que puedes contar en cualquier tipo de comunicación verbal es la voz. Puedes emplearla para meterte intencionadamente en el cerebro de alguien y pulsar un interruptor emocional. De la desconfianza a la confianza. Del estado de nervios a la calma. En un instante, con la forma de hablar adecuada, el interruptor se acciona sin más.

Existen esencialmente tres tonos a disposición de los negociadores: el tono de locutor de radio de programa nocturno, el tono positivo/alegre y el tono directo o asertivo. Por ahora olvídate del tono asertivo; salvo en muy raras circunstancias, emplearlo será como darte una bofetada a ti mismo en un momento en el que lo que tienes que intentar es hacer progresos. Lo que harás es enviar al interlocutor señales de dominación, y este, ya sea de forma agresiva o pasivo-agresiva, se resistirá a cualquier intento de ser controlado.

La mayor parte del tiempo, lo recomendable será usar el tono positivo/alegre. Es el tono de una persona de trato fácil y de buen talante. La actitud debe ser ligera y alentadora. Aquí la clave está en relajarse y sonreír cuando estés hablando. La sonrisa tiene un impacto tonal que la otra persona captará incluso por teléfono.

El efecto de estos tonos de voz es intercultural, no se pierde con la traducción. Durante unas vacaciones que pasó en Turquía con su novia, uno de nuestros instructores de The Black Swan Group estaba perplejo —y también un poco avergonzado— ante el hecho de que su compañera consiguiera siempre mejores precios durante sus sesiones de regateo en los mercados de especias de Estambul. Para los vendedores de Oriente Medio, regatear es un arte. Tienen una inteligencia emocional muy afinada, y emplean la amabilidad y la hospitalidad para atrapar al cliente y crear una reciprocidad que termina en un intercambio monetario. Pero, como nuestro instructor descubrió al ver a su novia en acción, esta es una calle de dos sentidos: ella abordaba estos encuentros como un juego divertido, y así, no importa con cuánta agresividad presionara, su sonrisa y su forma de hablar alegre predisponían a los vendedores a llegar a un buen acuerdo.

Cuando la gente tiene un estado de ánimo positivo piensa con más rapidez, y es más probable que se avenga a colaborar en la resolución de un problema (en vez de luchar y resistirse). Esto tiene que ver con el «sonreidor» tanto como con el «sonreído»: si ponemos una sonrisa en el rostro y en la voz, también aumentará nuestra agilidad mental.

Con Chris Watts, la jugada adecuada no era la de sonar alegre. El mecanismo por el que funciona el tono de locutor de radio de programa nocturno es que, cuando imprimes una inflexión descendente a la voz, lo que transmites es que lo tienes todo bajo control. Al hablar despacio y con claridad expresas la siguiente idea: «Tengo el control». Cuando imprimes una inflexión ascendente estás invitando a que te den una respuesta. ¿Por qué? Porque introduces cierto grado de incertidumbre. Tu afirmación suena como una pregunta y dejas la puerta abierta para que el otro tome las riendas. Así que, en aquel caso, me cuidé mucho de utilizar un tono quedo, seguro.

Es el mismo tono que emplearía para negociar un contrato en el caso de que hubiera algún asunto que no esté abierto a discusión. Por ejemplo, si veo una cláusula sobre la cesión de derechos de una obra, puedo decir: «No cedemos los derechos de nuestras obras». Tal cual, llano, simple y amigable. No ofrezco una alternativa porque sería una invitación a seguir discutiendo, así que me limito a hacer una declaración directa.

Esa fue mi jugada en este caso. Dije: «Joe no está. Ahora hablas conmigo».

Cosa hecha.

Puedes permitirte ser directo e ir al grano siempre que también crees un ambiente de seguridad en un tono que diga: «Yo estoy bien, tú estás bien, vamos a solucionar esto juntos».

La marea estaba cambiando. Chris Watts se estaba poniendo nervioso, pero aún le quedaban algunas jugadas. Uno de ellos bajó al sótano en busca de una de las cajeras. En algún momento había desaparecido en las entrañas del banco, pero Chris Watts y su cómplice no la habían perseguido porque sabían que no tenía forma de escapar. Pero entonces uno la arrastró escalera arriba y la obligó a ponerse al teléfono.

—Estoy bien —dijo. Y eso fue todo.

—¿Quién es? —pregunté.

—Estoy bien —repitió ella.

Quería que siguiera hablando, así que le pregunté su nombre, pero ya no estaba.

Esta fue una jugada brillante por parte de Chris Watt. Era una amenaza, nos provocaba, de forma sutil e indirecta, a través de la voz de la mujer. De esa forma el malo nos hacía saber quién estaba al mando a ese lado del teléfono, pero sin complicar la situación. Nos había dado una «prueba de vida» que confirmaba que, en efecto, tenía rehenes que estaban en condiciones de hablar por teléfono, pero nos impedía recoger cualquier tipo de información útil.

Se las había arreglado para recuperar hasta cierto punto el control.

La técnica del reflejo

Chris Watts volvió a ponerse al teléfono intentando hacer como si no hubiera ocurrido nada. Se le notaba un poco nervioso, sin duda, pero al menos estaba hablando.

—Hemos identificado todos los coches de esta calle y hemos hablado con el dueño de cada uno de ellos, excepto con uno —le dije—. Tenemos aquí una furgoneta, una furgoneta azul y gris. No hemos conseguido dar con su dueño. ¿Sabes algo de esto?

—El otro vehículo no está porque hicisteis huir a mi conductor... —soltó.

—¿Hicimos huir a tu conductor? —reflejé su pregunta.

—Bueno, cuando vio llegar a la policía se largó.

—No sabemos nada de ese tipo. ¿Es el que conducía la furgoneta? —le pregunté.

Seguí aplicándole a Watts la técnica del reflejo y admitió una serie de cosas que le perjudicaban. Como decimos en mi empresa de consultoría, empezó a «vomitar información». Habló de un cómplice del que no sabíamos nada. Y esa conversación nos ayudó a pillar al conductor del coche de la huida.

El reflejo, llamado también isopraxis, consiste básicamente en imitar. Es otra forma de neurocomportamiento que mostramos los humanos (y otros animales) que hace que nos copiemos unos a otros con intención de hacernos sentir cómodos. Puede hacerse con patrones del habla, con el lenguaje corporal, el vocabulario, la cadencia o el tono de voz. Generalmente es un comportamiento inconsciente —rara vez nos damos cuenta cuando lo ponemos en práctica—, pero es un signo de que entre dos personas se está desarrollando un vínculo, que hay sintonía y que están estableciendo el tipo de compenetración que produce confianza.

Es un fenómeno (y ahora una técnica) que se basa en un principio biológico muy básico pero también profundo: tememos aquello que es diferente y nos atrae lo que es similar a nosotros. Como dice el dicho, Dios los cría y ellos se juntan. Cuando se pone en práctica de forma consciente, la técnica del reflejo es, pues, el arte de insinuar que existe una similitud con la otra persona. «Confía en mí. Tú y yo... nos parecemos», le dice el reflejo al inconsciente del otro.

Una vez que sepas detectar esta dinámica te la encontrarás en todas partes: una pareja que camina por la calle con sus pasos en perfecta sincronización; unos amigos conversando en un parque que asienten a la vez y cruzan las piernas al mismo tiempo. Estas personas están conectadas.

Si bien el reflejo se asocia más a menudo con formas de comunicación no verbal, y especialmente con el lenguaje corporal, como negociadores nuestro «reflejo» debe centrarse en las palabras y nada más. Ni en el lenguaje corporal ni en el acento ni en el tono de voz. Solo en las palabras.

De lo sencillo que es casi da risa: para el FBI, un «reflejo» consiste en repetir las tres últimas palabras (o entre una y tres palabras clave) de lo que la otra persona acaba de decir. De todo el arsenal de habilidades para la negociación con rehenes que tiene el FBI, el reflejo es la que más se parece a un truco mental Jedi. Es sencillo y, sin embargo, misteriosamente eficaz.

Al repetir lo que dice el otro despiertas ese instinto de reflejo, lo que hará, inevitablemente, que tu interlocutor desarrolle con más detalle lo que acaba de decir y mantenga el proceso de conexión. El psicólogo Richard Wiseman desarrolló un estudio con camareros para identificar qué método, el reflejo o el refuerzo positivo, resulta más eficaz para crear una conexión con un extraño.

Un grupo de camareros empleaba el refuerzo positivo y prodigaba elogios y reafirmaba a los clientes con palabras como «genial», «sin problema» y «claro que sí» como respuesta a cada comanda. El otro grupo utilizaba el método del reflejo con sus clientes simplemente repitiéndoles la comanda de vuelta. Los resultados fueron impresionantes: la propina media de los camareros que usaron el reflejo fue un 70 % mayor que la de quienes usaron el refuerzo positivo.

Decidí que ya era hora de dejar caer su nombre y que supiera que le teníamos fichado.

—Ahí fuera hay un vehículo registrado a nombre de Chris Watts —dije.

—Bueno —contestó, sin desvelar nada.

—¿Está ahí? ¿Eres tú? ¿Eres Chris Watts? —pregunté.

Era una pregunta idiota por mi parte. Un error. Para que el reflejo sea eficaz hay que dejar que se instale y haga su trabajo. Exige un poco de silencio. Y lo que yo hice fue pisotear mi reflejo. Tan pronto como lo dije deseé no haberlo hecho.

—¿Eres Chris Watts?

¿Qué iba a decir él? Por supuesto, contestó:

—No.

Yo había hecho un movimiento estúpido y le había proporcionado a Chris Watts una forma de evitar esta confrontación, pero de todas formas se puso nervioso. Hasta ese momento creía que su identidad era anónima. Fuera cual fuese la fantasía que tenía en mente, tenía una salida, un botón de deshacer. Ahora sabía que no era así. Me tranquilicé, bajé el ritmo un poco y esta vez mantuve la boca cerrada después de reflejarlo.

—¿No? Antes has dicho «Bueno» —dije.

Ahora sí que lo tenía, pensé. Su voz se elevó varios tonos. Terminó soltando algunas cosas, vomitando más información, y se aturulló tanto que dejó de hablar conmigo. De pronto, se puso al teléfono su cómplice, que después descubrimos que era Bobby Goodwin.

Hasta entonces no habíamos oído hablar a este segundo secuestrador. Todo el tiempo supimos que Chris Watts no actuaba solo, pero no sabíamos cuánta gente trabajaba con él, y aquí estaba su cómplice involuntario, creyendo que al otro lado del teléfono aún estaba nuestro primer negociador de la policía. Nos dimos cuenta de esto porque todo el rato me llamaba «Joe», y dedujimos que al principio estaba al tanto de todo, pero que se había ido quedando fuera a medida que se alargaba la situación de punto muerto.

Como mínimo, esta desconexión indicaba que no manejaban los dos la misma información, pero no me apresuré a corregirle.

Otra cosa: parecía que este segundo tipo estaba hablando a través de una toalla o una sudadera, o como si estuviera mordiendo algo de tela. Se tomaba muchas molestias para disimular la voz, lo que significaba que estaba asustado. Se mostraba nervioso, tremendamente inestable y preocupado por saber hacia dónde se estaba encaminando la situación de *impasse*.

Intenté serenarle, usando aún la inflexión descendente.

—Nadie se va a ninguna parte —dije.

Silencio.

—Nadie va a resultar herido —insistí.

Más o menos al minuto y medio, pareció que su inquietud desaparecía. También la voz amortiguada. Su voz se oyó con mucha más claridad cuando dijo:

—Confío en ti, Joe.

Cuanto más tiempo tenía al tipo hablando por teléfono, más claro iba quedando que estaba en un lugar en el que no deseaba estar. Bobby quería salir de allí y, por supuesto, quería salir sin resultar herido. Sabía que estaba metido hasta el cuello, pero no quería hundirse más. En sus planes de ese día no estaba el de robar un banco, pero hasta que no oyó mi tono calmado al otro lado del teléfono no empezó a ver una salida. A las puertas del banco le esperaba el séptimo mayor ejército del mundo: ese es el tamaño y el alcance del Departamento de Policía de la Ciudad de Nueva York a pleno rendimiento, y le apuntaban a él y a su cómplice. Obviamente, Bobby solo pensaba en cómo salir por aquella puerta ileso.

Yo no sabía en qué parte del banco estaba Bobby. Aún hoy ignoro si consiguió apañárselas para alejarse de Chris Watts o si estaba hablando delante de él. Lo único que sé es que yo tenía toda su atención y que él estaba buscando una forma de acabar con la situación, o al menos con el papel que le había tocado desempeñar.

Después descubrí que, entre una y otra llamada, Chris Watts se había dedicado a esconder el dinero dentro de las paredes del banco. Y también a quemar montones de dinero delante de las dos rehenes. A primera vista, puede parecer un comportamiento extraño, pero para alguien como Chris Watts tenía cierta lógica. Parece ser que se le había metido en la cabeza que podría quemar, digamos, 50.000 dólares, y si luego faltaban 300.000 los oficiales del banco no se pondrían a buscar los otros 250.000. Era un engaño interesante, no muy inteligente pero sí interesante. Mostraba una extraña atención al detalle. Al menos en su cabeza, si Chris Watts conseguía escapar de aquella tumba que se había cavado él solito, podría pasar desapercibido durante un tiempo y volver más adelante a por el dinero que había escondido, y que ya no estaría en la caja fuerte del banco.

Lo que me gustaba de este segundo tipo, Bobby, es que no intentó hacerme ningún truco por teléfono. Era franco, así que me permití contestar con la misma franqueza. Igual que él me devolvía todo lo que yo le daba, yo le devolvía todo lo que me daba él, así que en esto estábamos a la par. La experiencia me decía que todo lo que tenía que hacer era dejarle hablar y así conseguiríamos llegar a un acuerdo. Encontraríamos un modo de sacarle de ese banco... con o sin Chris Watts.

Alguien de mi equipo me pasó una nota: «Pregúntale si quiere salir».

—¿Quieres salir el primero? —le dije.

Me quedé en silencio.

—No sé cómo podría hacerlo —dijo Bobby finalmente.

—¿Qué te impide hacerlo ahora mismo? —pregunté.

—¿Cómo? —volvió a preguntar.

—¿Sabes qué? Reúnete conmigo en la puerta de la entrada ahora mismo.

Esto supuso un avance para nosotros, pero aún teníamos que sacar a Bobby de allí y encontrar un modo de hacerle saber que yo le estaría esperando al otro lado de la puerta. Le había dado mi palabra de que sería yo el encargado de aceptar su rendición y que él saldría ileso, así que ahora teníamos que lograr que fuera así... y a menudo esta fase de implementación puede ser la más complicada.

Nuestro equipo se dividió para organizar un plan. Yo me puse el chaleco antibalas. Examinamos la escena y pensamos que podía colocarme detrás de uno de los camiones que habíamos aparcado enfrente del banco, para que me cubriera en caso necesario.

Y entonces se produjo una de esas situaciones de locos donde una mano no sabe lo que está haciendo la otra. Resultó que en la puerta del banco se había puesto una barricada por fuera como precaución para que ninguno de los atracadores pudiera huir de la escena. Esto lo sabíamos todos, por supuesto, pero cuando llegó la hora de que Bobby se entregara y saliera por la puerta fue como si nuestros cerebros se hubieran echado a dormir. A nadie del equipo de los SWAT se le ocurrió recordarle a nadie del equipo de los negociadores este significativo detalle, así que durante unos minutos muy largos Bobby no podía salir y yo tuve una horrible sensación en el estómago que me decía que cualquier progreso que hubiéramos conseguido hacer con ese tipo no nos iba a servir para nada.

Así que allí estábamos, haciendo lo posible por recuperar el terreno perdido. Rápidamente, dos miembros del SWAT, con escudos antibalas y armados, se acercaron a la entrada para retirar la barricada de la puerta, y en ese momento aún no sabían a lo que se estaban enfrentando. Fue un momento muy tenso. Podía haber habido diez armas apuntando a los SWAT, pero ellos se aproximaron a la puerta muy despacio. Eran sólidos como rocas. Liberaron la puerta, se retiraron y, finalmente, pudimos proceder.

Bobby salió con las manos en alto. Le había dado unas instrucciones específicas sobre lo que tenía que hacer cuando saliera por la puerta. Lo cachearon dos miembros del SWAT. Bobby volvió la cabeza buscándome y dijo:

—¿Dónde está Chris? Quiero ver a Chris.

Finalmente, me lo trajeron y pudimos interrogarle en nuestro puesto de mando improvisado. Entonces nos enteramos de que dentro, reteniendo a los rehenes, solo quedaba una persona, y esto hizo que el jefe de la operación se disparara. Yo no lo supe hasta más tarde, pero podía entender sus motivos para enfadarse y sentirse avergonzado por este último giro de los acontecimientos. Había estado diciendo a los medios todo el tiempo que dentro del banco había un grupo de secuestradores (¿recuerdan?, una banda internacional de malos), y ahora resultaba que aquella operación la habían llevado a cabo dos personas, y que uno de los malos ni siquiera había querido tener parte en ello. Parecía que el jefe no tenía el control de la situación.

Pero, como digo, de esto nos enteramos más tarde. Todo lo que sabíamos en ese momento era que acabábamos de conseguir un montón de información nueva que indicaba que estábamos más cerca de lo que creíamos de llegar a la resolución que deseábamos. Era un avance positivo, algo digno de celebrar. Con lo que habíamos descubierto nos iba a resultar mucho más fácil seguir negociando, pero, aun así, el jefe estaba enfadado. No le gustaba nada que le hubieran engañado, así que cogió a un agente de la Unidad de Respuesta de Asistencia Técnica (TARU, por sus siglas en inglés) del Departamento de Policía de la Ciudad de Nueva York y le ordenó que introdujeran en el banco una cámara, un micrófono... lo que fuera.

Ahora que había conseguido entenderme con Bobby, el jefe me sustituyó y puso a otro negociador al teléfono. El nuevo negociador empleó la misma táctica que había usado yo un par de horas antes.

—Soy Dominick. Ahora hablas conmigo —dijo.

Dominick Misino era un gran negociador de rehenes; a mi juicio, uno de los mejores «cerradores», que es el término que se usa habitualmente para referirse al que se encarga de resolver los últimos detalles y asegurar el trato. Misino no se alteraba y era bueno en lo que hacía. Era directo y sereno, y muy vivo, no había quien se la colara.

Dominick siguió adelante. Y entonces ocurrió algo increíble. Increíble y casi desastroso. Mientras estaba hablando con Dominick, Chris Watts empezó a oír una herramienta eléctrica taladrando la pared detrás de él. Era un agente de la TARU intentando meter un micrófono dentro del banco... precisamente en el lugar y en el momento equivocados. Tal como estaban las cosas, con su compañero entregándose y dejando que se las apañara con el asedio él solo, Chris Watts estaba ya suficientemente intranquilo. Y al oír que estaban taladrando la pared, se puso fuera de sí.

Su reacción fue la de un pit bull arrinconado en una esquina. Le dijo a Dominick que era un mentiroso. Dominick, imperturbable, mantuvo su frialdad mientras Chris Watts se encolerizaba al otro lado del teléfono. Finalmente, la actitud tranquila y controlada de Dominick terminó por apaciguar al tipo.

En retrospectiva, intentar meter un micrófono en el banco en un momento tan avanzado de la negociación fue una jugada errónea, nacida de la frustración y el pánico. Habíamos conseguido sacar a uno de los secuestradores y, después, habíamos vuelto a perder el control. Sobresaltar a un secuestrador que podía o no haber sido una bomba de relojería no era en absoluto una buena idea.

Dominick siguió trabajando para suavizar las cosas, y entonces Chris Watts de nuevo le dio la vuelta a la situación.

—¿Y si dejo salir a uno de los rehenes? —dijo.

Llegó sin previo aviso. A Dominick ni siquiera se le había ocurrido pedírselo, pero Chris Watts se ofreció a dejar salir a una de las cajeras como si la cosa no tuviera importancia y, en este momento tan avanzado de la situación de *impasse*, me imagino que para él no la tenía. Desde su punto de vista, con un movimiento conciliatorio como aquel podía ganar el tiempo suficiente para pensar en una forma de escapar.

Dominick mantuvo la calma pero aprovechó la oportunidad. Dijo que primero quería hablar con la rehén para asegurarse de que todo estaba en orden, así que Chris Watts puso al teléfono a una de las mujeres. Ella había estado pendiente de todo y sabía que cuando Bobby fue a entregarse la situación había sido un poco chapucera, así que aunque estaba completamente aterrada, tuvo la claridad mental de preguntar por la puerta. Recuerdo haber pensado que esto demostraba unas enormes agallas: estaba aterrada, encerrada contra su voluntad, había sido tratada con rudeza y aún mantenía el sentido común.

—¿Está seguro de que tienen la llave de la puerta? —preguntó.

—La puerta está abierta —contestó Dominick.

Y lo estaba.

Al final salió una de las mujeres, sana y salva, y como una hora después le siguió la otra, también sin un rasguño.

Estábamos trabajando para sacar al guardia de seguridad, pero del relato de las cajeras no podíamos inferir cómo se encontraba. Ni siquiera sabíamos si aún estaba vivo. No lo habían visto desde primera hora de la mañana. Podía haber muerto de un ataque al corazón, no había forma de saberlo.

Pero Chris Watts tenía un último as guardado en la manga. Nos hizo una jugada rápida y de pronto, sin previo aviso, se ofreció a salir del banco. Quizá pensó que podía cogernos con la guardia baja otra vez. Lo extraño de su repentina aparición es que parecía estar mirando a su alrededor, examinando la escena, como si aún pensara que de algún modo podía evitar ser capturado. Hasta el momento en el que los policías le pusieron las esposas, su mirada iba de un lado a otro. Tenía un montón de focos sobre él, estaba completamente rodeado, pero en alguna parte de su mente intrigante aún pensaba que podía tener una oportunidad.

Fue un día muy muy largo, pero en los registros quedó como ejemplo de éxito. Nadie resultó herido. Los malos terminaron en la cárcel. Y yo salí de la experiencia con una sensación de humildad ante todo lo que aún me faltaba por aprender. Pero al mismo tiempo descubrí y me sentí inspirado por el poder de lo emocional, del diálogo y de la caja de herramientas en desarrollo del FBI, llena de tácticas psicológicas diseñadas para influir y persuadir a casi cualquier persona en casi cualquier situación.

En las décadas que han pasado desde mi iniciación en el mundo de las negociaciones a vida o muerte, una y otra vez me he visto sorprendido por lo valiosos que pueden ser estos enfoques de apariencia sencilla. La habilidad para meternos en la cabeza —y finalmente en la piel— de nuestro contrario depende de estas técnicas y de lo dispuestos que estemos a modular nuestro enfoque, según van apareciendo nuevos indicios a lo largo del proceso. Cuando he trabajado con estudiantes y ejecutivos para desarrollar estas habilidades, siempre he intentado reforzar el mensaje de que lo fundamental en una negociación de éxito no es tener razón, sino la mentalidad adecuada.

Cómo confrontarse con alguien —y salirte con la tuya— sin confrontaciones

Cuando digo que la técnica del reflejo es como un truco de magia o una técnica mental Jedi hablo solo medio en broma, porque te otorga la habilidad de disentir sin resultar desagradable.

Para valorar hasta qué punto puede resultar útil esta habilidad, piensa en cualquier entorno de trabajo: invariablemente, en todos ellos aún queda alguien en algún puesto de autoridad que llegó ahí empleando la asertividad agresiva, o a veces la pura y dura intimidación, y que mantiene ese viejo concepto jerárquico de que el jefe siempre tiene razón. Y no nos engañemos: digan lo que digan las reglas iluminadas de la «nueva escuela», en todos los entornos (de trabajo o de lo que sea) siempre tendremos que tratar con gente contundente del tipo A que prefiere el consentimiento a la colaboración.

Si adoptas el enfoque pit bull para enfrentarte a otro pit bull, lo normal es que termines con una situación catastrófica para ti, sentimientos heridos y un montón de resentimiento. Por suerte, hay otra forma de hacerlo sin provocar catástrofes.

Son cinco pasos sencillos:

1. Emplea el tono de locutor de radio de programa nocturno.
2. Empieza por un «Lo siento».
3. Usa el reflejo.
4. Mantén el silencio al menos cuatro segundos, para dejar que el reflejo ejerza su magia en el interlocutor.
5. Repítelo todo.

Una de mis alumnas comprobó en su lugar de trabajo la eficacia de este simple proceso. Allí tenía un impulsivo jefe que era conocido por las «ráfagas al paso»: una irritante práctica que consistía en aparecer por sorpresa en el cubículo o en la puerta del despacho de alguno de los trabajadores con un encargo «urgente» que generaba un montón de trabajo innecesario. Todos los intentos que habían hecho por hablar con él sobre esta cuestión habían resultado contraproducentes. El jefe siempre entendía que la afirmación «Hay una forma mejor de hacerlo» equivalía a «la forma vaga».

En una ocasión esto ocurrió hacia el final de un largo proceso de consultoría en el que se habían generado literalmente miles de documentos. El jefe, receloso de todo lo «digital», quería tener la seguridad de guardar unas copias en papel.

Metió la cabeza en el despacho de mi alumna y le dijo:

—Hagamos dos copias de todos los papeles.

—Perdón, ¿dos copias? —reflejó mi alumna como respuesta, acordándose no solo de usar el tono de voz de locutor sino también de pronunciar el reflejo con tono inquisitivo.

La intención que deben transmitir la mayoría de los reflejos es: «Por favor, ayúdame a entenderlo». Cada vez que reflejemos a alguien, repetirá lo que acaba de decir pero con otras palabras. Nunca será exactamente igual a como lo dijo la primera vez. Si le preguntamos a alguien: «¿Qué quieres decir con eso?», lo más probable es que despertemos su irritación o que se ponga a la defensiva. Un reflejo, sin embargo, nos dará la claridad que queremos al tiempo que transmite respeto e interés por lo que la otra persona está diciendo.

—Sí —respondió el jefe—, una para nosotros y otra para el cliente.

—Discúlpeme, pero ¿lo que dice es que el cliente nos ha pedido una copia y que necesitamos otra para uso interno?

—En realidad, hablaré con el cliente porque no nos ha pedido nada, pero yo sí quiero una copia. Así es como trabajo.

—Por supuesto —respondió ella—. Gracias por hablar con el cliente. ¿Dónde quiere que guarde nuestra copia? En la sala de los archivos no queda espacio.

—Da igual, puede guardarla en cualquier parte —dijo él, ya ligeramente inquieto.

—¿En cualquier parte? —volvió a reflejar, con preocupación serena.

Cuando el tono de voz o el lenguaje corporal de la otra persona no es consistente con sus palabras, un buen reflejo puede resultar particularmente útil.

En este caso provocó que su jefe hiciera una larga pausa, algo que no ocurría a menudo. Mi alumna se quedó mirándolo en silencio.

—En ese caso, tendrá que ser en mi despacho —dijo, con más aplomo del que había mostrado durante toda la conversación—. Le pediré a la nueva ayudante que me la imprima cuando termine el proyecto. Por ahora guarde solo dos copias digitales.

Al día siguiente el jefe le mandó un correo electrónico en el que decía: «Con las dos copias digitales nos vale».

Poco después esta alumna me escribió entusiasmada: «¡Me quedé perpleja! ¡Los reflejos son lo mejor! ¡Me he ahorrado toda una semana de trabajo!».

La primera vez que lo intentes, el reflejo te hará sentir muy incómodo. Es la única parte difícil que tiene, y requiere cierta práctica. Sin embargo, una vez que le cojas el tranquillo será como una navaja suiza de la conversación, muy útil en casi todos y cada uno de los entornos sociales y profesionales.

Lecciones clave

El lenguaje de la negociación es fundamentalmente el lenguaje de la conversación y del entendimiento mutuo: una forma de establecer una relación y de hacer que la gente hable y piense en común. Razón por la cual, cuando pienses en el mejor negociador de todos los tiempos, debes acordarte de —sorpresa— Oprah Winfrey.

En su programa diario tenemos un caso de estudio de una magistral negociadora en acción: en escena, cara a cara con alguna persona que no ha visto antes, en un estudio repleto de cientos de personas, con otros millones más viéndola desde casa y la misión de persuadir a la persona que tiene delante para que hable sin parar, hasta que finalmente comparte con el mundo los secretos profundos y oscuros que ha mantenido ocultos en su interior durante toda una vida.

Al terminar de leer este capítulo, observa con atención tal interacción y descubrirás todo un refinado conjunto de potentes herramientas: la sonrisa consciente para rebajar la tensión, el uso sutil del lenguaje verbal y no verbal para indicar empatía (y, por tanto, seguridad), una determinada inflexión descendente de la voz, la predilección por un determinado tipo de preguntas..., todo un despliegue de habilidades que permanecían ocultas y que demostrarán ser de incalculable valor una vez que hayas aprendido a usarlas.

He aquí algunas de las lecciones de este capítulo que debes recordar:

- Un buen negociador está preparado, desde el inicio, para cualquier posible sorpresa; un negociador excelente intenta usar sus habilidades para revelar las sorpresas que sabe que le aguardan.

- No te fíes de las suposiciones; en vez de ello plantéatelas como una hipótesis y emplea la negociación para ponerlas a prueba rigurosamente.
- Quienes entienden la negociación como una batalla de argumentos terminan abrumados por la cantidad de voces que oyen en su cabeza. La negociación no es una batalla, sino un proceso de descubrimiento. El objetivo es desvelar la mayor cantidad de información posible.
- Para acallar las voces de tu cabeza, debes convertir a la otra persona y todo lo que ella tenga que decir en tu único y absoluto centro de atención.
- Baja. El. Ritmo. Apresurarse es uno de los errores que todos los negociadores tienden a cometer. Si vamos demasiado deprisa la gente puede sentir que no la estamos escuchando, con lo que te arriesgas a socavar el buen entendimiento y la confianza que hayas conseguido construir.
- Sonríe. Cuando las personas tienen una actitud positiva piensan con más rapidez y se muestran más dispuestos a colaborar y a abordar los problemas de forma resolutiva (en lugar de resistirse y luchar). La positividad despierta agilidad mental tanto en nosotros como en nuestro interlocutor.

Hay tres tonos de voz que puede emplear un negociador:

1. El tono de locutor de radio de programa nocturno: empléalo de forma selectiva para dejar claro tu argumento. Imprímele una inflexión descendente a la voz, mantenla serena y habla despacio. Cuando se hace bien, se consigue crear un aura de autoridad y confianza sin provocar que el interlocutor se ponga a la defensiva.
2. El tono positivo/alegre: este debería ser el tono que emplees

por defecto. Es el de una persona amable y de trato fácil. Tu actitud debe ser ligera y alentadora. Aquí la clave está en relajarse y sonreír mientras hablas.

3. El tono asertivo o directo: se emplea raras veces. Tiende a causar problemas y a provocar el alejamiento del interlocutor.

- El reflejo hace magia. Repite las tres últimas palabras (o entre una y tres palabras clave) de lo que tu interlocutor acaba de decir. Tendemos a sentir temor ante lo que es diferente y nos sentimos atraídos por lo que es similar. El reflejo es el arte de insinuar similitud con otra persona, lo que facilita la creación de vínculos. Emplea el reflejo para invitar a la otra parte a empatizar y crear vínculos contigo, para hacer hablar a la gente, para ganar tiempo para la reagrupación de tu equipo y para invitar a la contraparte a que revele su estrategia.

3

No sientas su dolor, etiquétalo

Era el año 1998 y me encontraba en un estrecho pasillo en el piso 27 de una torre de apartamentos de Harlem. Era el jefe del Equipo de Negociación de Crisis del FBI de Nueva York y aquel día estaba actuando como negociador principal.

La brigada de investigación nos había informado de que había al menos tres fugitivos armados en uno de los apartamentos. Varios días antes, estos habían usado armas automáticas en un tiroteo con una banda rival, así que tenía al equipo SWAT del FBI de Nueva York desplegado detrás de mí, y nuestros francotiradores se encontraban en las azoteas de los alrededores apuntando a las ventanas del apartamento.

En una situación tensa como esta, el clásico consejo de negociación es poner cara de póquer. Inalterable. Hasta hace poco, la mayoría de los académicos e investigadores ignoraban por completo el papel que desempeña lo emocional en la negociación. Las emociones eran únicamente un obstáculo para conseguir una buena solución, decían. «Distinguir entre la persona y el problema» era el mantra habitual.

Pero piénsalo: ¿cómo puedes separar a la persona del problema cuando el problema son precisamente sus emociones? Y en especial cuando se trata de gente asustada que va armada. Las emociones es una de las principales cosas que hacen descarrilar las negociaciones. Una vez que la gente se enfada, el pensamiento racional sale por la ventana.

Esa es la razón por la cual, en vez de negar o ignorar las emociones, los buenos negociadores las identifican y son capaces de influir sobre ellas. Saben etiquetar con precisión las emociones, las de los demás y especialmente las propias. Y, una vez etiquetadas, pueden hablar de ellas sin dejarse llevar por ellas. Ven los sentimientos como una herramienta.

Lo emocional no es el obstáculo, sino el medio.

La relación entre un negociador con inteligencia emocional y su interlocutor es esencialmente terapéutica. Replica a la de un psicólogo y su paciente. El psicólogo hurga y remueve para entender los problemas de su paciente, y después le devuelve las respuestas para hacer que el paciente siga profundizando y modifique su comportamiento. Y eso es exactamente lo que hacen los buenos negociadores.

Alcanzar este nivel de inteligencia emocional exige tener abiertos los sentidos, hablar poco y escuchar mucho. Puedes averiguar casi todo lo que necesitas —y mucho más de lo que los otros querrían que supieses— simplemente observando y escuchando, manteniendo los ojos abiertos, los oídos despejados y la boca cerrada.

Al leer los siguientes apartados, piensa en el diván del psicólogo. Verás cómo una voz acariciadora, una escucha atenta y la repetición calmada de las palabras de tu «paciente» pueden hacerte llegar mucho más lejos que un argumento frío y racional.

Puede parecer un poco sensiblero, pero si sabes percibir los sentimientos de los demás, tendrás la posibilidad de modularlos a tu favor. Cuanto más sabes sobre otra persona, más poder tienes sobre ella.

Empatía táctica

Aquel día en Harlem teníamos un problema enorme: no disponíamos de ningún número de teléfono al que llamar en el interior del apartamento. Así que durante seis horas, con el relevo periódico de dos agentes del FBI que estaban aprendiendo a negociar en situaciones de crisis, estuve hablando a través de la puerta del apartamento.

Empleé mi tono de voz de locutor de radio de programa nocturno. Y no lo hice para dar órdenes ni para preguntar qué querían los fugitivos, sino que me imaginé estando en su lugar.

—Parece que no queréis salir —dije repetidamente—. Parece que os preocupa que si abrís la puerta entremos a tiro limpio. Parece que no queréis volver a la cárcel.

Durante seis horas no obtuvimos respuesta. A los entrenadores del FBI les encantaba mi tono de locutor, pero ¿funcionaba?

Y entonces, cuando ya estábamos casi convencidos de que no había nadie dentro, nos llegó por radio la voz de uno de los francotiradores que estaba en un edificio adyacente informando de que había visto moverse una cortina.

La puerta del apartamento se abrió lentamente y salió una mujer con las manos en alto.

Continué hablando. Salieron los tres fugitivos. Ninguno dijo ni una palabra hasta que los tuvimos esposados.

Les hice la pregunta que más me estaba inquietando: ¿Por qué habían salido tras seis horas de silencio? ¿Por qué se habían rendido?

Los tres me dieron la misma respuesta.

—No queríamos que nos cogieran ni que nos pegaran un tiro, pero usted nos tranquilizó —dijeron—. Finalmente vimos que no se iban a largar, así que salimos.

No hay nada que resulte más frustrante ni perturbador en una negociación que tener la sensación de que estás hablando con alguien que no te escucha. Hacerse el tonto es una técnica válida de negociación y «no entiendo» también es una respuesta legítima. Pero ignorar la posición de la otra parte lo único que hace es generar frustración y disminuir las posibilidades de que hagan lo que queremos.

Lo contrario de eso es la empatía táctica.

En mi curso de negociación explico a mis alumnos que la empatía es «la habilidad para reconocer la perspectiva del interlocutor, y la vocalización de tal reconocimiento». Es una forma académica de decir que la empatía consiste en prestar atención a otro ser humano, preguntarle qué está sintiendo y adoptar el compromiso de entender su mundo.

Observemos que no he dicho nada de estar de acuerdo con los valores o las creencias de la otra persona ni de darle abrazos. Eso es simpatía. De lo que hablo es de intentar comprender una situación desde la perspectiva de otra persona.

Y un paso más allá se encuentra la empatía táctica.

La empatía táctica consiste en comprender los sentimientos y el estado de ánimo de otra persona en un momento dado y también en escuchar lo que está detrás de esos sentimientos de forma que puedas influir más en lo que viene a continuación. Supone dirigir la atención tanto a los obstáculos emocionales como a las vías potenciales que pueden llevarte a un posible acuerdo.

Es inteligencia emocional con un chute de esteroides.

Cuando era policía en Kansas City sentía curiosidad por cómo un puñado selecto de policías veteranos eran capaces de hablar con gente furiosa y violenta hasta conseguir que dejaran de pelearse y soltaran sus cuchillos y sus pistolas.

Cuando les preguntaba cómo lo hacían, raramente me devolvían poco más que el gesto de encogerse de hombros. No eran capaces de poner en palabras lo que hacían, pero ahora sé que la respuesta es «empatía táctica». Eran capaces de pensar desde el punto de vista de la otra persona mientras hablaban con ella y de evaluar rápidamente sus motivaciones.

La mayoría de nosotros abordamos el combate verbal de una forma que hace improbable que persuadamos a nadie de nada, porque lo único que conocemos y que nos preocupa son nuestros propios objetivos y nuestra perspectiva. Pero los mejores oficiales están sintonizados con la otra parte: su público. Saben que si empatizan pueden modelar a su audiencia por el modo en que la abordan y se acercan a ella.

Este es el motivo por el cual si el oficial de un reformatorio se acerca a un interno esperando que este se resista, generalmente será lo que haga. Pero si lo aborda destilando calma, es mucho más probable que el interno mantenga una actitud pacífica. Parece un hechizo, pero no lo es. Se trata simplemente de que cuando lo que el oficial tiene en mente es su público, puede convertirse en la persona que necesita ser para manejar la situación.

La empatía es una clásica habilidad «blanda» de comunicación, pero tiene una base física. Cuando observamos de cerca el rostro, los gestos y el tono de voz de una persona, nuestro cerebro empieza a alinearse con el suyo en un proceso llamado «resonancia neuronal», y eso nos permite conocer de forma más completa lo que piensa y lo que siente.

En un experimento con un escáner de imagen por resonancia magnética funcional (IRMF),[6] los investigadores de la Universidad de Princeton descubrieron que la resonancia neuronal desaparece cuando la comunicación entre dos personas es pobre. Los investigadores podían predecir cómo de bien se estaban comunicando solo con observar la medida en la que sus cerebros se alineaban. Y vieron que la gente que presta más atención —quienes son buenos escuchando— hasta podían anticipar lo que iba a decir el otro antes de que lo dijera.

Para aumentar tus habilidades de resonancia neuronal, tómate un momento ahora mismo y realiza este ejercicio. Dirige tu atención hacia alguien que esté hablando cerca de ti u observa a alguna persona a la que estén entrevistando por televisión. Mientras habla imagínate que eres esa persona. Visualízate en su misma posición incorporando tantos detalles como puedas, como si de verdad estuvieras allí.

Una advertencia: un gran número de negociadores clásicos considerarán que este planteamiento es absurdo y débil.

Si no, pregúntale a la antigua secretaria de Estado, Hillary Clinton.

Hace pocos años, dando una charla en la Universidad de Georgetown, Hillary Clinton abogó por «mostrar respeto incluso a los enemigos. Intentar comprender y, en la medida de lo posible, empatizar con sus perspectivas y sus puntos de vista».

Ya puedes imaginar lo que pasó después. Toda una caterva de tertulianos y políticos se lanzó sobre ella. Dijeron que su afirmación era estúpida e ingenua, e incluso una señal de que había abrazado la fe de los Hermanos Musulmanes. Y hubo quienes afirmaron que había saboteado todas sus posibilidades en la carrera presidencial.

La cuestión es que Hillary Clinton tenía razón.

Política aparte, la empatía no tiene que ver con ser amable ni estar de acuerdo con el otro. Tiene que ver con comprenderle. La empatía nos ayuda a entender la posición del enemigo, por qué sus acciones tienen sentido (para ellos) y cuáles pueden ser sus motivaciones.

Si como negociadores usamos la empatía es porque funciona. La empatía es la razón por la que los tres fugitivos salieron después de que estuviera seis horas hablándoles con mi tono de voz de locutor de radio de programa nocturno. Es lo que me ayudó a tener éxito en lo que Sun Tzu llama «el arte supremo de la guerra»: rendir al enemigo sin luchar.

Etiquetar

Volvamos un segundo a la puerta del apartamento de Harlem.

No teníamos mucho de lo que tirar, pero cuando tres fugitivos están atrapados en un apartamento en el piso 27 de un edificio de Harlem no hace falta que digan nada para que sepamos que hay dos cosas que les preocupan: ir a la cárcel o que les maten.

Así que durante las seis horas que pasamos en el sofocante pasillo de aquel edificio, los dos estudiantes de negociación del FBI y yo nos turnamos para no dejar de hablarles. Fuimos rotando para evitar tropiezos verbales y otros errores a causa del cansancio. Y nos ceñimos al mismo mensaje, diciendo lo mismo los tres.

Presta atención a lo que decíamos exactamente: «Parece que no queréis salir. Parece que os preocupa que si abrís la puerta entraremos a tiro limpio. Parece que no queréis volver a la cárcel».

Empleamos la empatía táctica reconociendo y verbalizando las emociones que, predeciblemente, entraban en juego. No nos limitamos a ponernos en el lugar de los fugitivos. Localizamos sus sentimientos, los tradujimos a palabras y después, con mucha calma y sin faltarles el respeto, se las repetimos a ellos.

En una negociación eso se llama etiquetar o *labeling*.

Las etiquetas son una forma de validar las emociones de otra persona diciéndolas en voz alta. Al poner nombre a las emociones del otro, lo que demuestras es que te estás identificando con cómo se siente esa persona. Te acercará a ella sin tener que preguntar por factores externos de los que no sabes nada («¿Cómo está tu familia?»). Considera las etiquetas como un atajo hacia la intimidad, un hackeo emocional que te ahorrará tiempo.

Las etiquetas ofrecen ventajas cuando el interlocutor está tenso. El hecho de exponer los pensamientos negativos abiertamente —«Parece que no queréis volver a la cárcel»— los hace de pronto menos amenazadores.

En un estudio del cerebro por imagen,[7] el profesor de psicología Matthew D. Lieberman, de la Universidad de California de Los Ángeles, descubrió que cuando a la gente se le muestran fotografías de caras que expresan una emoción fuerte, el cerebro registra una mayor actividad en la amígdala, la parte que genera el miedo. Pero cuando se les pide que etiqueten el tipo de emoción que están viendo, la actividad se desplaza a las áreas del cerebro que gobiernan el pensamiento racional. En otras palabras, etiquetar una emoción —definir el miedo— interrumpe la crudeza de su intensidad.

Las etiquetas son una herramienta sencilla y versátil que te permitirá tanto reforzar los aspectos positivos de la negociación como diluir los negativos. Pero tienen reglas muy específicas en cuanto a la forma y el modo de expresarlas, cuestión que las aleja de la simple charla y las acerca más a un arte formal, como la caligrafía china.

Para la mayoría de la gente es una de las herramientas de negociación más incómodas que se pueden usar. Antes de emplear las etiquetas por primera vez, mis alumnos casi siempre me dicen que esperan que su interlocutor salte y les grite: «¡No te atrevas a decirme cómo me siento!».

Un secreto: la gente ni siquiera se da cuenta.

El primer paso de la técnica del etiquetado es detectar el estado emocional de la otra persona. Frente a esa puerta de Harlem ni siquiera podíamos ver a los fugitivos, pero la mayor parte de las veces dispondremos de mucha información en las palabras, el tono y el lenguaje corporal de la otra persona. A estos tres aspectos los llamamos «letra, música y baile».

El truco para descubrir los sentimientos es prestar atención a los cambios que sufre la otra persona cuando responde a los acontecimientos externos. A menudo, esos acontecimientos serán tus palabras.

Si le preguntas a alguien por su familia y las comisuras de los labios de tu interlocutor se desplazan hacia abajo, aunque te conteste que todo va fabulosamente sabrás que no es así; si su tono de voz se vuelve inexpresivo al hablar de un colega, quizá exista un problema entre los dos; y si el casero mueve los pies inconscientemente cuando le hablas de los vecinos, está claro que no los tiene en gran estima (en el capítulo 9 profundizaremos en cómo detectar y emplear estas pistas).

Lo que hacen los videntes es recolectar todas estos pequeños detalles informativos. Miden el lenguaje corporal de su cliente y le hacen algunas preguntas inocentes. Cuando, unos minutos después, le «adivinan» el futuro, en realidad solo le están diciendo lo que quiere oír a partir de esos pequeños detalles que han recogido. Por esa misma razón, un gran número de videntes serían excelentes negociadores.

Una vez que hayas detectado la emoción que te interese destacar, el siguiente paso es etiquetarla en voz alta. Las etiquetas pueden expresarse en forma de afirmaciones o de interrogantes. La única diferencia es si la frase termina con una inflexión ascendente o descendente. Pero al margen de cómo acaben, las etiquetas casi siempre empiezan más o menos con las mismas palabras.

«Parece que...»

«Suena a que...»

«Da la sensación de que...»

Advierte que decimos «Suena a que...» y no «Lo que oigo es...». Eso se debe a que el uso de la primera persona hace que la gente se ponga en guardia. Cuando dices «yo» significa que estás más interesado en ti mismo que en el otro, y tendrás que aceptar la responsabilidad de las palabras que siguen y de lo ofensivas que puedan resultar.

Pero si expresas una etiqueta como una afirmación neutral y comprensiva, animas a tu interlocutor a mostrarse receptivo. Habitualmente darán una respuesta más larga que un «sí» o un «no». Y si no están de acuerdo con la etiqueta, no pasa nada. Siempre puedes dar un paso atrás y decir: «No quise decir que sea eso lo que sucede. Solo que lo parece».

La última regla del etiquetado es el silencio. Una vez que hayas puesto una etiqueta, guarda silencio y escucha. Todos tenemos tendencia a desarrollar lo que acabamos de decir, a terminar una frase: «Parece que te gusta cómo te queda esa camisa», con una pregunta específica: «¿Dónde la compraste?». Pero el poder de la etiqueta es que invita a que la otra persona se abra.

Para que no dudes de lo que estoy diciendo, haz una pausa en la lectura y pruébalo: inicia una conversación con alguien, etiqueta alguna de las emociones de tu interlocutor —no importa si estás hablando con el cartero o con tu hija de diez años— y quédate en silencio, permitiendo que la etiqueta haga su trabajo.

Neutraliza lo negativo, refuerza lo positivo

El etiquetado es una táctica, no una estrategia, de la misma forma que una cuchara es una herramienta para remover la sopa pero no es una receta. De cómo emplees el etiquetado dependerá en gran medida el éxito que tengas con él. En la práctica, es el modo en que los negociadores identificamos y luego modificamos poco a poco la voz interior de nuestro interlocutor para llevarle hacia un lugar más colaborativo y confiado.

Pero antes hablemos un poco de psicología humana. Básicamente, las emociones tienen dos niveles: el comportamiento «aparente» está en la superficie y lo puedes ver y escuchar; por debajo, el sentimiento «subyacente» es lo que motiva ese comportamiento.

Imaginemos el caso de un abuelo que en una cena familiar se pone en plan gruñón: el comportamiento aparente es que está de mal humor, pero el sentimiento subyacente es una triste sensación de soledad porque su familia no va a visitarlo nunca.

Lo que hacen los buenos negociadores es dirigirse a esas emociones subyacentes. Al etiquetar los sentimientos negativos estos se difuminan (o se desactivan en casos extremos); y con los sentimientos positivos ocurre lo contrario, se refuerzan.

Volveremos al abuelo cascarrabias enseguida. Pero en este punto conviene hablar un poco de la ira.

Como emoción, la ira raras veces resulta productiva, ni para uno mismo ni para la persona con la que estás negociando. La ira libera hormonas del estrés y sustancias neuroquímicas que interrumpen nuestra habilidad para evaluar y responder adecuadamente a las situaciones. Y nos ciega ante el hecho de que, para empezar, estamos enfadados, lo que nos otorga un falso sentido de la confianza.

Esto no quiere decir que los sentimientos negativos deban ignorarse, pues ello puede resultar igual de dañino. Lo que hay que hacer es evaluarlos. Usar etiquetas es una táctica útil para impedir que la confrontación vaya en aumento, porque hace que la persona reconozca sus emociones en vez de seguir actuando guiada por ellas.

Al inicio de mi carrera como negociador de rehenes aprendí lo importante que es ser capaz de abordar directamente las dinámicas negativas, sin miedo pero con respeto.

Tenía que arreglar una situación que había creado yo mismo. El oficial jefe del FBI de Canadá se enfadó conmigo porque había entrado en el país sin avisarle primero (para que él pudiera notificárselo al Departamento de Estado y que me dieran la autorización).

Sabía que tenía que llamarle para aclarar la situación y tranquilizarle, o me arriesgaba a que me expulsaran. A los tipos importantes les gusta sentirse importantes. No toleran que les faltes el respeto. Y más aún cuando el departamento que dirigen no es el destino más atractivo.

—Perdóneme, padre, porque he pecado —le dije cuando descolgó el teléfono.

Al otro lado, se produjo una larga pausa.

—Perdóneme, padre, porque he pecado —repetí—. Soy Chris Voss.

De nuevo, un largo silencio.

—¿Sabe su jefe que está aquí?

Contesté que sí y crucé los dedos. En ese punto, el oficial del FBI estaba en su derecho de invitarme a salir de Canadá de forma inmediata. Pero al mencionar la dinámica negativa sabía que la había diluido tanto como era posible. Tenía una oportunidad.

—Está bien, tiene la autorización —dijo al fin—. Me ocuparé del papeleo.

Intentemos hacer esto la próxima vez que tengamos que disculparnos por haber cometido un error absurdo. Abordémoslo directamente. El medio más rápido y eficaz de establecer una relación que funcione es admitir la existencia de los elementos negativos y disolverlos. Cada vez que me tocaba tratar con la familia de algún rehén, siempre empezaba diciéndoles que sabía que estaban asustados. Y cada vez que cometo un error —algo que ocurre a menudo— siempre considero el enfado de la otra persona. He descubierto que la frase «Mira, soy un gilipollas» es una forma asombrosamente eficaz de hacer desaparecer los problemas.

Ese enfoque no me ha fallado nunca.

Volvamos al abuelo cascarrabias. Se pone en plan gruñón porque no ve nunca a su familia y piensa que le dan de lado. De modo que empieza a expresarlo en su forma disfuncional llamando la atención.

¿Cómo se soluciona eso?

En lugar de fijarnos en su comportamiento gruñón, reconocemos su tristeza sin juzgarla. Así lo atajamos antes de que pueda empezar de verdad.

—No nos vemos demasiado a menudo —podríamos decirle—. Parece que sientes que no te prestamos atención y que solo nos ves una vez al año, como si no quisiéramos pasar tiempo contigo.

Observa cómo esa frase da cuenta de la situación y etiqueta su tristeza. Aquí puede hacerse una pequeña pausa, permitiendo que el abuelo reconozca y aprecie nuestros intentos de comprender sus sentimientos, y después darle la vuelta a la situación ofreciéndole una solución positiva.

—Para nosotros es una verdadera satisfacción. Queremos oír las cosas que tienes que contar. Queremos darle valor al tiempo que pasamos contigo porque nos sentimos fuera de tu vida.

Los estudios han demostrado que el mejor modo de tratar con la negatividad es examinarla, sin reaccionar y sin juzgarla. Después, etiqueta conscientemente todos los sentimientos negativos y reemplázalos con pensamientos positivos, compasivos y resolutivos.

Uno de mis alumnos de la Universidad de Georgetown, un tipo llamado TJ que trabajaba como ayudante del director financiero en los Washington Redskins, puso en práctica esa lección cuando estaba en mi clase.

En aquella época la economía se había ido por el retrete y los compradores de abonos de temporada de los Redskins estaban disminuyendo a raudales. Y, aún peor, el equipo había jugado fatal la temporada anterior y algunos problemas con los jugadores fuera del campo estaban enfadando a los fans.

El director financiero del equipo estaba cada vez más preocupado —y de peor humor— y dos semanas antes de que empezara la temporada se plantó junto a la mesa de TJ y le soltó una carpeta llena de papeles.

—Mejor ayer que hoy —le dijo, y se largó.

Dentro había una lista de cuarenta abonados que no habían pagado la factura, una memoria USB con una hoja de cálculo que detallaba la situación de cada uno de ellos y el guión que debía seguir cuando los llamara.

TJ vio inmediatamente que el guión era un desastre. Empezaba informando al interlocutor de que habían estado intentando dar con él desde hacía meses y que la cuenta se la habían pasado a él como asunto prioritario. Decía: «Le informo de que para recibir sus entradas para el partido inicial de la temporada contra los New York Giants, tendrá que abonar el total del saldo pendiente con antelación a la fecha del 10 de septiembre».

Era el estilo de comunicación agresivo, impersonal y sin oído que emplean por defecto casi todas las empresas. Repetía todo el rato «yo, yo, yo» por parte de TJ, sin reconocimiento alguno de la situación del abonado. Cero empatía. Cero conexión. Reclamaba el dinero y punto.

Quizá no es necesario que lo diga, pero el guión no funcionó. TJ dejó un montón de mensajes y nadie le devolvió la llamada.

Pocas semanas después de empezar nuestra clase, TJ reescribió el guión. No hizo grandes cambios y tampoco ofreció a los fans ningún descuento. Lo que hizo fue añadir alteraciones sutiles para que la llamada tuviera que ver con los fans, con su situación y con su amor por el equipo.

Ahora el equipo era «TU Washington Redskins» y el propósito de la llamada era asegurarse de que los fans más valiosos —los clientes morosos— no se iban a perder el partido inicial. «La ventaja de jugar en casa es que contamos con tu presencia cada domingo en el FedEx Field, y eso no pasa desapercibido», escribió TJ. Y después decía: «En estos tiempos difíciles, entendemos que nuestros fans han sufrido duros golpes y estamos aquí para trabajar con vosotros», y pedía a los abonados que les llamaran para solucionar su «situación especial».

Aunque fueran simples y superficiales, los cambios que hizo TJ en el guión tuvieron una gran resonancia emocional en los abonados morosos. Hablaba de su deuda con el equipo, pero también reconocía la deuda del equipo con ellos, y al etiquetar la dureza del momento económico y la tensión que les estaban causando, difuminaba la dinámica negativa —su morosidad— y convertía el asunto en algo que podía solucionarse.

Esos sencillos cambios ocultaban un entendimiento complejo de la empatía por parte de TJ. Con el nuevo guión, TJ consiguió acordar un plan de pago con todos los abonados antes del partido de los Giants. ¿La siguiente visita del director financiero? Bueno, fue mucho más tranquila.

Despeja el camino antes de anunciar el destino

¿Recuerdas la amígdala, aquella parte del cerebro que genera el miedo como respuesta a las amenazas? Bien, cuanto antes interrumpas la reacción de la amígdala ante amenazas reales o imaginarias, antes despejarás el camino de obstáculos, y generarás una sensación de seguridad, confort y confianza.

Eso se consigue etiquetando los miedos. Si las etiquetas son tan potentes es porque sacan los miedos a la luz, diluyendo así su poder y mostrando a nuestro interlocutor que le comprendemos.

Acuérdate del rellano de aquel piso de Harlem. En aquel momento yo no dije: «Parece que queréis que os dejemos salir». Todos podríamos estar de acuerdo en eso, pero no habría disipado el miedo real que planeaba sobre aquel apartamento, ni habría mostrado que yo empatizaba con la desalentadora complejidad de la situación. Por eso fui directo a la amígdala y dije: «Parece que no queréis volver a la cárcel».

Una vez etiquetadas y expresadas, las reacciones negativas que se produzcan en la amígdala de tu contraparte empezarán a ablandarse y te sorprenderá ver lo rápido que pasa de la preocupación al optimismo. La empatía es un potenciador del humor muy potente.

El camino nunca se despeja con facilidad, así que no te desmoralices si tienes la impresión de que el proceso avanza con demasiada lentitud. La negociación en la torre de apartamentos de Harlem se prolongó durante seis horas. Muchos de nosotros superponemos un temor sobre otro, como capas que nos protegen del frío, así que llegar hasta la zona de seguridad lleva su tiempo.

Tal fue la experiencia de otra de mis alumnas, recaudadora de fondos para las Girl Scouts, que chocó casi accidentalmente, dando marcha atrás, con los miedos de su interlocutora.

No estamos hablando de alguien que vendiera galletas para las

Girl Scouts, mi alumna era una recaudadora de fondos con experiencia que trataba con mecenas que entregaban entre 1.000 y 25.000 dólares de una sola vez. A lo largo de los años había desarrollado un sistema muy eficaz para conseguir que sus «clientes», generalmente mujeres adineradas, abrieran la chequera.

Invitaba a una potencial donante a su oficina, le servía unas galletas de las Girl Scouts, y le mostraba un álbum de fotos conmovedoras y cartas manuscritas de proyectos que concordaban con su perfil. Después recogía el cheque cuando los ojos de la donante se humedecían. Era casi fácil.

Un día, sin embargo, se encontró con la donante inconmovible. Una vez que la mujer se sentó en su oficina, mi alumna empezó a sacar los proyectos que, según su investigación previa, pensaba que encajarían. Pero la mujer negaba con la cabeza después de ver un proyecto tras otro.

La perplejidad de mi alumna fue en aumento ante la difícil donante que no tenía ningún interés en donar. Pero refrenó sus emociones y recurrió a una de las lecciones de mi reciente clase sobre las etiquetas.

—Percibo algunas dudas respecto de estos proyectos —dijo en lo que deseaba que fuera un tono equilibrado.

Como si le hubieran quitado el tapón de la botella, la mujer exclamó:

—Quiero que mi donación apoye programas para las Girl Scouts y nada más.

Esto le ayudó a centrar la conversación, pero mientras mi alumna seguía presentándole proyectos según los criterios de la donante, todo lo que obtenía era un rechazo.

Mi alumna percibía la frustración creciente de la potencial donante y quería que la reunión terminase con algo positivo de modo que pudieran reunirse otra vez, así que decidió emplear otra etiqueta.

—Parece que le importa mucho esta donación y que quiere encontrar el proyecto adecuado que refleje las oportunidades y las experiencias transformadoras que le ofrecieron a usted las Girl Scouts.

Y acto seguido, esta mujer «difícil» firmó un cheque sin decantarse por ningún proyecto específico.

—Usted me entiende —le dijo a la vez que se levantaba para marcharse—. Confío en que encontrará el proyecto adecuado.

La primera etiqueta desveló la dinámica superficial: el miedo a la malversación de su dinero. Pero la segunda desveló las dinámicas subyacentes: su presencia en la oficina se debía a unos recuerdos muy concretos de su infancia como Girl Scout y al modo en que aquello cambió su vida.

El obstáculo no era encontrar el proyecto adecuado para la mujer. No es que fuera una donante difícil de complacer y tremendamente quisquillosa. El obstáculo real era que la mujer necesitaba sentirse comprendida, y saber que la persona que manejaba su dinero sabía por qué estaba en esa oficina y entendía los recuerdos que dirigían sus acciones.

Esa es la razón por la que las etiquetas son tan útiles y tienen tanto poder para transformar el estado de cualquier conversación. Al escarbar bajo lo que parece una montaña de objeciones, detalles y cuestiones de logística, las etiquetas te ayudan a destapar e identificar la emoción primaria que impulsa casi todos los comportamientos del interlocutor, la emoción que, una vez reconocida, parece resolver milagrosamente todo lo demás.

La autoacusación

Cada semestre, en la primera clase de negociación realizo con mi grupo un ejercicio introductorio llamado «Sesenta segundos o morirá». Yo interpreto el papel de un secuestrador y algún alumno tiene que convencerme en un minuto de que suelte al rehén. Es una forma de romper el hielo que me muestra cuál es el nivel de mis alumnos y a ellos les enseña todo lo que tienen que aprender. (Un pequeño secreto: el rehén nunca se libra.)

A veces los alumnos se apuntan enseguida a este juego, pero generalmente son reacios porque supone ponerse delante de toda la clase a competir con un tipo que tiene todos los ases en la manga. Si me limito a pedir un voluntario, se quedan sentados y desvían la mirada. Ya se sabe cómo es esto. Uno casi puede sentir cómo se les tensan los músculos de la espalda mientras piensan: «Por favor, que no me elija a mí».

Así que no pido nada. En vez de ello, les digo:

—Si os inquieta prestaros como voluntarios para interpretar un papel conmigo delante de toda la clase, quiero avisaros por anticipado: la cosa va a ser horrible.

Una vez que han amainado las risas, continúo:

—Y los que os presentéis como voluntarios probablemente sacaréis más de ello que todos los demás.

Siempre termino con más voluntarios de los que necesito.

Y ahora observemos mi forma de actuar: abro la conversación etiquetando los miedos de mi público, ¿puede ser algo peor aún que «horrible»? Disuelvo ese miedo y espero, dejando que surta su efecto y por tanto haciendo que lo que en principio no parece razonable resulte menos amenazador.

Todos hemos hecho algo parecido a esto miles de veces sin darnos cuenta. Si vamos a hacerle una crítica a un amigo empezamos diciendo: «No quiero que esto suene duro...», confiando en que cualquier cosa que venga después quede suavizada. O decimos: «No quiero parecer un gilipollas...», confiando en que el interlocutor nos diga poco después que no somos tan mala gente. El error, pequeño pero crítico, que aquí se comete es el de negar lo negativo. Así, lo que hacemos en realidad es darle crédito.

En los juicios, los abogados defensores emplean este recurso mencionando todos los delitos de los que está acusado su cliente y todos los puntos débiles de su caso en su intervención inicial. A esta técnica la llaman «sacarse el aguijón».

Lo que yo pretendo es convertir esto en un proceso que, aplicado de forma sistemática, te sirva para desarmar a tu interlocutor sea lo que sea lo que estés negociando, desde la hora de irse a la cama de tu hijo hasta un importante contrato de negocios.

El primer paso es hacer una lista con todas las cosas terribles que tu interlocutor pudiera achacarte; es lo que yo llamo una «autoacusación».

Esta idea de la autoacusación es algo que cuesta mucho aceptar. La primera vez que se lo planteo a mis alumnos dicen: «Dios mío, no podemos hacer eso». Parece artificial y autoflagelatorio, como si solo pudiera contribuir a empeorar las cosas. Pero entonces les recuerdo que eso es exactamente lo que hice yo el primer día de clase cuando etiqueté por anticipado sus miedos en el juego del rehén. Y todos admiten que no se habían dado cuenta.

Como ejemplo, voy a emplear la experiencia de una de mis alumnas, Anna, porque no puedo estar más orgulloso de cómo llegó a convertir en un millón de dólares lo que aprendió en mi clase.

En aquella época Anna representaba a un importante contratista. La firma para la que trabajaba había ganado un concurso para un proyecto gubernamental de gran envergadura asociándose con una empresa más pequeña, llamémosla ABC Corp., cuyo presidente tenía una relación estrecha con el representante del cliente gubernamental.

Sin embargo, en cuanto consiguieron el contrato empezaron los problemas. Dado que la relación del presidente de ABC había tenido un papel instrumental en la obtención de ese acuerdo, ABC sentía que se le debía un pedazo del pastel, correspondiera o no a su parte del contrato.

Y así, aunque según el contrato disponían de fondos para emplear a nueve trabajadores, el presupuesto empezó a sufrir recortes. Puesto que la empresa de Anna tenía que desarrollar también el trabajo de ABC, la relación entre ABC y la empresa de Anna fue empeorando a base de correos electrónicos injuriosos y amargas quejas. Con un margen de beneficios ya reducido, la empresa de Anna se vio forzada a entrar en unas duras negociaciones para que ABC admitiera otro recorte de los fondos hasta cinco trabajadores y medio. Las negociaciones dejaron a ambas partes con mal sabor de boca. Los correos electrónicos injuriosos cesaron. De hecho, no hubo más correos electrónicos. Y cuando no hay comunicación, siempre es mala señal.

Unos meses después de aquellas dolorosas conversaciones, el cliente pidió un importante replanteamiento del proyecto y la empresa de Anna se vio ante la posibilidad de perder una gran cantidad de dinero si ABC no accedía a realizar más recortes. Dado que ABC no estaba cumpliendo su parte del acuerdo, la empresa de Anna habría tenido razones de peso para romper el contrato con ABC. Pero eso habría dañado la reputación de la empresa de Anna con un cliente muy importante, y habría supuesto litigios por parte de ABC.

En este escenario, Anna tuvo que organizar una reunión en la que ella y sus socios pensaban informar a ABC de que sus fondos iban a quedar reducidos a tres trabajadores. Era una situación delicada, pues ABC ya estaba insatisfecha con el anterior recorte. Aunque normalmente Anna era una negociadora agresiva y confiada, la preocupación por estas negociaciones le quitó el sueño durante semanas. Tenía que conseguir concesiones y al mismo tiempo mejorar la relación. No era tarea sencilla, ¿no?

Para preparar la reunión, lo primero que hizo Anna fue sentarse con su socio en la negociación, Mark, y hacer una lista con todo lo negativo que ABC les podía achacar. La relación se había estropeado mucho tiempo antes, así que la lista era enorme. Pero las acusaciones de mayor envergadura eran fáciles de detectar:

«Sois el clásico gran contratista que intenta sacar del acuerdo a la parte pequeña.»

«Nos prometisteis que tendríamos esta cantidad de trabajo y habéis incumplido la promesa.»

«Podríais habernos hablado de este problema hace semanas para que estuviéramos preparados.»

Después, Anna y Mark se turnaron para hacer el papel de ambas partes, uno de ellos hacía de ABC y el otro desarmaba las acusaciones con etiquetas anticipatorias.

—Cuando acabemos vais a pensar que somos el gran contratista sin escrúpulos —dijo Anna, con una cadencia pausada y una entonación natural.

—Parece que lo que sentís es que este trabajo se os prometió desde el principio —siguió Mark.

Lo ensayaron frente a un observador, perfeccionando su ritmo, decidiendo en qué punto iban a etiquetar cada uno de sus miedos y planeando cuándo incluir pausas significativas. Era puro teatro.

Cuando llegó el día de la reunión, Anna abrió el encuentro reconociendo las quejas principales de ABC.

—Entendemos que os metimos en el proyecto con el objetivo común de dirigir esta obra —dijo—. Debéis estar sintiendo que se os ha tratado injustamente y que desde entonces hemos alterado las condiciones del acuerdo de forma significativa. Somos conscientes de que creéis que se os prometió este trabajo.

Esto fue recibido con un gesto de asentimiento enfático por parte de los representantes de ABC, así que Anna continuó describiendo la situación para animar a los representantes de ABC a que les vieran como compañeros de equipo, salpicando sus afirmaciones con preguntas abiertas que mostraban que les estaba escuchando:

—¿Qué más creéis que es importante añadir a todo esto?

Al etiquetar los miedos y pedir su aportación, Anna pudo sonsacarles un dato importante sobre los temores de ABC, concretamente que ABC esperaba que aquel fuera un contrato muy beneficioso porque creía que la empresa de Anna estaba obteniendo muchos beneficios con ese proyecto.

Esto le dio a Mark un punto de entrada, y explicó que las nuevas exigencias del cliente habían convertido los beneficios en pérdidas, lo que significaba que Anna y él tenían que recortar aún más los fondos de ABC, a tres personas. Angela, una de las representantes de ABC, tragó saliva.

—Da la sensación de que creéis que somos un gran contratista sin escrúpulos intentando sacar del negocio a los pequeños —dijo Anna, lanzando la acusación antes de que pudiera hacerse.

—No, no, no pensamos eso —contestó Angela, condicionada por el reconocimiento a buscar un terreno común.

Una vez lo negativo estaba etiquetado y las peores acusaciones al descubierto, Anna y Mark pudieron centrar la conversación en el contrato. Observa con atención lo que hicieron, porque es brillante: reconocen la situación de ABC a la vez que desplazan la responsabilidad de ofrecer una solución a la empresa pequeña.

—Parece que tienes un conocimiento muy amplio sobre cómo debería funcionar el contrato gubernamental —dijo Anna, etiquetando la experiencia de Angela.

—Sí, pero sé que no siempre es así como funciona —contestó Angela, orgullosa de que se reconociera su experiencia.

Entonces Anna preguntó a Angela de qué forma arreglaría ella el contrato de modo que todos ganaran dinero, lo que obligó a Angela a admitir que no veía forma de hacerlo sin recortar el número de trabajadores de ABC.

Varias semanas después, el contrato fue modificado para recortar los honorarios de ABC, lo que reportó a la empresa de Anna un millón de dólares que sacaron al contrato de los números rojos. Pero lo más sorprendente para Anna fue la reacción de Angela al final de la reunión. Después de que Anna hubiera reconocido que sabía que le había dado malas noticias y que se hacía a la idea de lo enfadada que debía de estar, Angela contestó:

—La situación no es buena, pero agradecemos que seáis conscientes de lo que pasa. No tenemos la sensación de que nos estéis maltratando. Ni de que seáis «el contratista sin escrúpulos».

¿La reacción de Anna al ver cómo se había resuelto? «Madre mía, ¡esto funciona de verdad!»

Tenía razón. Como acabamos de ver, lo bueno de ir directos a por la negatividad es que nos lleva hasta la zona segura de la empatía. Todos tenemos una necesidad inherente de ser comprendidos, de conectar con la persona que está frente a nosotros en la mesa. Eso explica la razón por la que, una vez que Anna hubo etiquetado los miedos de Angela, el primer instinto de esta fue añadir matices y detalles a estos miedos. Y ese nivel de detalle permitió a Anna conseguir lo que quería de esa negociación.

Consigue un asiento —y algo más— en un vuelo completo

Hasta aquí hemos ido incorporando cada una de estas habilidades como si se tratara de instrumentos musicales: primero lo intentamos con el saxofón del reflejo; después metemos el bajo del etiquetado; finalmente, ¿por qué no introducir unas notas con la trompa del silencio táctico? Pero en una negociación real toda la banda toca junta. Así que tienes que aprender a dirigir la orquesta.

Para la mayoría de la gente, coordinar todos los instrumentos para que toquen a la vez tiene su complicación. Parece que todo transcurre de forma muy rápida. Así que lo que voy a hacer ahora es tocar una canción a cámara lenta para que puedas distinguir cada nota de cada uno de los instrumentos. Te prometo que pronto podrás ver cómo las habilidades que hemos ido afinando juegan unas con otras, elevándose, improvisando, descendiendo o quedándose en silencio en perfecta armonía.

He aquí la situación (o la canción, si prefieres): mi alumno Ryan B. tenía que viajar de Baltimore a Austin para firmar un importante contrato de consultoría tecnológica. El representante del cliente había estado seis meses dudando si quería o no contratar el servicio y un colapso del sistema terminó poniéndole en una situación delicada con su director general. Para desviar las culpas, con el director general escuchando la conversación, llamó a Ryan y le preguntó de forma muy agresiva cuál era el motivo por el que se estaba retrasando tanto para ir a firmar el contrato. Si no se presentaba allí el viernes por la mañana se rompía el acuerdo, le dijo.

Ryan sacó un billete de avión para la mañana siguiente, jueves, pero una insólita tormenta eléctrica cayó de improviso sobre Baltimore y el aeropuerto permaneció cerrado durante cinco horas. Estaba claro que Ryan no iba a llegar a tiempo para coger su conexión de Dallas a Austin. Aún peor, al llamar a American Airlines, justo antes de despegar, descubrió que habían pasado la reserva de la conexión de su vuelo automáticamente para las tres de la tarde del día siguiente, lo que ponía en peligro la firma del contrato.

Cuando Ryan llegó finalmente a Dallas, a las ocho de la tarde, corrió a la puerta de embarque donde el último vuelo de American

Airlines para Austin despegaría en media hora. Su objetivo era coger ese vuelo o, en el peor de los casos, conseguir otro para el día siguiente más temprano.

En la puerta de embarque, delante de él, había una pareja gritándole a la azafata, que continuaba tecleando en su ordenador y apenas los miraba; estaba claro que hacía todos los esfuerzos posibles por no ponerse también ella a gritarles. Después de que les hubiera dicho cinco veces: «No hay nada que yo pueda hacer», la pareja gritona se rindió finalmente y se marchó.

Para empezar observa cómo utilizó Ryan esa conversación a su favor. Ir detrás de una discusión es una muy buena posición para un negociador, porque su interlocutor estará deseando entablar una conexión empática. Si sonreímos ya supondrá una mejora.

—Hola, Wendy, soy Ryan. Parece que esos dos estaban muy enfadados.

Esto etiqueta los sentimientos negativos y establece un entendimiento basado en la empatía. Además, alienta a Wendy a seguir hablando de ello, palabras que Ryan refleja para invitarla a ahondar un poco más.

—Sí. Perdieron la conexión. Hemos tenido bastantes retrasos por culpa del tiempo.

—¿El tiempo?

Después de que Wendy le explique que los retrasos en el nordeste han tenido consecuencias en todo el sistema, Ryan vuelve a etiquetar las emociones negativas y a reflejar la respuesta de Wendy para animarla a seguir ahondando.

—Parece que ha sido un día frenético.

—Hemos tenido un montón de «clientes furiosos». A ver, yo lo entiendo, aunque no me gusta que me griten. Hay mucha gente intentando llegar a Austin para el partido.

—¿El partido?

—El partido de fútbol americano entre la Universidad de Austin y la de Mississippi. Todos los vuelos a Austin están completos.

—¿Completos?

Hagamos una pausa. Hasta aquí, Ryan ha estado empleando el etiquetado y el reflejo para construir una relación con Wendy. Sin embargo, para ella no es más que una charla casual, porque Ryan no le ha pedido nada. A diferencia de la pareja enfadada, Ryan se hace cargo de la situación de Wendy. Sus palabras se mueven entre el «cuéntame» y el «te comprendo», y ambas cosas invitan a Wendy a seguir hablando.

Y ahora que se ha construido la empatía, Wendy suelta cierta información que a Ryan le resulta útil.

—Sí, durante todo el fin de semana. Aunque quién sabe cuántos llegarán a coger su vuelo. Con este tiempo es probable que mucha gente tenga que ser desviada de su ruta por sitios distintos.

Y aquí es donde Ryan finalmente se lanza con una petición. Pero observa cómo actúa: no lo hace con asertividad ni frialdad lógica, sino con empatía y empleando una etiqueta que se hace cargo de la situación de Wendy y que los pone tácitamente en el mismo barco.

—Bueno, parece que has manejado bastante bien este día tan duro —dice—. A mí también me han afectado los retrasos a causa del tiempo y me han cambiado la conexión. Imagino que el siguiente vuelo estará completo, pero por lo que acabas de decir, quizá haya alguien que ha perdido esta conexión. ¿Hay alguna posibilidad de que quede alguna plaza?

Atención a ese *riff*: etiqueta, empatía táctica, etiqueta. Y, solo entonces, una petición.

En ese momento, Wendy no dice nada y empieza a teclear en su ordenador. Ryan, que no quiere hablar por si suelta alguna inconveniencia que estropee un posible acuerdo, se queda también en silencio. Treinta segundos después, Wendy imprime una tarjeta de embarque y se la tiende a Ryan, explicándole que había algunas reservas de gente que llegará mucho después de que salga el vuelo. Para aumentar el éxito de Ryan, lo pasa a Economy Plus.

¡Y todo eso en menos de dos minutos!

La próxima vez que te toque detrás de un cliente furioso en una tienda o en el mostrador de un aeropuerto, tómate un momento para practicar las técnicas de las etiquetas y el reflejo con la persona que te esté atendiendo. Te prometo que no gritará «¡No intente controlarme!» antes de explotar en llamas, y quizá consigas salir de allí con algo más de lo que esperabas.

Lecciones clave

Cuando incluyas las herramientas de la empatía táctica en la vida cotidiana, piensa en ellas como una extensión de la interacción humana natural y no como tics conversacionales.

En cualquier interacción nos agrada sentir que el otro nos está escuchando y que se hace cargo de nuestra situación. Ya se trate de una negociación profesional o de una charla informal con otra persona en la carnicería del supermercado, crear una relación empática y animar al interlocutor a que nos hable sobre su situación es la base de cualquier interacción humana sana.

Estas herramientas, por tanto, no son más que buenas prácticas emocionales que contribuyen a subsanar la ineptitud que caracteriza nuestras conversaciones más críticas en la vida. Te ayudarán a conectar y a crear relaciones más significativas y más cálidas. El hecho de que quizá te ayuden a conseguir lo que quieres es solo un extra; la conexión humana es el principal objetivo.

Con esto en mente, te animo a que te arriesgues a salpicar tus conversaciones con estas habilidades. Al principio podrá parecerte algo incómodo y artificial, pero insiste. Aprender a andar también se nos hacía raro al principio.

A medida que vayas internalizando estas técnicas, convirtiendo el artificio de la empatía táctica en un hábito y después en parte integral de tu personalidad, recuerda estas lecciones:

- Imagínate en la situación de tu interlocutor. Lo bueno de la empatía es que no exige que estés de acuerdo con las ideas de la otra persona (y hasta pueden parecerte una locura). Pero cuando te haces cargo de su situación, le transmites que la estás escuchando. Y una vez que el otro sabe que le estás escuchando, puede decirte algo que te resulte útil.
- Las razones de tu contraparte para no cerrar el trato son a menudo más poderosas que las razones por las que sí llegarían a un acuerdo, así que céntrate primero en despejar las barreras. Negar esas barreras o las influencias negativas les da crédito; es mejor exponerlas a la luz.
- Haz pausas. Después de haber etiquetado una barrera o reflejado una afirmación, deja que se asiente. No te preocupes, la otra parte se encargará de llenar el silencio.
- Etiqueta los miedos de tu interlocutor para disipar su poder. Todos queremos hablar de cosas alegres, pero no olvides que cuanto más rápido interrumpas la acción de la amígdala de tu interlocutor, la parte del cerebro que genera los miedos, antes podrán aflorar las sensaciones de seguridad, confort y confianza.
- Haz una lista con las peores cosas que la otra parte pudiera decir de ti y dilas tú antes. Desarrollar por anticipado una autoacusación te hará estar preparado para desviar las dinámicas negativas antes de que estas puedan asentarse. Y dado

que estas acusaciones normalmente parecen exageradas cuando se dicen en voz alta, expresarlas empujará a la otra persona a afirmar justo lo contrario.

- Recuerda que estás tratando con gente que desea ser apreciada y comprendida. Emplea las etiquetas para reforzar y alentar las percepciones y las dinámicas positivas.

4

Cuidado con el «sí». Domina el «no»

Expondré un escenario que todos hemos vivido: estás en casa, a la hora de cenar, y suena el teléfono. Es, menuda sorpresa, un vendedor de telemarketing. Quiere venderte suscripciones de revistas, filtros de agua, ternera argentina congelada... Siendo sinceros, da igual lo que venda, el guión siempre es el mismo. Después de pronunciar mal tu nombre y soltar algunos cumplidos falsos, lanza su discursito.

El modelo de venta agresiva que le sigue es un diagrama de flujo guionizado que está diseñado para bloquear toda ruta de escape y llevarte por un camino cuya única salida es el «sí».

—¿Le gusta tomar un vaso de agua de vez en cuando?

—Bueno, sí, pero...

—A mí también. Y, como a mí, apuesto a que le gusta el agua fresca y limpia, sin aditivos químicos, tal como la hizo la madre naturaleza.

—Bueno, sí, pero...

«¿Quién es el tipo este de la sonrisa falsa, que cree que puede enredarme para que le compre algo que no quiero?», te preguntas. Sientes que se te tensan los músculos, te sale un tono a la defensiva y se te acelera el ritmo cardíaco.

Te sientes como si fueras su presa, ¡y lo eres!

Lo último que quieres es decir «sí», aun cuando sea la única respuesta posible:

—¿Bebe agua?

Sientes que ceder y hacer concesiones, aunque sea a la verdad, es una derrota. Y el «no»... Bueno, el «no» se te aparece como la salvación, como un oasis. Te sientes tentado de decir «no» aunque sea una mentira flagrante, tan solo para oír su dulce sonido.

—No, no necesito beber agua, ni con filtro de carbono ni de ninguna otra manera. Soy un camello.

Y ahora analicemos esta estrategia de venta. Está diseñada para llegar al «sí» a toda costa, como si el «no» fuera la muerte. Y para muchos de nosotros lo es. Le damos al «no» un montón de connotaciones negativas. Hablamos del rechazo que implica el «no», del miedo a escucharlo. «No» es la palabra negativa por antonomasia.

Pero, después de todo, el «sí» constituye a menudo una respuesta sin sentido que oculta objeciones más profundas (y «quizá» es aún peor). Luchar encarnizadamente por un «sí» no hace que el negociador esté más cerca de ganar; lo único que hace es molestar a la otra parte.

Por tanto, si el «sí» puede llegar a ser tan incómodo y el «no» todo un alivio, ¿por qué hemos convertido a uno en un fetiche y demonizado al otro?

Es justo al contrario. Para un buen negociador el «no» es oro puro. Esa negativa ofrece una gran oportunidad para que ambas partes puedan clarificar lo que realmente quieren por medio de la eliminación de lo que no quieren. El «no» es una elección segura que mantiene el *statu quo* y te ofrece un oasis temporal de control.

En algún punto del proceso, todo negociador tiene que aprender a lidiar con el «no». Cuando llegues a descubrir la dinámica psicológica que hay detrás del «no», esa palabra llegará a encantarte. No se trata tan solo de perderle el miedo, sino de llegar a entender lo que puede hacer por ti y de qué modo puedes cerrar acuerdos a partir de ella.

A menudo, las palabras «sí» y «quizá» no tienen ningún valor. Pero un «no» siempre cambia la conversación.

El «no» abre la conversación

Mi fascinación por todos los sutiles matices del «no» surgió en una conversación que tuve pocos meses antes de que empezara mi carrera como negociador.

Empecé en el FBI como miembro del equipo de los SWAT en la división de Pittsburgh, pero cerca de dos años después me fui a Nueva York, donde el FBI me destinó a las Fuerzas Especiales Antiterroristas Conjuntas (JTTF). Era un destino fascinante: nos dedicábamos a investigar a sospechosos de terrorismo día y noche, así como sus células, y a evaluar si tenían previsto realizar un atentado o no y cómo pensaban hacerlo. Nuestro trabajo consistía en desentrañar los nudos de la ira humana en la mayor ciudad de Estados Unidos, y en tomar decisiones a vida o muerte acerca de quién era peligroso y quién estaba simplemente fanfarroneando. Ese trabajo me fascinaba.

Desde mis primeros días en la agencia, estaba obsesionado con la cuestión de la respuesta a las situaciones de crisis. La inmediatez de esa tarea me hechizaba. El riesgo era alto. Había vidas pendientes de un hilo.

El terreno emocional era complejo, cambiante y a menudo conflictivo. Para conseguir con éxito la liberación de un rehén, el negociador estaba obligado a adentrarse en los motivos del secuestrador, su estado de ánimo, el alcance de su inteligencia y sus fortalezas y debilidades emocionales. El negociador hacía de matón, de conciliador, de agente de la ley, de salvador, de confesor, de instigador y de mediador, y esos eran solo algunos de sus papeles.

Yo creía que estaba hecho para todos y cada uno de ellos.

Pocas semanas después de llegar a Manhattan, me presenté en el despacho de Amy Bonderow, la directora del Equipo de Negociación de Crisis del FBI en Nueva York. No tenía ni idea de negociación, así que la abordé directamente.

—Quiero ser negociador de situaciones con rehenes —dije.

—Como todo el mundo, ¿tiene alguna preparación? —me preguntó.

—No —contesté.

—¿Credenciales?

—No.

—¿Experiencia?

—No.

—¿Algún título en psicología, sociología o algo mínimamente relacionado con la negociación?

—No.

—Parece que ha contestado a su propia pregunta —me dijo—. No. Y ahora márchese.

—¿Que me marche? —protesté—. ¿En serio?

—Sí. Déjeme en paz. Todo el mundo quiere ser negociador de rehenes y usted no tiene currículum, experiencia ni habilidades. ¿Qué diría usted en mi lugar? Ahí lo tiene: «No».

Me quedé en silencio delante de ella. «No es aquí donde termina mi carrera como negociador», pensé. Si había sido capaz de aguantar la mirada a terroristas no iba a marcharme sin más.

—Vamos —dije—. Tiene que haber algo que pueda hacer.

Amy negó con la cabeza y soltó una de esas risas irónicas como diciendo que ni de broma vas a tener una oportunidad.

—Mire, sí que hay algo que puede hacer: preséntese voluntario para el teléfono de la esperanza. Y después vuelva a hablar conmigo. No le garantizo nada, ¿lo entiende? —me dijo—. Y ahora en serio, váyase.

Esta conversación con Amy me hizo tomar conciencia de las complejidades y las sutilezas ocultas en cualquier conversación, del poder de determinadas palabras y de las verdades emocionales aparentemente ininteligibles que tan a menudo subyacen a los diálogos inteligibles.

Una trampa en la que muchas personas caen es la de tomarse lo que dicen los demás en sentido literal. Empecé a darme cuenta de que, si bien la gente jugaba al juego de la conversación, donde residían todas las ventajas era en el juego que está detrás del juego, un sitio donde muy pocos juegan.

En aquella conversación vi que la palabra «no» —aparentemente clara y directa— en realidad no era tan simple. A lo largo de los años, he vuelto a recordar aquella conversación muchas veces, rememorando la forma en la que Amy me rechazó una y otra vez. Pero sus «noes» eran tan solo una puerta para el «sí». Nos dieron —a ella y a mí— tiempo para hacer giros, ajustarnos y reexaminarnos, y crearon, de hecho, el contexto para llegar al único «sí» que importaba.

Cuando me destinaron a la JTTF trabajé con un teniente de la policía de Nueva York llamado Martin. Martin era una persona difícil de convencer, y cada vez que se le pedía algo respondía con una negativa brusca. Una vez que llegué a conocerle un poco, le pregunté por qué.

—Chris —me dijo con orgullo—, el trabajo de un teniente es decir «no».

Al principio, interpreté esa forma de respuesta automatizada como falta de imaginación. Pero después me di cuenta de que yo hacía lo mismo con mi hijo adolescente, y que una vez que le había dicho «no», con frecuencia me encontraba más dispuesto a escuchar lo que fuera que tuviera que decirme.

Una vez que me había protegido, podía relajarme y considerar más fácilmente otras posibilidades.

«No» es el principio de la negociación, no el final. Estamos condicionados para temer la palabra «no». Pero a menudo suele ser más una declaración sobre nuestras percepciones que sobre un hecho. Muy pocas veces significa: «He considerado todos los hechos y he tomado una decisión racional». Por el contrario, «no» es normalmente una decisión, con frecuencia temporal, que nos permite mantener el *statu quo*. El cambio da miedo y el «no» ofrece un poco de protección ante ese miedo.

En su excelente libro *De entrada, diga no*,[8] Jim Camp aconseja al lector darle permiso a su adversario (la palabra que él usa para referirse a la contraparte) para decir «no» desde el principio de la negociación. Lo llama «el derecho a veto». Camp observa que la gente luchará a muerte para preservar su derecho a decir «no», por tanto, otorgándoles de antemano ese derecho el ambiente de la negociación se vuelve más constructivo y colaborativo casi de forma inmediata.

Cuando leí el libro de Camp, me di cuenta de que esto era algo que como negociadores de rehenes sabíamos desde hacía años. Habíamos aprendido que la manera más rápida de conseguir la salida de un secuestrador era tomarse el tiempo de hablar con él en vez de «pedirle» su rendición. Pedir su rendición, «decirle» que saliera, siempre terminaba creando una situación de estancamiento mucho más larga y ocasionalmente derivaba en muertes.

Al final todo se reduce a la profunda y universal necesidad de autonomía. Las personas necesitan sentir que tienen el control. Cuando garantizas la autonomía de otra persona otorgándole claramente permiso para decir «no» a tus ideas, las emociones se calman, la eficacia de las decisiones aumenta y la otra parte puede estudiar realmente tu propuesta. Le estás permitiendo tenerla entre las manos y darle vueltas para analizarla. Y a ti te da tiempo para desarrollarla o pivotar para convencer a tu interlocutor de que el cambio que le propones resulta más ventajoso que el *statu quo*.

Los grandes negociadores buscan el «no» porque saben que a menudo es ahí donde de verdad empieza la negociación.

Saber decir «no» con educación a tu oponente (hablaremos de esto con más profundidad en el capítulo 9), saber escuchar un «no» de forma calmada y, simplemente, hacer saber a la otra parte que están más que invitados a decir «no» genera un impacto positivo en cualquier negociación. De hecho, esta invitación a decir «no» demostrará un poder asombroso para derribar barreras y permitir que se articule una comunicación beneficiosa.

Esto significa que tienes que entrenarte para escuchar el «no» como algo distinto del rechazo, y para ser capaz de responder de acuerdo con ello. Cuando alguien te diga «no», debes repensar la palabra dándole alguno de sus significados alternativos... y mucho más reales.

- Aún no estoy preparado para acceder a esto.
- Estás haciéndome sentir incómodo.
- No lo entiendo.
- No creo que pueda permitírmelo.
- Quiero otra cosa.

- Necesito más información.
- Quiero hablarlo con otra persona.

En este punto, después de hacer un silencio, debes plantear preguntas con intención resolutiva o simplemente etiquetar su efecto:

«¿Qué es lo que no termina de convencerte?»
«¿Qué necesitarías para que lo hiciera?»
«Parece que aquí hay algo que no te convence.»

La gente tiene necesidad de decir «no». Así que es mejor no esperar a oírlo en algún momento; haz que te lo digan pronto.

Persuádeles en su propio mundo

Me gustaría presentarte a Don Ejecutivo. Está a punto de empezar una negociación. Ya lo hemos visto antes. Ha anotado y memorizado todas sus estrategias de *Obtenga el sí*. Y está más que preparado para desplegarlas ante el tipo que está al otro lado de la mesa. Don Ejecutivo se detiene un segundo para observar en el espejo su traje caro, fantaseando con las cosas impresionantes que va a decir y los esmerados gráficos en los que apoyará todos esos argumentos y que dejarán a su interlocutor —su oponente— vencido y derrotado. Es Russell Crowe en *Gladiator*. Es El Hombre.

Y ahora déjame que te cuente un secreto: toda esa preparación no servirá para nada. Su estilo de negociación únicamente dice yo, yo, yo, ego, ego, ego. Y cuando las personas que estén al otro lado de la mesa perciban estas señales, decidirán que es mejor ignorar educada, e incluso furtivamente, a este Superman... ¡diciéndole «sí»!

«¿Cómo?», estás pensando ahora.

Está claro, utilizarán el «sí» como herramienta para conseguir que este fanfarrón les deje en paz. Ya se desmarcarán después aduciendo que las condiciones han cambiado, que hay problemas de presupuesto, de tiempo... Por el momento, únicamente quieren que se les libere, porque Joe no les está convenciendo de nada, solo se está convenciendo a sí mismo.

Otro secreto. En realidad hay tres clases de «sí»: de engaño, de confirmación y de compromiso.

Un «sí» de engaño es aquel en el que tu interlocutor tiene intención de decir «no», pero o bien piensa que con el «sí» tiene una ruta de escape más fácil, o bien quiere mantener abierta la conversación para obtener más información sobre otro tipo de enfoque. Un «sí» de confirmación normalmente es inocente, una respuesta refleja a una pregunta de blanco o negro; a veces se usa para tender una trampa, pero otras es una simple afirmación sin promesa de acción. Y un «sí» de compromiso no tiene trampa ni cartón; es un acuerdo verdadero que lleva a la acción, un «sí» sobre la mesa que termina con la firma de un contrato. Este «sí» de compromiso es lo que queremos obtener, pero los tres suenan prácticamente igual, así que debes aprender a reconocer cuál de ellos se está usando.

En todo el mundo, las personas están tan acostumbradas a que se las persiga para que den un «sí» de compromiso como condición para obtener más información, que el «sí» de engaño se ha convertido en todo un arte. Y eso es lo que están haciendo ahora los interlocutores de Don Ejecutivo, contentarle con el «sí» fingido para obtener más información.

Ya lo llamemos «compra» o «compromiso», o lo que sea, los buenos negociadores saben que su trabajo no consiste en tener una gran actuación sino en guiar suavemente a su interlocutor para que entienda el objetivo del acuerdo como propio.

Esto yo lo aprendí por las malas.

Dos meses después de mi conversación con Amy, empecé a atender el teléfono de HelpLine, la línea del teléfono de la esperanza fundada por Norman Vincent Peale.

Una de las reglas básicas prohibía mantener una conversación durante más de veinte minutos. Si uno sabía hacer su trabajo, no le llevaría más tiempo derivar a quien había llamado a un lugar más apropiado. Teníamos un libro enorme con un directorio de organizaciones a las que redirigíamos a quien llamaba en busca de ayuda. Era un enfoque paramédico, se les hacía una cura y se les enviaba a otro lugar.

Pero solo el 40 % de las llamadas que recibíamos era de gente que estaba sufriendo una crisis. La mayoría de las llamadas eran de los habituales: personas altamente disfuncionales, vampiros de energía a los que nadie quería escuchar ya.

Teníamos una lista con el nombre de estas personas y lo primero que hacíamos al recibir su llamada era comprobar si ya habían llamado ese mismo día, porque solo se les permitía hacer una llamada diaria. Ellos lo sabían. Muchas veces, cuando llamaban, decían:

—Sí, soy Eddie. No he llamado ninguna vez hoy. Puedes comprobar la lista. Tienes que hablar conmigo.

Puesto que yo estaba allí principalmente para aprender una habilidad, disfrutaba mucho con estos habituales. Suponían un problema, y me gustaba tratar de resolverlo. Creía que tenía talento para ello. Me sentía como una superestrella.

Cuando llegó la hora de la evaluación de mi trabajo, me asignaron un supervisor de turno llamado Jim Snyder. Jim era un veterano de la línea y una persona encantadora; la única pega es que siempre estaba bromeando. Jim entendía que el mayor problema de la línea de atención es que los voluntarios acababan quemados, y por eso se aplicaba en hacer que el trabajo fuera divertido. Terminé haciéndome muy amigo de Jim.

Para hacer mi evaluación, Jim esperó a que yo recibiera una llamada y entró en la sala de control en la que los supervisores podían escuchar nuestras conversaciones. La llamada era de uno de mis habituales, un taxista con miedo a salir a la calle y un montón de tiempo libre para hablarme de ello. Este vampiro de energía (se llamaba Daryl) empezó su numerito diciendo que si no era capaz de trabajar, perdería su casa, y con ella la voluntad de vivir.

—En serio, ¿cuándo fue la última vez que alguien intentó agredirte en la calle? —pregunté.

—Bueno, a ver... hace mucho tiempo —dijo Daryl.

—¿Más o menos...?

—No me acuerdo de la fecha, Chris. Quizá un año, creo.

—De modo que podemos decir que el mundo no te ha tratado con demasiada dureza, ¿no?

—Sí —dijo Daryl—, supongo que sí.

Estuvimos un rato con el tira y afloja, y le hice admitir que la mayoría de nosotros tenemos poco que temer del exterior. Estaba cómodo con mis nuevas habilidades, escuchando a Daryl y aplicando la estrategia del *CareFronting*,[9] que es el nombre un poco ridículo que le damos al hecho de responder a los habituales de forma asertiva pero cuidadosa.

Todo marchaba con fluidez y nuestro entendimiento era muy bueno. Hasta conseguí que Daryl se riera unas cuantas veces. Para cuando terminé con él, no podía darme una sola razón para no salir a la calle.

—Gracias, Chris —me dijo Daryl justo antes de colgar—. Gracias por hacer tan bien tu trabajo.

Antes de ir a ver a Jim, me recosté en la silla y paladeé el halago. «¿Cuántas veces obtienes algo así de un hombre que sufre?», pensé.

Y entonces me levanté y me encaminé hacia la sala de control; estaba tan orgulloso que prácticamente iba sacando brillo a mis uñas sobre mi camisa y dándome palmaditas en la espalda a mí mismo.

Jim me indicó que me sentara en una silla frente a él y me dedicó la mayor de sus sonrisas. Debí de devolvérsela con el doble de voltaje.

—Bueno, Chris —me dijo, aún sonriendo—. Creo que esa es una de las peores llamadas que he oído jamás.

Le miré con la boca abierta.

—Jim, ¿no has oído a Daryl felicitarme? —le pregunté—. He conseguido calmarle, hombre. Lo he anulado.

Jim sonrió —en aquel momento odiaba aquella sonrisa— y asintió.

—Ese es uno de los indicadores, porque cuando cuelgan deberían estar felicitándose a sí mismos —me dijo—. No tienen que felicitarte a ti. Eso me dice que has hecho demasiado. Si creen que lo has conseguido tú, si eres tú quien ha aplacado su sentimiento, ¿cómo van a ser capaces de ayudarse a sí mismos? No quiero ser duro, pero lo has hecho fatal.

A medida que escuchaba lo que me decía Jim, empecé a sentir ese ataque de acidez de estómago que te entra cuando uno no tiene más remedio que aceptar que el que te está criticando tiene toda la razón. La respuesta de Daryl había sido una especie de «sí», pero en modo alguno había sido un «sí» comprometido. No había hecho ninguna promesa de actuar. Su «sí» estaba pensado para hacerme sentir bien y que le dejara en paz. Quizá Daryl no lo supiera, pero su «sí» era de lo más falso que hay.

Verás, toda la llamada había tratado de mí y de mi ego y no de quien hacía la llamada. La única manera de que estas personas se decidieran a actuar era haciéndoles dueños de la conversación, que creyeran que habían llegado a una conclusión por sí mismos para dar el siguiente paso, y que la voz que estaba al otro lado del teléfono era simplemente un medio al servicio de toda esa autosuperación.

Emplear todas tus habilidades para crear una buena relación, compenetración y conexión con el interlocutor es útil, pero en último término esa conexión no sirve para nada si la otra persona no entiende que ella es igualmente responsable, incluso la única responsable, de crear la conexión y de las ideas que surjan.

Asentí muy despacio, se me diluyeron las ganas de replicarle.

—¿Una de las peores llamadas? —le dije a Jim—. Es verdad.

Desde ese momento trabajé duro para reorientarme. Hice tantas preguntas y leí tanto sobre el tema que pronto me pusieron a dar dos clases para los nuevos voluntarios de HelpLine: la introductoria, que trataba sobre escucha activa; y una sobre *CareFronting*.

Ahora estás pensando: «Vale. No se trata de mí. Tengo que persuadirles desde su perspectiva, no desde la mía. Pero ¿cómo?».

Empezando por sus deseos más básicos.

En toda negociación, en todo acuerdo, el resultado depende de la decisión de otra persona. Y, tristemente, si creemos que podemos controlar o gestionar las decisiones de los demás mediante el compromiso y la lógica, nos estaremos dejando millones en la mesa. Pero si bien no podemos controlar las decisiones de los demás, sí podemos influir sobre ellos habitando su mundo y sabiendo ver y escuchar exactamente lo que quieren.

Aunque la intensidad puede diferir de una persona a otra, puedes estar seguro de que todas las personas que conoces se dejan llevar por dos deseos principales: la necesidad de sentirse a salvo y la necesidad de sentir que tienen el control. Si consigues satisfacer esas necesidades, es fácil que te abran la puerta de su mundo.

Como hemos visto a partir de mi charla con Daryl, no conseguirás convencerlos a través de la lógica de que están a salvo, ni de que tienen el control. Las necesidades primarias son urgentes e ilógicas, así que arrinconarlas mediante argumentos solo conseguirá que tu interlocutor se escabulla dando un «sí» de engaño.

Y ser «amable» como forma de simpatía fingida es a menudo igual de infructuoso. Vivimos en una época que celebra la amabilidad bajo diversos nombres. Se nos impele a ser amables y a respetar los sentimientos de los demás todo el tiempo y en cada situación.

Pero en el contexto de la negociación, la amabilidad sin más puede resultar contraproducente. Cuando se emplea como un ardid, la amabilidad resulta insincera y manipuladora. ¿Quién no ha salido trasquilado después de tratar con un «amable» vendedor que nos ha llevado a su terreno? Si te lanzas a demostrar una amabilidad plastificada, tu sonrisa falsa traerá a su memoria todas esas experiencias.

Por tanto, en lugar de colarte en su mundo a través de la lógica o las sonrisas fingidas, entra en él buscando un «no». Es la palabra que da al hablante la sensación de seguridad y control. El «no» da inicio a las conversaciones y crea los refugios seguros que al final te permitirán llegar hasta el «sí» de compromiso. Un «sí» temprano es, a menudo, un truco y una falsificación barata.

Unos cinco meses después de que me hubiera dicho que me «marchara», volví al despacho de Amy Bonderow y le dije que había estado de voluntario en una línea del teléfono de la esperanza.

—¿Ah, sí? —preguntó, sonriendo sorprendida—. Le digo a todo el mundo que lo haga. Y nadie lo hace jamás.

Resultó que Amy había empezado su carrera como negociadora

trabajando de voluntaria en el mismo sitio. Mencionó a personas que ahora eran amigos mutuos. Nos reímos de Jim.

En un giro súbito, Amy dejó de hablar y me miró. Me puse un poco nervioso durante esa pausa. Y entonces sonrió.

—El próximo puesto es tuyo.

En aquel momento había otras cinco personas que aspiraban a ocupar esa vacante, gente licenciada en psicología, con credenciales y experiencia. Pero yo iba de camino al siguiente curso de formación para negociaciones con rehenes en la academia del FBI de Quantico, Virginia, por delante de todos los demás. Mi carrera como negociador había empezado oficialmente.

El «no» es una protección

Recordemos al vendedor de telemarketing que aparecía al principio de este capítulo. La respuesta obvia ante su pregunta: «¿Le gusta tomar un vaso de agua de vez en cuando?», es «Sí». Pero en realidad lo que uno quiere es gritarle «¡No!». Después de una pregunta como esa, ya sabemos que el resto de la llamada va a ser dolorosa.

Eso destila, en resumen, las contradicciones inherentes del valor que damos al «sí» y al «no». Cuando estamos negociando, no hay duda de que queremos terminar con un «sí». Pero no hay que confundir el valor positivo de ese «sí» final con el valor positivo de un «sí» en general. Y como vemos el «no» como lo contrario del «sí», asumimos que el «no» es siempre algo malo.

Nada más lejos de la realidad. Decir «no» le da al hablante una sensación de estar a salvo y de tener el control. Si empleas una pregunta que provoca como respuesta un «no», al rechazarte, tu interlocutor tendrá la sensación de que ha demostrado que está en el asiento del conductor. Los buenos negociadores aceptan —e incluso invitan a ello— un «no» firme para empezar, como señal de que la otra parte está implicada y con la cabeza puesta en la conversación. Sin embargo, si vas a por un «sí» desde el principio, tu interlocutor se pondrá a la defensiva, se mostrará receloso y esquivo. Por eso les digo siempre a mis alumnos que cuando estén tratando de vender algo no digan para empezar: «¿Tiene unos minutos para hablar?». En vez de ello es mejor preguntar: «¿Es mal momento para hablar?». La respuesta a esta pregunta puede ser o bien «Sí, es mal momento», seguida de la propuesta de otro momento o de una invitación a que nos marchemos, o bien «No, no lo es», que nos garantiza la atención total del interlocutor.

Como ejercicio, la próxima vez que recibas una llamada de telemarketing anota las preguntas que hace el vendedor. Descubrirás que el nivel de incomodidad que sientes está directamente relacionado con la velocidad con la que el vendedor empieza a presionarte para obtener un «sí».

Mi colega Marti Evelsizer fue la que me abrió los ojos por primera vez a las razones por las que un «no» es mejor que un «sí».

En aquel momento Marti era la coordinadora del Departamento de Negociaciones de Crisis del FBI en Pittsburgh. Era muy dinámica y una maestra de la negociación, lo que le granjeó un enorme respeto tanto en las filas de la agencia como en las de la policía local. Pero los humanos somos seres celosos por naturaleza y su supervisor inmediato no era excepción a esa regla. El éxito de Marti le hacía de menos a él, y esto la convertía en una amenaza.

Cuando el Equipo de Negociación de Rehenes del Departamento de Policía de Pittsburgh pidió a Marti que formara parte del jurado de selección de sus nuevos candidatos, los celos pudieron con su supervisor. Escogerla a ella y no a él era un gesto sin precedentes.

Así que su jefe decidió relegarla de su puesto. Por ignorar sus tareas regulares, dijo. Pero en realidad era porque representaba una amenaza para él.

Cuando Marti se reunió con su supervisor para su destitución oficial, tenía pocas opciones. El supervisor estaba en su derecho de hacer lo que quisiera.

Marti me contó que había tomado en consideración toda una variedad de escenarios. Pensó abordar directamente la cuestión de sus celos y debatir sobre ello, o explicarle de qué modo su trabajo sería bueno para la reputación de la agencia: «¿Le gustaría que nuestra oficina recibiera elogios por su saber hacer?».

Pero para cuando se sentó con él, había elegido uno de los planteamientos de preguntas más orientados al «no» que jamás haya visto.

—¿Quiere que el FBI quede en entredicho?

—No —contestó él.

—¿Qué quiere que haga yo? —le respondió Marti.

El supervisor se reclinó en su asiento, una de esas sillas de cuero falso de la década de 1950 que chirrían cuando la persona que está sentada cambia de postura. La miró por encima de sus gafas y asintió muy despacio. Tenía el control de la situación.

—Veamos, puede mantener su puesto —le dijo—. Simplemente, vuelva ahí fuera y no deje que nada interfiera en el resto de sus tareas.

Y un minuto después, Marti salió con su puesto intacto.

Cuando oí que Marti había hecho eso, para mí fue como un «¡Bang!». Al impelerle a contestar «no», Marti había llevado a su supervisor a un terreno en el que todas las decisiones eran de él. Y después, alentó su sensación de seguridad y poder con una pregunta en la que lo invitaba a definir el siguiente movimiento de ella.

Lo importante aquí es que Marti no solo aceptó ese «no», sino que fue en su busca y lo abrazó.

En un reciente congreso de vendedores, pedí a los participantes que me dijeran la palabra que más temían. El grupo entero gritó: «¡No!». Para ellos —y para casi cualquier persona—, «no» significa solo una cosa: fin de la discusión.

Pero no es eso lo que significa.

Un «no» no es un fracaso. Si se emplea estratégicamente es una respuesta que te abre el camino para seguir adelante. Llegar al punto en el que uno deja de sentirse aterrado por la palabra «no» es un momento liberador que todo negociador debe alcanzar. Porque si el «no» se convierte en tu mayor temor, no podrás negociar. Te conviertes en un rehén del «sí». Estarás maniatado. Acabado.

Por tanto, desnudemos el «no». Supone una reafirmación de la autonomía. No significa uso o abuso del poder; no es un gesto de rechazo, ni una manifestación de tozudez, ni el final de la negociación.

En realidad, el «no» abre la discusión. Cuanto antes digas «no», antes podrás ver opciones y oportunidades que antes no veías. A menudo, decir «no» anima a la gente a entrar en acción porque ya se sienten a salvo y empiezan a vislumbrar que una oportunidad se les escapa.

Desde que he desmitificado el «no», he descubierto que las ideas, las percepciones y el equipaje que la gente adhiere a esas dos letras son fascinantes. Para mí es como ver una película o un vídeo musical de la década de 1980 por enésima vez. Uno puede sentirse identificado con la experiencia y, simultáneamente, ser consciente de que el mundo, y uno mismo, ya está en otro lugar.

Hoy enseño a mis alumnos a ver el «no» tal como es. En vez de representar un daño para ellos o para aquellos con quienes están negociando, el «no» protege y beneficia a todas las partes de la conversación. El «no» genera seguridad, la sensación de estar a salvo y de tener el control. Y es necesario para tener éxito en aquello que se quiere conseguir. Es una pausa, un empujoncito, y una oportunidad para que el hablante explique lo que quiere.

Como ves, el «no» tiene un montón de ventajas.

- El «no» permite que la verdadera cuestión pase a primer plano.
- El «no» protege a la persona de tomar decisiones ineficaces, y le permite corregirlas.
- El «no» frena las cosas, de modo que la gente pueda aceptar libremente sus decisiones y los acuerdos a los que se compromete.
- El «no» contribuye a que la persona se sienta a salvo, cómoda en el plano emocional, y con el control de sus propias decisiones.
- El «no» desplaza hacia delante los esfuerzos de todo el mundo.

Uno de mis alumnos del curso universitario, un recaudador de fondos del ámbito político llamado Ben Ottenhoff, se llevó esta lección a su terreno y tuvo un éxito espectacular. Había estado usando durante años el tradicional «patrón del sí» de la recaudación de fondos para conseguir donaciones para los candidatos al Congreso del Partido Republicano.

RECAUDADOR: Hola, ¿podría hablar con el señor Smith?
SEÑOR SMITH: Sí, soy yo.

RECAUDADOR: Le llamo del Comité XYZ, y querría hacerle algunas preguntas para conocer su opinión sobre el estado actual de la economía. ¿Cree que los precios del gas son demasiado altos?

SEÑOR SMITH: Sí, los precios del gas son muy elevados y eso es perjudicial para mi familia.

RECAUDADOR: ¿Cree que en lo referente a los precios del gas los demócratas son parte del problema?

SEÑOR SMITH: Sí, el presidente Obama es muy mala persona.

RECAUDADOR: ¿Cree que el próximo noviembre necesitamos un cambio?

SEÑOR SMITH: Sí, lo creo.

RECAUDADOR: ¿Me daría el número de su tarjeta de crédito de modo que pueda formar parte de ese cambio?

En teoría, al menos, todas las respuestas con un «sí» deberían haber construido una reserva de positividad que terminaría explotando en forma de donaciones cuando estas se solicitaran al final del guión. El problema era que el «patrón del sí» llevaban años dando cifras de ingresos muy bajas. A cada pregunta se respondía «sí», pero la respuesta final era invariablemente «no».

Y entonces en mi clase Ben leyó el libro *De entrada, diga no*, de Jim Camp, y empezó a preguntarse si el «no» podría ser una herramienta para aumentar las donaciones. Ben sabía que iba a ser difícil convencer a sus recaudadores voluntarios de que amablemente dieran la posibilidad a los donantes potenciales de abandonar la llamada, porque eso iba en contra de todo lo que les habían enseñado. Pero Ben es un tipo listo, así que en lugar de alterar el guión por completo hizo que un pequeño grupo de voluntarios probaran con un guión orientado al «no».

RECAUDADOR: Hola, ¿podría hablar con el señor Smith?

SEÑOR SMITH: Sí, soy yo.

RECAUDADOR: Le llamo del Comité XYZ, y querría hacerle algunas preguntas para conocer su opinión sobre el estado actual de la economía. ¿Cree usted que si las cosas se mantienen tal cual están, Estados Unidos tiene por delante sus mejores días?

SEÑOR SMITH: No, las cosas solo se pondrán peor.

RECAUDADOR: ¿Se va a quedar sentado, sin presentar batalla, viendo cómo el presidente Obama se hace con la Casa Blanca en noviembre?

SEÑOR SMITH: No, haré todo lo que pueda para asegurarme de que eso no ocurra.

RECAUDADOR: Si quiere hacer algo hoy mismo para asegurarse de que eso no ocurra, puede hacer una donación al Comité XYZ, que trabaja sin descanso para luchar por usted.

¿Ves cómo el guión cambia el «no» por el «sí» y se ofrece a aceptar una donación si el señor Smith lo desea? Coloca al señor Smith en el asiento del conductor, es él quien está al mando. ¡Y funciona! En un giro realmente notable, el guión orientado al «no» consiguió una mejora del 23 % en la tasa de ingresos.

La parte triste de la historia de Ben es que, a pesar de la enorme mejoría de los resultados, no pudo conseguir que todos sus recaudadores emplearan el guión modificado. Iba en contra de la ortodoxia de la recaudación de fondos y a los recaudadores veteranos les gusta el falso confort del «sí». Las genialidades suelen pasar desapercibidas la primera vez que aparecen, ¿no es cierto?

Un genio de la negociación que no podemos dejar de mencionar es Mark Cuban, el propietario de los Mavericks de Dallas. Siempre cito a mis alumnos una de sus mejores frases sobre la negociación:

«Cada "no" me aproxima más al "sí"». Pero después les recuerdo que desviar esos «noes» al camino del «sí» no siempre es fácil.

Hay una gran diferencia entre hacer sentir a tu interlocutor que puede decir «no» y conseguir que lo diga. A veces, si estás hablando con alguien que simplemente no te escucha, la única manera de entrar en su cabeza es incomodarlo hasta que diga «no».

Una forma de hacer esto es etiquetar erróneamente alguno de los sentimientos o deseos de la contraparte, diciendo algo que sabes de sobra que no es cierto, como: «Parece que estás deseando abandonar tu trabajo», cuando está claro que quiere quedarse. Esto le obliga a escucharte y le devuelve a la zona de confort cuando te corrige diciendo: «No, no es eso lo que ocurre. Es esto otro».

Otra forma de forzar el «no» en una negociación es preguntarle a tu interlocutor qué es lo que no quiere. «Hablemos de a qué cosas dirías "no"», puedes decir. Y, en este caso, cualquier persona estará cómoda diciendo «no» porque le da sensación de autoprotección. Y una vez que hayas conseguido que diga «no», se mostrará mucho más abierta a seguir adelante contemplando opciones e ideas nuevas.

El «no» —o su ausencia— sirve también como advertencia, como un canario en una mina de carbón. Si a pesar de todos tus esfuerzos la otra parte no llega a decir «no», sabrás que se trata de gente indecisa o que está confusa o que tiene una agenda oculta. En estos casos lo que tienes que hacer es dar por finalizada la negociación y marcharte.

Piénsalo de este modo: si no hay «no», no hay caso.

Magia por correo electrónico: cómo no ser ignorado nunca más

No hay nada más irritante que ser ignorado. Ser rechazado es malo, pero no obtener respuesta es lo más bajo. Te hace sentir invisible, como si no existieras. Y es una pérdida de tiempo. A todos nos ha pasado: envías un correo electrónico a alguien con el que estás intentando hacer negocios y te ignora. Después envías un educado correo electrónico de seguimiento y de nuevo otro muro de silencio. ¿Qué hacemos entonces?

Provocar un «no» con un correo electrónico de una sola línea.

> ¿Se ha dado por vencido con este proyecto?

Este correo electrónico de una línea aglutina lo mejor de las preguntas orientadas al «no» y juega con la natural aversión a la pérdida de nuestro interlocutor. La respuesta en forma de «no» que ofrece este correo electrónico le da a la otra parte la sensación de seguridad y la ilusión de control a la vez que le anima a definir su posición y a explicárnosla.

Y, exactamente igual de importante, le plantea la amenaza implícita de que abandonaremos el proyecto según nuestros términos. Para evitar que eso ocurra —para minimizar sus pérdidas y demostrar su poder— la inclinación natural de la otra parte será responder de inmediato y mostrar su desacuerdo: «No, nuestras prioridades no han cambiado. Se trata tan solo de que estamos sobrepasados y...».

Si tienes hijos, seguramente ya estés empleando esta técnica de manera instintiva. ¿Qué haces cuando tus hijos no quieren salir de casa, del parque o del centro comercial? Dices: «Vale, yo me voy», y empiezas a alejarte. Me atrevo a decir que más de la mitad de las veces gritan: «¡No! ¡Espera!», y salen corriendo para alcanzarte. A nadie le gusta que lo abandonen.

Bien, esta puede parecer una manera poco educada de tratar a alguien con quien estás intentando hacer negocios, pero debes superar esa sensación. No es un gesto de mala educación y, aunque sí es directo, está envuelto en el manto seguro del «no». Lo que sí es maleducado es que te ignoren. Puedo decir que he empleado esta técnica con éxito no solo en Estados Unidos, sino con personas de dos culturas distintas (árabe y china) que son famosas por no decir nunca «no».

Lecciones clave

Para muchas personas es difícil emplear en la vida cotidiana las herramientas de este capítulo porque van contra uno de los mayores dictados de nuestra sociedad, que es: «Sé amable».

Hemos instrumentalizado la amabilidad como forma de lubricar los engranajes sociales, pero a menudo esto resulta una trampa. Somos educados y ocultamos nuestro desacuerdo con algunas cosas para que nuestra existencia diaria tenga el menor grado de fricción posible. Pero al convertir la amabilidad en un lubricante la hemos vaciado de significado. Una sonrisa y un gesto de asentimiento pueden significar «¡Sácame de aquí!» tanto como «Encantado de conocerle».

Para un buen negociador, que obtiene su poder alcanzando un entendimiento de la situación de su interlocutor y siendo capaz de extraer información de sus deseos y necesidades, eso es la muerte. Extraer esa información supone conseguir que la otra parte se sienta segura y con el control de la situación. Y si bien puede sonar contradictorio, la forma de llegar ahí es conseguir que la otra parte muestre su desacuerdo, que dibuje sus propios límites, que defina sus deseos en función de lo que no quiere.

Al intentar poner en práctica los métodos de este capítulo, piensa en ellos como un antídoto contra «la trampa de la amabilidad». No porque sean desagradables, sino porque son auténticos. Obtener un «no» te libera de la capa de falsedad del «sí» y te permite ver qué es lo que realmente está en juego. Por el camino, recuerda estas poderosas lecciones:

- Rompe el hábito de intentar conseguir que la gente diga «sí». Si a las personas se las presiona para que den un «sí», se ponen a la defensiva. Nuestro amor por escuchar un «sí» nos impide ver que nosotros también nos ponemos a la defensiva cuando alguien nos presiona para que lo digamos.
- El «no» no es un fracaso. Nos han enseñado que un «no» es lo opuesto a un «sí», y por tanto una palabra que hay que evitar a toda costa. Pero a menudo solo significa «espera» o «no estoy cómodo con esto». Debes aprender a escucharlo con serenidad. No se trata del fin de la negociación, sino del principio.
- El «sí» es el objetivo final de una negociación, pero no intentes obtenerlo desde el principio. Pedirle a alguien un «sí» demasiado pronto en una conversación —«¿Le gusta beber agua, señor Smith?»— hace que el otro se ponga en guardia y te vea como un vendedor poco de fiar.
- Que tu interlocutor diga «no» hará que se sienta a salvo y con el control de la situación, así que intenta provocarlo. Al expresar qué es aquello que no quiere, tu interlocutor define su espacio y acumula confianza y comodidad para escucharte. Por ello, «¿Es mal momento para hablar?» siempre es mejor que «¿Tiene unos minutos para hablar?».

- A veces la única manera de conseguir que tu interlocutor te escuche y se implique es forzarle a decir «no». Esto significa que debes etiquetar erróneamente de forma intencionada alguno de sus sentimientos o deseos, o plantearle una pregunta ridícula —«Parece que desea que este proyecto fracase»— que solo pueda ser contestada con una negativa.
- Negocia en su mundo. La persuasión no tiene que ver con cómo de brillantes, o astutos o convincentes seamos. Tiene que ver con que la otra parte se convenza a sí misma de que la solución que queremos es idea suya. Por tanto, no intentes ganar a base de lógica ni de fuerza bruta. Haz preguntas que abran caminos hacia tus objetivos. No se trata de ti.
- Si un posible socio te ignora, abórdale con una pregunta orientada al «no», clara y concisa, que sugiera que estás dispuesto a abandonarle: «¿Se ha dado por vencido con este proyecto?». Esta pregunta hace milagros.

5

Cómo provocar las dos palabras que transformarán inmediatamente cualquier negociación

En agosto de 2000 la milicia islámica del sur de Filipinas Abu Sayyaf emitió un vídeo en el que afirmaba haber capturado a un agente de la CIA. Para los rebeldes, la verdad no tenía tanto interés periodístico ni era tan valiosa.

A quien en realidad había secuestrado Abu Sayyaf era a Jeffrey Schilling, un estadounidense de veinticuatro años que había viajado hasta las proximidades de su base en la isla de Joló. Schilling, originario de California, se convirtió en un rehén con un precio de 10 millones de dólares.

En esa época yo era agente especial supervisor (SSA, por sus siglas en inglés) adjunto a la Unidad de Negociación de Crisis del FBI, la CNU. La CNU es el equivalente a las fuerzas especiales de la negociación. Pertenece al HRT, el Equipo de Rescate de Rehenes del FBI. Ambas son unidades nacionales de respuesta antiterrorista. Lo mejor de lo mejor.

La CNU tiene su base en la Academia del FBI en Quantico, Virginia. La academia ha llegado a ser conocida como «Quantico». Acertadamente o no, Quantico se ha ganado la reputación de ser uno de los centros, si no el centro, expertos en resolver cualquier cuestión sobre la aplicación de la ley. Cuando una negociación se tuerce y se indica a los negociadores que llamen a Quantico para pedir su opinión, a quien llaman es a la CNU.

La CNU desarrolló un modelo básico orientado al mundo de la negociación de crisis muy eficaz, el llamado Behavioral Change Stairway Model (BCSM), o «Modelo de Escalera de Cambio Comportamental». El modelo propone cinco fases: la escucha activa, la empatía, el entendimiento, la influencia y el cambio comportamental, y permite que cualquier negociador desarrolle desde la escucha hasta la capacidad de influir en el comportamiento ajeno.

Los orígenes del modelo hay que buscarlos en el psicólogo americano Carl Rogers, quien propuso que el verdadero cambio solo puede producirse cuando el terapeuta acepta al cliente tal como es, enfoque que se conoce como «consideración positiva». Sin embargo, tal como explicó Rogers, casi todos damos por hecho que el amor, los elogios y la aprobación que recibamos dependen de que hagamos o digamos aquello que la gente (inicialmente nuestros padres) consideran correcto. Es decir, puesto que para la mayoría de nosotros la consideración positiva que experimentamos es algo condicionado, desarrollamos el hábito de ocultar quiénes somos y qué pensamos de verdad y, por el contrario, calibramos nuestras palabras para granjearnos la aprobación de los demás pero desvelando poca cosa.

Ese es el motivo por el que muy pocas interacciones sociales desembocan en un cambio de comportamiento real. Piensa en el típico paciente con una afección cardíaca severa que se está recuperando de una operación a corazón abierto. El médico le dice al paciente:

—Esta cirugía no le ha curado la enfermedad. El único modo de prolongar su vida es hacer los siguientes cambios en su comportamiento...

El paciente, agradecido, responde:

—¡Sí, sí, por supuesto, doctor! Esta es mi segunda oportunidad. ¡Cambiaré!

¿Y lo hace? Varios estudios han demostrado que no, que nada cambia; dos años después de una operación más del 90 % de los pacientes no ha modificado en absoluto su modo de vida.

Aunque lo que se pone en juego en las negociaciones diarias con nuestros hijos, jefes o clientes no es a vida o muerte como en la negociación de una crisis con rehenes (o de salud), el entorno psicológico que se necesita para que se produzca un cambio real en lo más profundo de la persona y no solo temporal es el mismo.

Si consigues que alguien suba la escalera del cambio comportamental con éxito, intentando en cada escalón aumentar la confianza y una mayor conexión, habrá un momento clave en el que se genere una consideración positiva incondicional y puedas empezar a ejercer tu influencia.

Después de llevar años aplicando las tácticas del modelo de la BCSM, puedo enseñar a cualquier persona a alcanzar ese momento. Pero como saben bien los cardiólogos, y como finalmente han llegado a descubrir las legiones de licenciados que han seguido las enseñanzas del libro sobre negociación más famoso del mundo, *Obtenga el sí*, lo más probable es que, si lo que estamos escuchando es la palabra «sí», signifique que no hemos conseguido llegar a ese punto.

Como pronto descubrirás, las dos palabras más dulces que se pueden escuchar en cualquier negociación son una variación de «eso es» o «así es».

Crea una epifanía sutil

Yo era el hombre perfecto para el caso Schilling. Había pasado algún tiempo en Filipinas y tenía una amplia experiencia en terrorismo de la época que pasé en Nueva York asignado a la JTTF, las Fuerzas Especiales Antiterroristas Conjuntas.

Pocos días después del secuestro de Schilling, volé a Manila con mi compañero Chuck Regini para dirigir las negociaciones. Junto con Jim Nixon, el oficial de mayor rango del FBI en Manila, nos entrevistamos con los jefazos del ejército filipino. Accedieron a dejarnos guiar las negociaciones y nos pusimos a trabajar. Uno de nosotros estaría a cargo de la estrategia de negociación del FBI y, consecuentemente, del gobierno estadounidense. Ese fue mi papel. Con la ayuda de mis colegas, mi trabajo consistía en desarrollar la estrategia, conseguir que se aprobara e implementarla.

A raíz del caso Schilling me convertí en el principal negociador de secuestros internacional del FBI.

Nuestro principal adversario era Abu Sabaya, el líder rebelde, que estaba al mando de las negociaciones del rescate de Schilling. Sabaya era un veterano del movimiento rebelde y tenía un pasado violento. Parecía sacado de una película, era un asesino terrorista sociópata. Tenía todo un historial de violaciones, asesinatos y decapitaciones. Le gustaba grabar sus hazañas sangrientas y mandar los vídeos a los medios filipinos.

Sabaya siempre llevaba gafas de sol, un pañuelo en la cabeza, una camiseta negra y pantalones de camuflaje. Creía que todo eso hacía de él una figura deslumbrante. En las fotos que existen de los terroristas de Abu Sayyaf en este período, siempre aparece uno que lleva gafas de sol. Ese es Sabaya.

Sabaya adoraba la atención de los medios. Los periodistas filipinos tenían línea directa con él. Le llamaban y le hacían preguntas en tagalo, su lengua materna. Él les contestaba en inglés porque quería que el mundo escuchara su voz por la CNN. «Deberían hacer una película sobre mí», les decía a los periodistas.

Para mí, Sabaya era un despiadado hombre de negocios con un ego tan grande como Texas, un verdadero tiburón. Sabaya sabía que estaba jugando a un juego de mercado. En Jeffrey Schilling tenía un activo valioso. ¿Cuánto podría sacar por él? Lo iba a descubrir, y yo tenía intención de que se encontrara con una sorpresa que no iba a gustarle. Como agente del FBI, quería liberar al rehén y llevar al criminal ante la justicia.

Un aspecto crucial de cualquier negociación es desentrañar cómo ha llegado tu adversario a su posición. Sabaya llegó hasta el rescate de 10 millones de dólares a partir de un cálculo empresarial.

En primer lugar, Estados Unidos ofrecía 5 millones de dólares por cualquier información que llevara al arresto de los fugitivos que quedaban del atentado contra el World Trade Center de 1993. Tal como lo razonaba Sabaya, si Estados Unidos estaba dispuesto a pagar 5 millones por alguien que no les gustaba, por un ciudadano pagarían mucho más.

En segundo lugar, se sabía que una facción rival de Abu Sayyaf acababa de recibir 20 millones de dólares por seis rehenes de Europa occidental. El líder libio Muamar el Gadafi había realizado el pago «como ayuda al desarrollo». Lo más absurdo de todo esto era que una porción significativa del rescate se había pagado en billetes falsos. Para Gadafi era una oportunidad de avergonzar a los gobiernos occidentales y de entregar por vías oficiosas dinero a los grupos con los que simpatizaba. Estoy seguro de que estuvo carcajeándose de ese episodio hasta el día de su muerte.

En cualquier caso, se había fijado un precio. Sabaya había hecho números y había concluido que Schilling valía 10 millones de dólares. El problema era que Jeff Schilling provenía de una familia de clase trabajadora. Como mucho, su madre podría conseguir 10.000 dólares. Estados Unidos no iba a pagar ni un dólar; sin embargo, permitiríamos que se realizara un pago como operación «trampa».

Si éramos capaces de meter a Sabaya en un regateo de ofertas y contraofertas, nosotros disponíamos de un sistema que funcionaba siempre. Podríamos derrotarle y dejarle exactamente donde queríamos, sacar al rehén y organizar la «trampa».

Durante meses, Sabaya se negó a moverse. Insistía en que los musulmanes filipinos habían sufrido quinientos años de opresión, desde que los misioneros españoles llevaron el catolicismo a Filipinas en el siglo XVI; recitaba ejemplos de las atrocidades cometidas contra sus ancestros musulmanes; explicaba por qué Abu Sayyaf quería establecer un estado islámico al sur de Filipinas; que se habían violado sus derechos de pesca. Lo que fuera, se le ocurría cualquier cosa y la usaba.

Sabaya quería esos 10 millones en concepto de daños de guerra, no como rescate. Se mantuvo firme en su exigencia y nos dejó fuera del sistema de oferta y contraoferta que queríamos usar con él. Y soltó alguna amenaza sobre que estaba torturando a Jeff Schilling.

Sabaya negociaba directamente con Benjie, un oficial militar filipino. Hablaban en tagalo. Nosotros revisábamos las transcripciones traducidas al inglés y las empleábamos para aconsejar a Benjie. Yo entraba y salía de Manila, y supervisé las conversaciones y la estrategia. Le indiqué a Benjie que le preguntara qué tenía que ver

Schilling con los quinientos años de opresión de los musulmanes filipinos. Le dijo a Sabaya que lo de los 10 millones de dólares era imposible.

Daba igual el enfoque que empleáramos para «razonar» con Sabaya sobre por qué Schilling no tenía nada que ver con los «daños de guerra», él siempre hacía oídos sordos.

Nuestro primer momento de avance con el «así es» se produjo, de hecho, mientras yo negociaba con Benjie. Benjie era un verdadero héroe filipino. Era el jefe de las Fuerzas Especiales de la Policía Nacional filipina y había participado en un gran número de tiroteos. Benjie y sus hombres habían sido enviados en misiones de rescate para salvar a rehenes en numerosas ocasiones y tenían un registro de éxitos excelente. Sus hombres eran temidos por una buena razón: pocas veces hacían uso de las esposas.

Benjie quería aplicar la línea dura con Sabaya y hablar con él en términos directos, sin rodeos. Nosotros queríamos involucrar a Sabaya en un diálogo para descubrir qué era lo que deseaba el adversario. De hecho, queríamos establecer un entendimiento con él. Para Benjie, eso era de mal gusto.

Benjie nos dijo que necesitaba un descanso. Lo habíamos tenido trabajando prácticamente veinticuatro horas al día, siete días a la semana durante varias de ellas. Quería pasar el fin de semana con su familia en las montañas al norte de Manila. Accedimos, pero con la condición de que pudiéramos acompañarle y dedicar varias horas el sábado y el domingo a trabajar en la estrategia de negociación.

El sábado por la noche nos sentamos en la biblioteca de la residencia de verano del embajador estadounidense. Mientras intentaba explicarle a Benjie el valor de establecer una relación basada en el entendimiento incluso con un adversario tan peligroso como Sabaya, pude ver cómo se le dibujaba en la cara una mueca de desdén. Me di cuenta de que tenía que negociar también con Benjie.

—Odias a Sabaya, ¿no es verdad? —le dije, abriendo con una etiqueta.

Benjie se descargó conmigo.

—¡Vaya que sí! —dijo—. Ha asesinado y violado a mucha gente. Una vez que estábamos bombardeando su posición con bombas de mortero salió por la radio y dijo: «Este bombardeo es música para mis oídos». En otra ocasión le oí por la radio jactándose de que estaba de pie sobre el cadáver de uno de mis hombres.

Este estallido era el equivalente de Benjie al «así es». A medida que iba soltando su rabia, vi cómo tomaba el control de su ira y se calmaba. Si hasta ese momento Benjie había sido muy bueno, a partir de ahí se convirtió en una superestrella. Afloró lo mejor de él y se convirtió en un negociador extraordinario.

Esta «negociación» entre Benjie y yo no fue muy distinta de cualquier otra negociación entre colegas que están en desacuerdo respecto a alguna estrategia. Antes de convencer al otro para que vea lo que estás intentando conseguir, debes decirle las cosas que le llevarán a conceder el «así es».

Normalmente, el momento del avance del «así es» no se produce al principio de la negociación. Cuando ocurre, resulta invisible para el interlocutor, y le lleva a aceptar aquello que estás diciendo. Para él, es una epifanía sutil.

Provoca un «¡así es!» empleando un resumen

Después de meses de negociación, Sabaya aún rehusaba moverse. Y decidí que era hora de pulsar el botón de reinicio.

Benjie se había hecho tan bueno alargando las conversaciones que uno podía imaginarse a Sabaya vacilando durante una hora antes de llamar a Benjie, intentando dar con un modo de conseguir lo que él quería. Le llamaba y decía:

—¡Dime sí o no! ¡Solo sí o no!

Teníamos que sacar a Sabaya del bucle de los daños de guerra. Daba igual el tipo de preguntas, la lógica o los razonamientos que pusiéramos en práctica con él, no conseguíamos que saliese de ahí. Las amenazas contra Schilling aparecían y desaparecían, pero siempre lográbamos aplacarle.

Decidí que para avanzar y superar esta fase teníamos que reposicionar a Sabaya empleando sus propias palabras, de un modo que nos permitiera disolver las barreras. Teníamos que conseguir que dijera «así es». En aquel momento, ignoraba qué clase de revelación nos iba a hacer. Solo sabía que teníamos que confiar en el proceso.

Escribí dos páginas con instrucciones para Benjie sobre el curso que debía tomar la acción. Íbamos a usar casi todas y cada una de las tácticas de la escucha activa:

1. Pausas efectivas. El silencio es poderoso, así que le dijimos a Benjie que lo usara como énfasis, para alentar a Sabaya a seguir hablando hasta que finalmente, como si se tratara de limpiar un pantano, pudiéramos filtrar las emociones de todo el diálogo.
2. Pequeños alientos. Aparte del silencio, le indicamos que empleara fórmulas simples como «sí», «OK», «ajá» o «ya veo» para transmitir de forma efectiva que Benjie estaba prestando toda su atención a Sabaya y a todo lo que este tuviera que decir.
3. Reflejar. En vez de discutir con Sabaya e intentar separar a Schilling de los «daños de guerra», Benjie escucharía y repetiría lo que dijera Sabaya.

4. Etiquetar. Benjie debía dar a las emociones de Sabaya un nombre e identificarse con sus sentimientos: «Todo parece tan trágicamente injusto, ahora puedo ver por qué estás tan enfadado».
5. Parafrasear. Benjie debía repetir aquello que Sabaya dijera, pero reformulado en sus propias palabras. Esto, le dijimos, le mostraría a Sabaya de forma muy patente que le comprendía y que no se estaba limitando a repetir como un loro sus preocupaciones.
6. Resumir. Un buen resumen consiste en combinar el significado de lo que se está diciendo con el reconocimiento de las emociones que subyacen a ese significado (parafrasear + etiquetar = resumir). Le dijimos a Benjie que tenía que escuchar y repetir «el mundo según Abu Sabaya». Tenía que resumir en su totalidad las tonterías que se le ocurrían a Sabaya sobre los daños de guerra y los derechos de pesca y los quinientos años de opresión. Y una vez que hubiera hecho eso, la única posible respuesta que le quedaba a Sabaya, y a cualquiera que se encuentre con un buen resumen, sería «así es».

Dos días después Sabaya llamó a Benjie. Sabaya habló. Benjie escuchó. Cuando intervenía, seguía mi guión: se compadecía de las cuitas del grupo rebelde. Reflejar, alentar, etiquetar..., cada una de las tácticas funcionaba de forma fluida y acumulativa para suavizar a Sabaya y empezar a modificar su perspectiva. Finalmente, Benjie repitió con sus propias palabras la versión de la historia de Sabaya y los sentimientos asociados a esa versión.

Sabaya permaneció en silencio durante aproximadamente un minuto. Finalmente habló.

—Así es —dijo.

Finalizamos la llamada.

La exigencia de los «daños de guerra» desapareció sin más.

Desde ese momento Sabaya no volvió a hablar de dinero. No volvió a pedir ni un centavo por la liberación de Jeffrey Schilling. Al final terminó tan agotado con el secuestro del joven californiano que bajó la guardia. Schilling se escapó del campamento y los comandos filipinos fueron a su encuentro. Volvió sano y salvo a California con su familia.

Dos semanas después de que Jeff Schilling se escapara, Sabaya llamó a Benjie:

—¿Te han ascendido ya? —le preguntó—. Si no, deberían hacerlo.

—¿Por qué? —preguntó Benjie.

—Estaba dispuesto a torturar a Jeffrey —dijo Sabaya—. No sé qué es lo que has hecho para evitar que lo hiciera, pero fuera lo que fuese, funcionó.

En junio de 2002, Sabaya murió en un tiroteo con unidades del ejército filipino.

En el calor de las negociaciones por la vida de un hombre, no aprecié el valor de esas dos palabras: «así es». Pero cuando estudié las transcripciones y reconstruí la trayectoria de las negociaciones, me di cuenta de que Sabaya había modificado su forma de actuar cuando pronunció esas dos palabras. Benjie había empleado algunas técnicas fundamentales que habíamos desarrollado durante muchos años. Había reflejado la visión de Sabaya. Había evitado la confrontación. Había permitido a Sabaya contar libremente su versión de los hechos hasta que se agotó.

«Así es» era la señal que indicaba que las negociaciones podían seguir avanzando desde el punto muerto en que se encontraban.

Rompió una barrera que estaba impidiendo que progresáramos. Creó un momento de comprensión en nuestro adversario en el que llegó a mostrar su acuerdo en algún punto sin tener la sensación de haber cedido en nada.

Era una victoria furtiva.

Cuando tus adversarios dicen «así es», tienen la sensación de que han sopesado tus palabras y las han considerado correctas por propia voluntad. Las aceptan.

«Así es» nos permitió prolongar las conversaciones y distraer a Sabaya de su intención de torturar a Schilling. Y les dio tiempo a los comandos filipinos para montar la operación de rescate.

En toda nuestra experiencia en las negociaciones con rehenes, nunca intentamos conseguir un «sí» como punto final. Sabemos que el «sí» no es nada sin el «cómo». Y en cuanto empezamos a aplicar estas tácticas de negociación con rehenes al mundo de los negocios, comprobamos que un «así es» a menudo conduce a mejores resultados.

Un «así es» es fabuloso, pero un «tienes razón» no cambia nada

Conducir la conversación hacia el «así es» es una estrategia vencedora para todas las negociaciones. Pero escuchar un «tienes razón» es un desastre.

Veamos el ejemplo de la carrera como jugador de fútbol americano de mi hijo Brandon. En el instituto jugó en las líneas de ataque y defensa. Con casi un metro noventa de estatura y ciento trece kilos de peso, era un jugador formidable. Le encantaba tirar al suelo a todos los que llevaran la camiseta del equipo contrario.

Yo había jugado de *quarterback* y no podía apreciar la naturaleza de un liniero. Los linieros son como cabras montesas. Agachan la cabeza y embisten. Les hace felices.

En el instituto Saint Thomas More de Connecticut, el entrenador de Brandon lo situó como *linebacker* y, de pronto, su papel cambió. De tener como objetivo embestir a todo aquello que se le pusiera por delante, pasó a esquivar a los otros jugadores que trataban de bloquearle. Lo que tenía que hacer era superar los bloqueos —o esquivarlos, mejor dicho— y hacerse con el balón. Pero Brandon siguió entrando directamente en confrontación con los bloqueadores del otro equipo, lo que le impedía llegar hasta el jugador que llevaba el balón. Su entrenador le suplicaba que evitara a los bloqueadores, pero Brandon no podía cambiar. Le encantaba embestir. Tumbar a los jugadores contrarios era una fuente de orgullo.

Tanto su entrenador como yo intentamos explicárselo una y otra vez. Y siempre nos daba la peor de todas las respuestas posibles: «Tienes razón». Estaba de acuerdo, en teoría, pero no llegaba a hacer propia aquella conclusión y volvía al comportamiento que estábamos intentando que modificara. Se dedicaba a machacar a los bloqueadores y terminaban expulsándole.

¿Por qué «tienes razón» es la peor de todas las respuestas posibles?

Piensa en esto: cuando alguien te está molestando insistentemente y ni siquiera escucha lo que tienes que decirle, ¿qué haces para conseguir que se calle y te deje en paz? Decirle «tienes razón».

Siempre funciona. Cuando le dices a alguien que tiene razón se le dibuja una sonrisa de contento en la cara y te deja en paz durante, al menos, veinticuatro horas. Pero eso no significa que le hayas dado la razón en su posición. Has usado el «tienes razón» para conseguir que te dejen en paz.

Con Brandon, yo me encontraba en esa misma situación. Ni me escuchaba ni aceptaba mi petición. ¿Qué podía decir para abrirle los ojos? ¿Cómo podía llegar hasta él y ayudarle a modificar su comportamiento?

—Tengo la sensación de que piensas que esquivar a un bloqueador es poco viril —dije—. Crees que salirse de la trayectoria de alguien que está intentando pegarte es una cobardía.

Brandon me miró en silencio.

—Así es —me dijo.

Con esas dos palabras Brandon aceptó la realidad de aquello que le estaba lastrando. Una vez que entendió por qué intentaba derribar a todos los bloqueadores, cambió su comportamiento. Empezó a esquivarlos y se convirtió en un *linebacker* excepcional.

Con Brandon en el campo haciendo placajes y jugando como *linebacker* estrella, el instituto Saint Thomas More ganó todos y cada uno de los partidos que jugó.

Usar el «así es» para conseguir una venta

Llegar hasta el «así es» también ayudó a una de mis estudiantes en su trabajo como comercial de una importante compañía farmacéutica.

Estaba intentando venderle un producto nuevo a un médico que ya empleaba un medicamento similar. Era el médico que más empleaba este tipo de medicamento en la zona que ella trabajaba. Y se trataba de una venta fundamental para ella.

En sus primeras reuniones, el médico rechazó el producto. Afirmaba que no era mejor que los que ya estaba usando. Fue antipático. Ni siquiera quería escuchar el punto de vista de mi alumna. Cuando ella presentaba los aspectos positivos del producto, él la interrumpía y los echaba todos abajo.

Al hacer la presentación de venta, ella absorbió todo lo que pudo del médico. Supo que tenía un trato excelente con sus pacientes. Cada paciente era especial para él. Entendía que infundirles calma y una sensación de tranquilidad era el mejor resultado. ¿Cómo podía conseguir mi alumna que ese conocimiento del médico de las necesidades y las inquietudes de sus pacientes funcionara a su favor?

En su siguiente visita, el médico le preguntó de qué medicamentos quería hablar. En vez de empezar a publicitar las ventajas de su producto, ella le habló de él y de su trabajo.

—Doctor —le dijo—, la última vez que estuve aquí hablamos de los pacientes que sufrían esta enfermedad. Recuerdo que pensé que parecía usted muy entregado a sus pacientes y que trabajaba mucho para conseguir un tratamiento específico para cada uno de ellos.

Él la miró a los ojos como si la estuviera viendo por primera vez.

—Así es —le dijo—. Realmente tengo la sensación de estar tratando una epidemia que el resto de los médicos no está viendo, lo que significa que hay un montón de pacientes que no tienen el tratamiento adecuado.

Ella le dijo que él parecía tener una comprensión profunda de cuál era el modo de tratar a estos pacientes, sobre todo porque algunos de ellos no respondían a la medicación habitual. Y hablaron de los retos concretos a los que él había tenido que hacer frente. Le dio algunos ejemplos.

Cuando terminó, ella hizo un resumen de lo que él había dicho, haciendo hincapié en las complejidades y los problemas del tratamiento.

—Parece que consigue hacer tratamientos a medida para cada paciente —le dijo.

—Así es —le respondió él.

Este era el punto que ella quería alcanzar. El médico se había mostrado escéptico y frío. Pero cuando ella reconoció su entrega a sus pacientes —usando un resumen— los muros cayeron. Él bajó la guardia y ella pudo ganarse su confianza. En vez de venderle su producto, le dejó que describiera su tratamiento y sus procedimientos. Con esto, entendió cómo podría encajar el medicamento que le estaba vendiendo. Entonces ella parafraseó lo que él había dicho acerca de los desafíos de su trabajo, devolviéndoselos reflejados.

Una vez que el médico mostró señales de confianza y entendimiento, ella pudo publicitar su producto y describir de forma precisa el modo en que podía ayudarle a alcanzar los resultados que deseaba para sus pacientes. Él la escuchó con atención.

—Puede ser perfecto para tratar a un paciente que hasta ahora no haya respondido a la medicación que le he estado prescribiendo —dijo—. Déjame que lo pruebe.

Venta hecha.

Usar el «así es» para la mejora laboral

Uno de mis estudiantes coreanos llegó al «así es» negociando un nuevo puesto con su jefe.

Al regresar a Seúl una vez terminado su MBA, quería trabajar en la división de electrónica de consumo en vez de en la de semiconductores donde estaba destinado. Era un especialista en recursos humanos. Según las normas de la empresa, tendría que quedarse en su departamento a no ser que pudiera conseguir también la aprobación de su actual jefe. Había recibido dos ofertas de la división de productos de electrónica de consumo. Llamó a su jefe desde Estados Unidos.

«Deberías rechazar la oferta y encontrar aquí tu lugar, en la división de semiconductores», le contestó. Mi alumno colgó, deprimido. Si quería mejorar su situación en la empresa, tenía que obedecer a su superior. Rechazó las dos ofertas y se preparó para volver con los semiconductores.

Entonces se puso en contacto con un amigo que trabajaba en el departamento de recursos humanos para comprobar qué decía el reglamento de la empresa. Descubrió que no había ninguna norma que dijera que tenía que permanecer en su división, pero para cambiarse sí necesitaba que su actual jefe estuviera de acuerdo.

Volvió a llamar al jefe. Esta vez le hizo preguntas para sacarle información.

—¿Hay alguna razón por la que quiera que vaya al departamento de semiconductores? —dijo.

—Es el mejor puesto para ti —respondió el jefe.

—¿El mejor puesto? Parece que el reglamento no contempla que tenga que permanecer en la división de semiconductores.

—Hummm... —contestó el jefe—. No creo que haya ninguna norma.

—Entonces ¿podría decirme, por favor, por qué ha decidido que es mejor que me quede en la división de semiconductores?

El jefe le contó que necesitaba a alguien que le ayudara a establecer una conexión entre las divisiones de semiconductores y de electrónica de consumo.

—Entonces, por lo que parece, podría dar su aprobación a mi nuevo puesto sin importar en qué división esté, siempre y cuando me quede en la sede central y pueda ayudarle a comunicarse mejor con la directiva.

—Así es —dijo—. Debo admitir que necesito tu ayuda en la sede.

Mi alumno se dio cuenta de que había hecho un avance. No solo su jefe había pronunciado esas dulces palabras —«así es»—, sino que le había revelado su verdadero motivo: le necesitaba en la sede central de la empresa.

—¿Hay algo más con lo que necesite ayuda? —preguntó.

—Déjame que te lo cuente todo —contestó el jefe.

Resultaba que, en dos años, su superior estaría en condiciones de ser ascendido a vicepresidente y deseaba ese puesto. Necesitaba a alguien que estuviera en la sede y que hiciera presión sobre el presidente.

—Le ayudaré todo lo que pueda —dijo mi alumno—. Pero podría encargarme de la conexión entre los departamentos y también hablarle bien de usted al presidente incluso si estuviera en la sede con la división de productos de consumo, ¿no es cierto?

—Así es —dijo el jefe—. Si recibes una oferta de la división de productos de consumo, la aprobaré.

¡Bingo! Mediante la técnica de plantear preguntas que llevaron a su jefe hasta el «así es», mi alumno había conseguido su objetivo. Y también consiguió que su jefe le descubriera dos «cisnes negros», las dinámicas tácitas que subyacen a toda negociación (y que exploraremos en profundidad en el capítulo 10):

- Su jefe necesitaba a alguien que le ayudara a crear conexiones y a comunicarse en la sede de la empresa.
- Su jefe sería candidato al puesto de vicepresidente y necesitaba que alguien le hablara bien de él al presidente.

Mi alumno obtuvo el trabajo que deseaba en la división de electrónica de consumo. Y va por ahí poniendo por las nubes a su antiguo jefe.

«Me quedé asombrado», me escribió en un correo electrónico. «En esta cultura nunca es posible saber qué es lo que está pensando un superior.»

Tengo muchas oportunidades de viajar a lo largo y ancho del país y hablar con altos ejecutivos, tanto en charlas formales como en sesiones de consultoría privada. Les entretengo contándoles historias de guerra, y después les describo algunas habilidades de negociación. Siempre imparto unas pocas técnicas. Llegar al «así es» es una de las básicas.

Después de una conferencia en Los Ángeles, una de las personas que asistió, Emily, me envió un correo electrónico:

> Hola, Chris, tengo que contarte que acabo de probar la técnica del «así es» en la negociación de un precio con una potencial clienta nueva. Y conseguí lo que quería. ¡Estoy entusiasmada!
>
> Antes, probablemente me habría decidido por llegar a un punto medio sobre el precio sugerido (entre mi oferta inicial y su primera contraoferta). En vez de ello, creo que evalué correctamente sus motivaciones, le planteé una afirmación para llegar al «así es» (en su cabeza)... y entonces ella propuso la solución que yo quería y me preguntó si estaría de acuerdo. Por supuesto, lo estaba.
>
> ¡Gracias!
>
> Emily

Y pensé: «Eso es».

Lecciones clave

«Dormir en la misma cama y soñar sueños distintos» es una vieja expresión china que describe la intimidad de una pareja (ya sea en un matrimonio o en los negocios) que carece de la comunicación necesaria para sostenerla.

Es la receta para los malos matrimonios y las malas negociaciones.

Cuando cada una de las partes tiene sus propios objetivos, sus propias metas y motivaciones, la verdad es que la conversación amable —los «síes» y los «tienes razón» que constituyen los lubricantes sociales que lanzamos rápida y enfáticamente en casi cada interacción— no es en ningún caso un sustituto del entendimiento real entre nosotros y nuestro interlocutor.

El poder de llegar a ese entendimiento, y no a un simple «sí», es toda una revelación en el arte de la negociación. En el momento en el que convences a alguien de que entiendes sus sueños y sus sentimientos (y el mundo que habita), se hace posible el cambio mental y comportamental, y se establecen los cimientos que abren la posibilidad de un avance.

Para establecer estos cimientos puedes emplear las siguientes lecciones:

- Crear una consideración positiva incondicional abre la puerta a un cambio de pensamiento y de comportamiento. Los humanos tenemos el impulso innato de desarrollar un comportamiento socialmente constructivo. Cuanto más comprendida se sienta una persona y más se reafirme en esa comprensión, más probable será que se manifieste el impulso del comportamiento constructivo.
- Un «así es» es mejor que un «sí». Esfuérzate por conseguirlo. Llegar al «así es» en una conversación crea puntos de avance.

- Emplea un resumen para desencadenar un «así es». Los ladrillos de un buen resumen son las etiquetas combinadas con las paráfrasis. Identifica, reconstruye y reafirma emocionalmente «el mundo según...».

6

Moldea su realidad

Un lunes por la mañana, en la oficina del FBI de Puerto Príncipe, la capital de Haití, recibimos una llamada del sobrino de una importante política haitiana. Hablaba tan deprisa que tuvo que repetirme la historia tres veces para que lograra entenderla. Al final, pillé lo básico: unos secuestradores habían sacado a su tía del coche a la fuerza y pedían un rescate de 150.000 dólares.

«Danos el dinero o matamos a tu tía», dijeron.

Durante el período turbulento y anárquico que siguió al derrocamiento del presidente Jean-Bertrand Aristide, Haití desplazó a Colombia como líder en secuestros del continente americano. De hecho, con cifras de entre ocho y diez personas secuestradas cada día en un país de 8 millones de habitantes, la nación caribeña ostentaba el dudoso honor de contar con el índice de secuestros más alto del planeta.

Durante esta epidemia de raptos y amenazas de muerte yo estaba al frente de las negociaciones del FBI en secuestros internacionales. Y lo cierto es que nunca había visto algo así. Casi cada hora llegaban a la oficina nuevos avisos e informes de secuestros (cada vez más agresivos, perpetrados en Puerto Príncipe y a plena luz del día): catorce estudiantes secuestrados en un autobús escolar; el misionero estadounidense Phillip Snyder atacado en una emboscada con armas de fuego y retenido junto a un chico haitiano al que estaba llevando a Michigan, Estados Unidos, para que lo operaran de la vista; políticos y empresarios haitianos sacados de sus casas en pleno día. Allí no se libraba nadie.

La mayoría de los secuestros tenía el mismo *modus operandi*: varios individuos con pasamontañas rodeaban una casa o un coche, forzaban la entrada disparando con un arma y capturaban a una víctima indefensa, generalmente una mujer, un niño o una persona mayor.

Al principio, cabía la hipótesis de que los secuestros fueran obra de bandas alineadas con alguna facción política, con la intención de desestabilizar al nuevo gobierno del país. Sin embargo, no era esa la razón. Si bien los criminales haitianos son conocidos por emplear medios brutales con fines políticos, en el caso de los secuestros se trataba casi siempre solo de dinero.

Más adelante llegaré a cómo atamos todos los cabos para descubrir quiénes eran los secuestradores y qué querían realmente (una información inestimable cuando se trata de negociar con esta clase de bandas y de ganarles la partida). Pero primero quiero hablar del catalizador de las negociaciones a vida o muerte en las que te lo juegas todo: esto es, de lo poco que acontece realmente en la superficie.

Cuando aquel lunes el sobrino de la política secuestrada recibió la llamada de los secuestradores pidiendo un rescate, se quedó tan petrificado que solo podía pensar en una cosa: pagar. Su reacción es lógica: cuando se recibe una llamada de unos criminales violentos que afirman que matarán a tu tía a menos que les pagues inmediatamente, parece imposible encontrar un punto de ventaja en la situación y tomar la iniciativa. Así que lo mejor es pagar el rescate y que liberen al familiar, ¿no es así? Error. Siempre hay un punto de ventaja. Las negociaciones no son nunca una fórmula lineal, en la que

X e Y suman Z. Todos tenemos puntos ciegos irracionales, necesidades ocultas y nociones inconscientes poco desarrolladas.

Una vez que comprendas el inframundo de las necesidades y los pensamientos no revelados, descubrirás también un nuevo universo de variables que podrás utilizar para influir en las necesidades y expectativas de tu interlocutor. Desde el pánico que tienen algunas personas a las fechas límite hasta el misterioso poder de los números impares, pasando por nuestra mal entendida relación con la idea de lo justo, siempre existen recursos para moldear la realidad del oponente de manera que se ajuste a lo que al final vas a darle y no a lo que él o ellos piensen inicialmente que merecen recibir.

No hagas concesiones

Volvamos a la exigencia del rescate de 150.000 dólares. Se nos ha educado para buscar soluciones en las que todas las partes salgan ganando; se nos ha enseñado a ser conciliadores, a ser razonables. Pero ¿qué salida del tipo «todos ganan» puede ofrecer una situación como esta? ¿Qué posible acuerdo hay aquí? La lógica tradicional de negociación que se nos ha inculcado desde una edad temprana, la que recomienda ceder y hacer concesiones, abogaría por algo del tipo: «Busquemos un punto medio, ofrezcámosles 75.000 dólares y todos contentos».

Ni hablar. Sencillamente no. Este enfoque orientado a que todas las partes obtengan una ganancia que defienden tantos expertos en negociación resulta poco eficaz e incluso, en ocasiones, desastroso. En el mejor de los casos, no satisface a ninguna de las partes. Y si lo empleas en una negociación con una contraparte que ve la situación desde el esquema de «ganar o perder», estarás dando el primer paso para que te acaben dando gato por liebre.

Por supuesto, como hemos mencionado previamente, es preciso mantener una actitud cooperativa y empática que permita construir un canal de comunicación, la clase de actitud que genera una dinámica que permite llegar a acuerdos. Pero para eso hay que librarse antes de la candidez. Porque hacer concesiones («buscar el punto medio») puede arrojar resultados catastróficos. Hacer concesiones y ceder suele ser un «mal trato», y una máxima clave sobre la que volveremos en este capítulo es: «No hacer ningún trato es mejor que hacer un mal trato».

¿Incluso en el caso de un secuestro?

Así es. Un mal trato en un caso de secuestro supone que alguien paga pero nadie sale liberado. Pondré un ejemplo para ilustrar mejor esto que digo acerca de las concesiones: una mujer quiere que su marido se ponga unos zapatos negros con el traje, pero el marido no quiere; él prefiere ponerse unos marrones. ¿Qué hacen entonces? Ambos ceden y llegan a un acuerdo intermedio. Sí, como habrás adivinado, el marido acaba poniéndose un zapato negro y otro marrón. ¿Es esa la mejor solución al conflicto? ¡No! De hecho, posiblemente es la peor de todas. Cualquiera de las otras dos salidas (llevar zapatos negros o llevarlos marrones) habría sido mejor que llegar a un acuerdo intermedio.

Acuérdate de esos zapatos desparejados la próxima vez que quieras llegar a un compromiso de ese tipo.

¿Por qué estamos entonces tan obsesionados con la idea de hacer concesiones para llegar a un consenso si eso suele dar mal resultado?

El gran problema de este enfoque es que ha llegado a gozar de inmensa popularidad en política, en psicología de las relaciones y en todo lo demás. Saber ceder, se nos dice de manera algo simplona, es un bien moral sagrado.

Piensa de nuevo en la demanda del rescate: no hay un rescate «justo» y lo que el sobrino quiere es no tener que pagar nada. Así que, ¿por qué habría de ofrecer 75.000 dólares, o más aún, 150.000? Para empezar, nada valida la petición de los 150.000 dólares. Cualquier concesión enmarcada dentro de esa lógica supondrá un resultado terrible para el sobrino.

Estoy aquí para desenmascarar este mandato de las concesiones, sin tapujos. No hacemos concesiones porque esté bien: las hacemos porque es lo más sencillo y porque nos hace quedar bien. Las hacemos para poder decir que, al menos, nos quedamos con la mitad del pastel. En esencia, nos comprometemos por seguridad. En una negociación, la mayoría de las personas actúan impulsadas por el miedo o por el deseo de evitar el dolor. Muy pocas veces lo hacen impulsadas por sus verdaderos objetivos.

Por tanto, nunca cedas y —he aquí una regla simple— nunca te comprometas a llegar a un punto medio. Las soluciones creativas suelen ir precedidas de cierto grado de riesgo, molestias, confusión y conflicto. La conciliación y las concesiones no generan nada de eso. Debemos ser duros y asumir esos riesgos. De ahí salen los buenos tratos, eso es lo que hacen los grandes negociadores.

Plazos límite: el tiempo como aliado

El tiempo es una de las variables más decisivas de toda negociación. El simple transcurso del tiempo, y la inminencia de su primo más astuto, el plazo límite, son las tuercas que aseguran la conclusión de todos los tratos.

Con independencia de si el plazo con el que se trabaja es una realidad absoluta o una mera raya trazada en la arena, tiene la capacidad de engañarnos y hacernos creer que llegar a un acuerdo en un momento dado es más importante que alcanzar un buen acuerdo.

Los plazos y las fechas límite suelen impeler a la persona a hacer y a decir cosas impulsivas que van contra sus propios intereses, porque todos tenemos una tendencia natural a que nos entre prisa a medida que se acerca ese tope.

Lo que hacen los negociadores es obligarse a resistir ese impulso y aprovechar el hecho de que la contraparte también lo sufre. No es fácil. Basta con que te preguntes: ¿qué es lo que hace que las fechas límite generen tanta presión y tanta ansiedad? La respuesta es: las consecuencias, la percepción de las pérdidas futuras que podría entrañar la situación si no se logra una solución a tiempo («¡No hay trato!», grita una voz en tu mente desde un hipotético escenario futuro).

Cuando permites que la variable temporal active esa cadena de pensamientos, te tomas como rehén a ti mismo y generas un entorno tanto de conductas reactivas como de elecciones desafortunadas que permite a la otra parte contraatacar, y dejar que ese límite imaginario y la reacción que te provoca hagan todo el trabajo.

Sí, he empleado el término «imaginario». A lo largo de mi carrera en el sector privado, siempre que he tenido ocasión he preguntado a todos los empresarios y ejecutivos con los que he trabajado si habían presenciado o participado alguna vez en alguna reunión en la que el incumplimiento de una fecha límite hubiera tenido repercusiones negativas. De entre esos cientos de clientes, solo hubo uno que, tras pensar con detenimiento en la cuestión, respondió afirmativamente. Los plazos y las fechas límite son, con frecuencia, arbitrarios y casi siempre flexibles, y su incumplimiento rara vez desencadena las consecuencias que creemos (o que se nos ha hecho creer) que tendrá.

Los plazos límite son, de hecho, el hombre del saco de las negociaciones, una criatura que es producto casi exclusivo de nuestra imaginación y cuya presión suele hacernos muy flacos favores. El mantra con el que aleccionamos a nuestros clientes es «no hacer ningún trato es mejor que hacer un mal trato». Si los clientes consiguen interiorizar esa máxima y convencerse de que disponen del tiempo que necesitan para llevar la negociación a buen puerto, su paciencia se convierte en un arma formidable.

Unas semanas después de que estallara el boom de los secuestros en Haití, comenzamos a percibir dos patrones. En primer lugar, los lunes parecían ser días particularmente frenéticos, como si los secuestradores poseyeran una férrea ética del trabajo y quisieran empezar la semana con fuerza. Al mismo tiempo, por otra parte, los matones presionaban con más ahínco para recibir el pago a medida que se acercaba el fin de semana.

Al principio esto no parecía tener mucho sentido. Sin embargo, al escuchar detenidamente a los secuestradores e interrogar a los rehenes que rescatábamos, descubrimos algo que tenía que habernos parecido obvio: los delitos no tenían una motivación política, en absoluto. Estos secuestradores de andar por casa querían que se les pagase antes del viernes para salir de juerga el fin de semana.

Una vez que averiguamos el patrón de los secuestradores y supimos del particular plazo que se imponían a sí mismos, pasamos a contar con una información extremadamente valiosa a la hora de inclinar la balanza hacia nuestro lado.

En primer lugar, si les metíamos presión dejando las negociaciones atascadas hasta el jueves o el viernes, conseguíamos tratos mucho mejores. Y, en segundo lugar, como en Haití para correrte una juerga de fin de semana tampoco hacen falta, ni de lejos, 150.000 dólares, terminaban por aceptar cantidades mucho menores.

Un indicador de que nos acercábamos a ese límite temporal autoimpuesto era que las amenazas que lanzaban eran también mucho más específicas. «Consíguenos el dinero o matamos a tu tía» es una amenaza propia de una fase temprana, ya que no estipula ningún plazo. El aumento de concreción de las amenazas en cualquier tipo de negociación señala que te estás aproximando al momento en que se producen consecuencias reales, en un tiempo específico y real también. Para calibrar una amenaza determinada, conviene atender a cuántas de las cuatro preguntas básicas responde: qué, quién, cómo y cuándo. La gente que amenaza también genera, consciente o inconscientemente, ambigüedades y resquicios que se pueden explotar al máximo. A medida que esas ambigüedades iban desapareciendo con el transcurso de la semana, y que lo hacían de forma similar, una y otra vez, en diferentes casos de secuestro, fue emergiendo un patrón claro.

Con esta información en la mano, yo podía esperar que los secuestros se ajustaran, ordenadamente, a ese plazo de unos cuatro días. Eso no hacía el trance más agradable para las víctimas, pero sí más predecible (y mucho más barato) para las familias extorsionadas.

Las negociaciones de secuestro no son el único ejemplo en el que los plazos límite pueden jugar a tu favor. Los vendedores de coches tienden a ofrecer mejores precios a final de mes, cuando se evalúa su número de ventas. Y los comerciales de las grandes empresas trabajan por trimestres y son más vulnerables al final de cada uno de ellos.

Sabiendo cómo los negociadores utilizan la información sobre los plazos mentales que maneja la contraparte, parecería que lo más adecuado es mantener siempre los propios en secreto. De hecho, ese es el consejo que dan la mayoría de los negociadores de la vieja escuela.

El experto en negociaciones Herb Cohen cuenta en *Todo es negociable*,[10] su best seller de 1980, la historia de su primer gran trato comercial. Su empresa lo envió a Japón a negociar con un proveedor y, al llegar, los representantes del proveedor le preguntaron cuánto tiempo pensaba quedarse. Cohen respondió que una semana. Durante los siguientes siete días, sus anfitriones no dejaron de agasajarlo con fiestas y excursiones; todo menos negociar. De hecho, los representantes no empezaron a hablar en serio de negocios hasta que Cohen estaba a punto de partir; literalmente, cerraron los detalles del acuerdo en el coche que le llevaba al aeropuerto.

Cohen aterrizó en Estados Unidos con la deprimente sensación de que habían jugado con él y de que había cedido demasiado terreno en la negociación por la presión de la marcha. Si pudiera dar marcha atrás, ¿volvería a decirles cuánto tiempo tenía? No, explica Cohen, porque eso les dio una ventaja que él no tenía: «Ellos conocían mis plazos, pero yo no conocía los suyos».

Esa mentalidad está muy extendida hoy en día. Siguiendo esa sencilla regla de que revelar el tiempo con el que uno cuenta supone una debilidad, la mayoría de los negociadores siguen el consejo de Cohen y ocultan el límite intraspasable que manejan.

No obstante, quisiera compartir un pequeño secreto: Cohen y el rebaño de «expertos» negociadores que siguen su premisa se equivocan. La presión de los plazos funciona en ambos sentidos. Es muy posible que Cohen estuviera nervioso por lo que su jefe diría si volvía de Japón sin acuerdo. Pero también es verdad que los proveedores tampoco habrían ganado nada dejándolo marchar sin cerrar un trato. Esa es la clave: cuando la negociación se acaba para una parte, se acaba para ambas.

De hecho, el profesor Don A. Moore, de la Haas School of Business de la Universidad de California en Berkeley, afirma que ocultar un *deadline* coloca al negociador en la peor posición posible. En su investigación, Moore ha averiguado que esa ocultación incrementa de manera dramática el riesgo de que se produzca un compás de espera de difícil resolución. Eso se debe a que estar bajo la presión de un límite nos obliga a acelerar las concesiones mientras la otra parte, que piensa que aún tiene tiempo, se muestra firme y pide más.

Basta imaginar qué habría pasado si los dueños de la NBA no hubieran revelado a los jugadores en huelga el límite que se habían fijado durante las negociaciones sobre los contratos. Habrían hecho más y más concesiones a medida que ese límite se aproximaba, incitando de paso al sindicato de jugadores a seguir negociando pasado ese plazo secreto. En ese sentido, ocultar un *deadline* te deja negociando contigo mismo, una posición en la que nunca ganas.

Moore descubrió que cuando los negociadores comunican sus plazos a la contraparte, consiguen cerrar mejores tratos. Es cierto. En primer lugar, al comunicar su tope, reduces el riesgo de *impasse*. En segundo lugar, cuando un oponente conoce tu plazo límite, entra antes en el verdadero juego del intercambio de concesiones.

Me gustaría hacer un último comentario al respecto antes de continuar: los plazos límite casi nunca son intocables. Lo más importante es sumergirse en el proceso y ser capaz de intuir durante cuánto tiempo puede prolongarse. Siempre se pueden lograr más cosas de las que permitiría el tiempo fijado antes de agotarse.

Nada es «justo»

Durante la tercera semana de mi curso sobre negociación siempre practicamos mi juego favorito, que consiste en mostrar a los alumnos lo poco que se conocen a sí mismos (lo sé, soy cruel).

Se llama el Juego del ultimátum, y funciona así: los alumnos se dividen por parejas, les explico que uno hace la propuesta y el otro la acepta o no, y les doy 10 dólares para hacer la oferta. Quien hace la propuesta tiene que ofrecer una cifra redonda a la otra parte. Si este acepta, recibe lo que le han ofrecido, mientras que el ofertante se queda con el resto. Si la rechaza, entonces ninguna de las partes recibe nada y yo recupero mis 10 dólares.

Que «ganen» y se queden el dinero o que «pierdan» y me lo tengan que devolver es irrelevante (excepto para mi cartera). Lo importante aquí es la oferta que hacen. Lo más chocante de todo es que, casi sin excepción, sea cual sea el acuerdo a que llega cada pareja, el resultado no es coincidente. No importa si han decidido repartirse los 10 dólares 6-4, 5-5, 7-3, 8-2, etc., cuando miran a su alrededor, los participantes descubren con sorpresa que ninguna forma de reparto predomina sobre otra de manera notable. En algo tan sencillo como repartirse 10 dólares que se han «encontrado», no existe consenso sobre qué constituye un reparto «justo» y «racional».

Después de llevar a cabo este pequeño experimento, me dirijo a la clase y digo una cosa que no les gusta oír: el razonamiento empleado por cada uno de ellos ha sido irracional y emocional al cien por cien.

—¿Cómo? —dicen siempre—. Pero si ha sido una decisión racional.

Después explico por qué se equivocan. En primer lugar, ¿cómo es posible que todos hayan actuado racionalmente si los ejemplos de ofertas son tan variados? He ahí la cuestión: la conducta no ha sido racional. Simplemente han asumido que la otra parte razonaría del mismo modo.

—Si entablas una negociación pensando que quien está al otro lado piensa como tú, estás cometiendo un error —les digo—. Eso no es empatía, es proyección.

Luego les aprieto un poco más. ¿Por qué ninguno de los ofertantes ha ofrecido a la otra parte un dólar, que es la oferta más beneficiosa para ellos desde un punto de vista racional y también, según la lógica, difícil de rechazar para la otra parte? Y, si alguien ha ofrecido un dólar y su oferta ha sido rechazada (lo que también sucede), ¿por qué la otra parte no ha querido aceptarla?

—Todos aquellos que han ofrecido algo distinto a un dólar han hecho una propuesta emocional —explico—, y en el caso de aquellos a quienes sí os han ofrecido un dólar y lo habéis rechazado, ¿desde cuándo es mejor no recibir nada que recibir un dólar? ¿Acaso las leyes de la economía han cambiado de repente?

Este problema sacude la visión que los alumnos tienen de sí mismos como agentes racionales. Ninguno lo somos completamente. Todos actuamos de forma irracional y emocional. La emoción es un componente intrínseco de la toma de decisiones y no tener eso en cuenta es un riesgo. Aceptarlo, no obstante, suele ser un duro golpe para la mayoría de la gente.

En *El error de Descartes. La razón, la emoción y el cerebro humano*,[11] el neurocientífico Antonio Damasio exponía un sorprendente hallazgo. Trabajando con personas que habían sufrido daños en la parte del cerebro en la que se generan las emociones, descubrió que todas tenían algo en común: ninguna podía tomar decisiones. Eran capaces de describir lo que tenían que hacer en términos lógicos, pero les resultaba imposible tomar la más sencilla de las decisiones.

En otras palabras, si bien apelamos a la lógica para tomar una decisión racionalmente, el hecho de decidir en sí está gobernado por la emoción.

La palabra «justo»: por qué es tan poderosa. Cuándo y cómo usarla

La palabra más poderosa en toda negociación es «justo». Como seres humanos, estamos enormemente condicionados por si sentimos o no que se nos trata con el respeto que merecemos. Las personas cumplen los acuerdos cuando sienten que se les trata con justicia y los rompen cuando piensan que ese no es el caso.

Una década de estudios mediante neuroimagen ha demostrado que la actividad neuronal humana, sobre todo la que se produce en la corteza insular (donde se regulan las emociones), refleja el grado de «injustica» que se percibe en las interacciones sociales. Hasta los primates están cerebralmente programados para rechazarla. En un famoso estudio, se les asignó una misma tarea a dos monos capuchinos, pero a uno de ellos se le recompensó con uvas dulces y al otro con pepinos. En respuesta a tamaña injusticia, el mono que había recibido pepinos se puso, literalmente, de muy mala uva.

Años de experiencia con el Juego del ultimátum me han demostrado que la mayoría de los participantes a los que les toca escuchar la propuesta rechazan cualquier oferta por menos de la mitad del importe en juego. Ni que decir tiene que si les ofrecen solo una cuarta parte se sienten insultados. Casi todos tienden a optar por una elección irracional y prefieren perder el dólar antes que aceptar una oferta irrisoria, porque el valor emocional negativo que tiene lo que se percibe como algo injusto se impone al valor positivo objetivo que tiene el dinero.

Esta reacción irracional a la injustica se hace extensible también a todos los acuerdos económicos serios.

¿Recuerdas el gran trabajo que hizo Robin Williams poniendo voz al genio de *Aladino*, la película de Disney? Como la película le parecía una buena ocasión para dejar un legado bonito para sus hijos, contaba Williams, renunció a su astronómico caché de 8 millones de dólares y la hizo por 75.000 dólares. Pero entonces sucedió algo que no había previsto: la película se convirtió en un éxito de taquilla que llegó a recaudar 504 millones de dólares.

Williams se puso hecho un basilisco.

Si contemplamos este episodio a la luz del Juego del ultimátum, descubrimos que no era el dinero en sí lo que cabreaba a Williams, sino la percepción de una gran injusticia. No se quejó de su contrato hasta que *Aladino* se convirtió en un fenómeno, y solo entonces él y su agente empezaron a clamar al cielo por el sablazo que decían que les habían dado.

Por suerte para Williams, Disney quería que su estrella estuviera contenta y, después de señalar lo obvio, que Williams había firmado un contrato y de muy buen grado, la productora tuvo el espectacular detalle de enviarle un cuadro de Picasso valorado en un millón de dólares.

La nación de Irán no ha tenido, sin embargo, tanta suerte como Williams.

En los últimos años, Irán ha tenido que soportar sanciones que le han costado más de 100 millones de dólares en inversiones extranjeras y en beneficios del petróleo por mantener un programa nacional de enriquecimiento de uranio que solo cubriría un 2 % de sus necesidades energéticas. En otras palabras, igual que los alumnos que se niegan a coger un dólar gratis porque la oferta que les hacen les parece insultante, Irán ha renunciado a su mayor fuente de ingresos (los beneficios que obtiene de la exportación de gas y petróleo) para embarcarse en un proyecto energético con un retorno previsiblemente mínimo.

¿Por qué? De nuevo, por un sentido de lo que es o no «justo».

Para Irán, no es justo que otras potencias mundiales (entre las cuales suman varios miles de armas nucleares) decidan si ellos pueden o no pueden tener energía nuclear. «¿Por qué se criminaliza a Irán por enriquecer uranio, cuando a otros países como India y Paquistán, que adquirieron armas nucleares de forma clandestina, se los acepta como miembros de la comunidad internacional?», se pregunta el gobierno iraní.

En una entrevista para televisión, el que fuera representante de Irán en las negociaciones sobre su programa nuclear, Seyed Hossein Mousavian, dio completamente en el clavo: «Para los iraníes, la cuestión nuclear no tiene que ver hoy con la energía nuclear, sino con defender su integridad e independencia frente a las presiones externas», afirmó.

Uno puede recelar de Irán, pero sus movimientos son una prueba bastante evidente de que el rechazo a recibir un trato injusto puede ser, aun conllevando grandes costes, una motivación muy poderosa.

Una vez que comprendas hasta qué punto la concepción de lo que es «justo» encierra dinámicas contradictorias, emocionales y destructivas, entenderás que esta palabra es muy poderosa y que hay que tener mucho cuidado al emplearla.

De hecho, de las tres formas en las que la gente suele utilizar lo que llamaré «la bomba J», solo una es positiva.

En su uso más frecuente, la bomba J funciona como una llave de judo encaminada a desestabilizar a la otra parte. Esta forma de manipulación suele expresarse con algo parecido a la frase: «Solo queremos lo que es justo».

Si piensas en la última vez que alguien te acusó implícitamente de ser injusto, estoy seguro de que convendrás conmigo en que aquello te generó una sensación de incomodidad y te puso a la defensiva. Estos sentimientos, sin embargo, suelen ser inconscientes y nos llevan a hacer concesiones irracionales.

Hace unos años, una amiga mía estaba intentando vender su casa de Boston con el mercado inmobiliario en plena quiebra. La oferta que le hacían por ella era mucho más baja de lo que pedía, y suponía perder mucho dinero con la venta. Llevada por una sensación de frustración, dejó caer la bomba J sobre el potencial comprador: «Solo pedimos lo que es justo», dijo.

Tocado emocionalmente por la acusación implícita, el interesado subió su oferta de inmediato.

Cuando seas objeto de una acusación así, debes comprender que la otra parte no tiene por qué estar intentando arañarte unos dólares; como sucedía con mi amiga, puede que solo esté sobrepasado por las circunstancias. La mejor respuesta, en cualquier caso, es respirar hondo y frenar el deseo de ceder para después decir: «De acuerdo, me disculpo sinceramente. Volvamos al punto en el que no fui justo contigo y arreglémoslo».

El segundo uso habitual de la bomba J es más perverso. Aquí, una parte acusa a la otra de ser ruin o deshonesta, diciéndole: «Estamos haciéndote una propuesta justa». Se trata de un pequeño aguijonazo dirigido a distraer la atención de la otra parte y manipularla para que ceda.

Cada vez que alguien intenta hacerlo conmigo me acuerdo de la última huelga de la Liga de Fútbol Americano, la NFL.

Las negociaciones pendían de un hilo y el sindicato de jugadores, el NFLPA, exigió a los dueños de la liga que, para llegar a un acuerdo, les mostrasen sus libros de contabilidad. ¿La respuesta de los empresarios?: «Hemos hecho una oferta justa a los jugadores».

Fíjate en lo retorcido de la maniobra: en lugar de mostrar sus libros o de negarse abiertamente a hacerlo, los dueños desviaron el foco para ponerlo sobre el concepto supuestamente deficiente que el sindicato de jugadores tenía de lo que es «justo».

Cuando te encuentres en una situación como esta, la mejor reacción es lanzar otra bomba J como la que te acaban de tirar. «¿Justa?», puedes responder, haciendo una pausa para que el poder de la palabra caiga sobre la contraparte como ella intentaba usarla contra ti: «Parece que, en efecto, estáis en disposición de aportar las pruebas que demuestran que lo es», lo que implica que deben mostrar sus libros o, en su defecto, aportar información que o bien no sostendrá su pretensión de justicia, o bien te proporcionará más datos con los que seguir trabajando en la negociación. De primeras, el ataque ya ha sido neutralizado.

El último uso de la bomba J es mi favorito porque es positivo y constructivo. Crea las condiciones necesarias para una negociación honesta y empática.

He aquí cómo lo empleo yo: en una etapa temprana de una negociación, siempre digo a la otra parte: «Quiero que sientas en todo momento que te estoy tratando de forma justa, así que te pido por favor que si en algún momento crees que no lo estoy haciendo me lo digas, y veremos cómo resolverlo».

Es más sencillo y más claro abordar el asunto así y prueba a la otra parte que soy un negociador honrado. Con esa afirmación, dejo que la gente sepa que conmigo pueden usar esa palabra si lo hacen con honestidad. Como negociador, debes granjearte la reputación de ser justo. Tu reputación te precede. Así que deja que lo haga de una manera que te abone el terreno para el éxito.

Cómo descubrir las motivaciones emocionales de la otra parte según aquello que valora

Hace algunos años, me topé por casualidad con el libro *Cómo ser un galáctico del marketing*,[12] y me gusta releerlo de vez en cuando para recordar que son los impulsos emocionales los que determinan las decisiones que tomamos. El libro explica muy bien cómo, para vender algo, no hace tanta falta ofrecer argumentos racionales como saber crear un «marco» emocional.

Si consigues que la otra parte revele sus problemas, sus angustias y sus objetivos no alcanzados (en definitiva, si logras averiguar qué es lo que la gente está comprando realmente) podrás venderles una visión de sus preocupaciones en la que tu propuesta aparezca como la solución perfecta a las mismas.

Expresado a un nivel más básico: ¿qué es lo que ofrece exactamente alguien que hace de niñera? No es el cuidado de los niños, sino una tarde o una noche de relax. ¿Un vendedor de muebles? Habitaciones acogedoras en las que pasar tiempo de calidad en familia. ¿Un cerrajero? Sensación de seguridad.

Conocer las motivaciones emocionales permite vender los beneficios de cualquier propuesta empleando un lenguaje que toque las teclas adecuadas.

Moldea su realidad

Para una misma persona, si cambiamos una o dos variables, 100 dólares pueden significar una gran victoria o un insulto. Ser capaz de reconocer este fenómeno te permitirá manipular la realidad y convertir un insulto en una victoria.

Lo explicaré mejor con un ejemplo. Tengo una taza de café con la bandera de Suiza, roja y blanca. No tiene desperfectos pero está usada. ¿Cuánto estarías dispuesto a pagar por ella en lo más profundo de tu corazón? Probablemente estés pensando que alrededor de 3,5 dólares.

Pongamos que la taza es tuya y quieres vendérmela a mí. ¿Cuánto vale? Probablemente ahora estás pensando que entre 5 y 7 dólares.

En ambos casos se trata de la misma taza. Lo único que he hecho es cambiar nuestra relación con la misma y su valor ha variado.

Otro ejemplo. Imagina que te ofrezco 20 dólares por ir a buscarme una taza de café. Si tardas tres minutos, echando cuentas, sale a 400 dólares la hora. Suena como una jugada fantástica.

Pero qué sucede si descubres que gracias a ese recado yo gano un millón de dólares. De estar dando saltos de alegría por ganar 400 la hora pasarás a indignarte porque has sido estafado.

El valor objetivo de los 20 dólares, como el de la taza de café de antes, no ha cambiado, cambia nuestra perspectiva sobre ellos. Solo por el modo en que posicionamos ese dinero podemos hacer feliz o enfadar a nuestro interlocutor.

Digo esto no solo para demostrar que nuestras decisiones son emocionales e irracionales. Eso ya lo hemos visto. Lo que quiero señalar es que el hecho de que nuestras decisiones sean en gran medida irracionales no implica que no existan patrones, principios y reglas consistentes detrás de nuestra conducta. Y una vez que se conocen esos mecanismos mentales, se puede aprender cómo influir sobre ellos.

La mejor teoría de la que disponemos para describir los principios que guían nuestras decisiones irracionales es, con mucho, la «teoría prospectiva». Desarrollada en 1979 por los psicólogos Daniel Kahneman y Amos Tversky, la teoría prospectiva describe cómo elegimos entre opciones que comportan riesgos, como sucede en una negociación. Las personas preferimos las certezas a las probabilidades, incluso cuando lo probable comporta una opción más atractiva; a eso se lo llama «efecto de certeza». Del mismo modo, tendemos a asumir más riesgos para evitar pérdidas que para conseguir ganancias; a eso se lo llama «aversión a la pérdida».

Esa es la razón por la que personas que, estadísticamente, no tienen ninguna necesidad de contar con un seguro se lo hacen de todos modos. O considera lo siguiente: una persona a la que se le informa de que tiene un 95 % de posibilidades de recibir 10.000 dólares o un 100 % de recibir 9.499 tenderá por lo general a no correr riesgos y a aceptar la opción segura. Al mismo tiempo, si a esa misma persona se le dice que tiene un 95 % de posibilidades de perder 10.000 dólares o un 100 % de perder 9.499, elegirá sin embargo la opción opuesta, arriesgándose con la opción del 95 % con la esperanza de evitar cualquier pérdida. La posibilidad de pérdida y la aversión que genera incita una asunción de mayores riesgos que la de una ganancia idéntica.

En las páginas siguientes expondré varias tácticas relacionadas con la teoría prospectiva que pueden emplearse en beneficio propio. Pero primero quisiera exponer una lección crucial de la aversión a la pérdida: en una negociación dura no basta con demostrar a la otra parte que estás en disposición de darle lo que quiere. Para ganar ventaja, debes persuadirla de que perderá algo concreto si la negociación se rompe.

1. Ancla las emociones ajenas

Para moldear la realidad de la otra parte, debes empezar por los aspectos más básicos de la empatía. Así que conviene empezar con una «autoacusación» que demuestre que te haces cargo de todos sus miedos. De este modo, «anclando» sus emociones previendo una pérdida, puedes potenciar su respuesta de aversión a la pérdida, de manera que en cuanto tengan una oportunidad de evitarla, se lancen a por ella.

En mi primer proyecto como consultor tras dejar el FBI, tuve el honor de formar al equipo nacional de negociadores de rescates de los Emiratos Árabes. Desgraciadamente, el prestigio de la tarea se vio deslucido por problemas con el contratista general (yo operaba como subcontrata). La situación se complicó de tal manera que me vi obligado a contactar con los proveedores con los que ya había firmado un acuerdo, y que normalmente ganan 2.000 dólares al día, para decirles que, durante varios meses, solo iba a poder ofrecerles 500 dólares.

Sabía cómo reaccionarían si se lo decía directamente: se reirían en mi cara y me mandarían a paseo. Así que llamé a cada uno de ellos y les solté de buenas a primeras una autoacusación.

—Tengo que hacerte una propuesta malísima —les decía, y esperaba a que me pidieran que continuara—. Cuando cuelgues vas a pensar que soy un empresario muy cutre. Vas a pensar que no tengo ni idea de planificar ni de presupuestar. Vas a pensar que Chris Voss es un bocazas. Su primer proyecto fuera del FBI y mete la pata. No sabe dirigir una operación. Puede que incluso me haya mentido.

Después, una vez que había anclado sus emociones en un campo minado de bajas expectativas, jugaba con su aversión a la pérdida.

—Aun así, prefiero hacerte la propuesta a ti antes de tantear a otros.

Súbitamente, la llamada no iba de que les iba a rebajar la oferta de 2.000 a 500 dólares, sino de no perder esos 500 que acabarían en manos de otra persona.

Todos y cada uno de ellos aceptaron la propuesta. No hubo contraofertas ni quejas. Ahora bien, si no hubiera anclado sus emociones en unas expectativas tan bajas, su percepción de la oferta de 500 dólares habría sido completamente diferente. Si me hubiera limitado a llamar y a decir: «Puedo ofrecerte 500 al día, ¿qué te parece?», se lo habrían tomado como un insulto y habrían tirado el teléfono.

2. Deja que la otra parte lleve la iniciativa... la mayoría de las veces

Las ventajas de anclar las emociones de la otra parte a la hora de moldear su realidad son claras. Pero hablar el primero no es necesariamente lo mejor cuando se trata de negociar un precio.

Cuando el famoso director de cine Billy Wilder se reunió con el también célebre autor de novela negra Raymond Chandler para escribir el clásico de 1944 *Perdición*, Chandler era nuevo en Hollywood. Pero llegó a la cita preparado para negociar y fue él quien hizo la primera oferta a Wilder y al productor de la película. Se tiró un farol, pidió 150 dólares a la semana y avisó a Wilder de que le llevaría unas tres semanas terminar el proyecto.

A Wilder y al productor les costó no partirse de risa allí mismo, ya que habían planeado pagar a Chandler 750 a la semana y sabían que se tardaban meses en escribir el guión de una película. Afortunadamente para Chandler, Wilder y el productor valoraban su relación con él en algo más que unos cientos de dólares, así que se apiadaron del novelista y le consiguieron un agente para que le representara en las negociaciones.

De manera similar, un alumno mío llamado Jerry patinó olímpicamente en una negociación de salario por tomar la iniciativa (tengo que decir que esto sucedió antes de que fuera alumno mío).

En una entrevista con una compañía financiera de Nueva York, pidió un salario de 110.000 dólares, en gran parte porque eso representaba para él una subida de un 30 %. Solo después de empezar a trabajar allí supo que la compañía pagaba de entrada a todo el mundo de su mismo programa un mínimo de 125.000.

Por eso sugiero ceder la iniciativa a la otra parte a la hora de anclar las negociaciones económicas.

La cuestión es que ninguna de las partes maneja toda la información. Eso implica que nunca sabrás lo suficiente para exponerte con confianza. Esto es especialmente cierto cuando uno ni siquiera conoce el valor de mercado de aquello que está vendiendo o comprando, como les sucedía a Jerry o a Chandler.

Al dejarles lanzar ese punto de anclaje primero también dejas espacio para la suerte: he estado en muchas negociaciones en las que la primera oferta de la otra parte era más alta que la cifra final que yo tenía en la cabeza. Si hubiera abierto fuego primero, ellos habrían aceptado y yo habría abandonado la reunión con la «maldición del ganador» o con el «remordimiento del vendedor», con esa mala sensación punzante que se apodera de uno cuando compra demasiado caro o vende demasiado barato.

Dicho lo cual, también hay que ser muy cuidadoso cuando se deja a la otra parte echar el ancla primero. Conviene que estés preparado psicológicamente para encajar la oferta. Si la otra parte es profesional y negocia como un tiburón, tratará de abrir con una opción extrema con el fin de moldear tu realidad. Así, cuando vuelva después con una oferta ridícula, te sonará razonable, del mismo modo que un iPhone de 400 dólares no parece tan caro si el precio inicial era 600.

La tendencia a dejarse anclar mentalmente por cifras extremas es una peculiaridad psicológica conocida como «efecto de anclaje y ajuste». Diversos estudios han demostrado que las personas tienden realizar ajustes a partir de puntos de referencia iniciales. Por ejemplo, la mayoría de la gente, al echar un vistazo a la operación 8 x 7 x 6 x 5 x 4 x 3 x 2 x 1 le atribuyen un resultado más alto que el que atribuyen al mismo producto si los factores figuran en orden inverso. Eso se debe a que concentramos nuestra atención en los primeros números y luego hacemos una extrapolación.

Eso no equivale a «no hay que tomar nunca la iniciativa». Reglas como esa son fáciles de recordar, pero, como la mayoría de los enfoques simplistas, no siempre son un buen consejo. Si estás tratando con un novato, tendrás la tentación de hacer de tiburón y lanzar un punto de anclaje extremo desde el principio. O si conoces muy bien el mercado en cuestión y tu contraparte es un profesional tan bien informado como tú, puedes lanzar un número con el simple objetivo de acelerar la negociación.

Este es mi consejo personal sobre si conviene o no ser el tiburón que se come a una contraparte novata. Recuerda que tu reputación te precede. Me he topado con muchos ejecutivos con la reputación de machacar siempre a sus contrapartes y al final nadie quería negociar con ellos.

3. Establece un rango

Si bien es cierto que tomar la iniciativa rara vez ayuda, existe una manera de pretender que se hace una oferta y moldear, al tiempo, la realidad de la otra parte: aludir a un rango.

¿Qué quiero decir? Cuando se te exija que fijes tus términos o tu precio, lo mejor es contraatacar con una proposición similar que establezca un «terreno de juego», pero el mejor terreno de juego que puedas pensar. En lugar de decir: «Valgo 110.000 dólares», Jerry podría haber dicho: «En otras empresas líderes como la corporación X, en este puesto se está cobrando entre 130.000 y 170.000 dólares».

De este modo, dejas claro tu argumento sin poner a la otra parte a la defensiva, al tiempo que la obligas a ampliar su perspectiva y a subir su oferta. Hay estudios que demuestran que, frente a los puntos de anclaje extremos, las personas tendemos inconscientemente a ajustar nuestras expectativas atendiendo a la cifra inicial. Muchas incluso se lanzan a por el precio límite que tenían pensado. Si Jerry se hubiera referido al rango citado, la compañía probablemente le habría ofrecido 130.000, dado que eso parecería mucho menos que los 170.000 que cerraban el rango.

En un estudio reciente,[13] psicólogos de la Columbia Business School descubrieron que aquellos solicitantes que mencionaban un rango salarial en las entrevistas de trabajo acababan ganando considerablemente más que quienes pedían una cifra exacta, sobre todo si el rango era un rango «al alza», cuya cifra inferior era precisamente la que de hecho tenían pensado cobrar.

Entiende que, si ofreces un rango (y es buena idea hacerlo), tu contraparte se aferrará a la cifra más baja.

4. Pivota hacia términos no monetarios

La gente suele quedarse colgada en el «¿cuánto?», pero no conviene negociar únicamente en cifras. Eso convierte la negociación en un mero regateo, en una serie de posiciones rígidas definidas por ideas emocionales de la justicia y el amor propio. Una negociación comporta una dinámica más intrincada y sutil que todo eso.

Una de las formas más sencillas de amoldar la realidad de tu contraparte a tus intereses es pivotar hacia términos no puramente monetarios. Una vez que se ancla la negociación en una cifra alta, se puede lograr que la propuesta parezca razonable ofreciendo a la otra parte algo que no sea importante para ti pero sí para ella. O si, por el contrario, la oferta está anclada en una cifra baja, puedes pedir algo en términos no económicos que sea más importante para ti que para la otra parte. Dado que esto a veces es complicado, lo que yo suelo hacer es lanzar ejemplos para estimular una «lluvia de ideas» en la otra parte.

Hace no mucho, impartí un curso para la Memphis Bar Association. Generalmente, para impartir la clase de formación que buscaban suelo cobrar 25.000 dólares al día. De entrada me ofrecieron una suma muy inferior, que yo rechacé. A continuación, sin embargo, me ofrecieron salir en la portada de la revista de la asociación. Para mí, salir en la portada de una revista de tirada nacional que llega a quién sabe cuántos de los mejores abogados del país supone una publicidad muy valiosa (¡aparte de hacer que mi madre se sienta orgullosa de mí!).

Ellos tenían que sacar algo en portada de todas maneras, por lo que no incurrían en coste adicional alguno y lograron que yo les hiciera un buen descuento en mi tarifa. Desde entonces, siempre cito este caso en mis negociaciones cuando digo un precio. Me interesa estimular a la otra parte para que piense y se le ocurra qué ofertas no monetarias, baratas para ella pero potencialmente preciosas para mí, está en condiciones de hacerme.

5. Usa números raros al hablar de cifras

Todos los números tienen un impacto psicológico que va más allá de su valor objetivo. Y no estoy hablando de lo atractivo que pueda parecerle a alguien el número el 17 porque está convencido de que le da suerte. A lo que me refiero es a que, dentro de una negociación, algunos números suenan más inamovibles que otros.

Lo más importante es tener en cuenta que los números acabados en cero dan la impresión de ser, inevitablemente, ofertas provisionales, estimaciones de las que parece fácil apear a quien las vierte. Pero si lanzamos cifras que están muy lejos de ser redondas (pongamos, 37.263), da la impresión de que son el resultado de un cálculo concienzudo. Esa clase de números suenan serios y definitivos, y podemos emplearlos para fortalecer nuestra posición negociadora y apuntalar las ofertas.

6. Sorprende con un obsequio

Una forma de predisponer a la otra parte a adoptar una actitud más generosa consiste en anclar primero la negociación en una cifra extrema y, a continuación, tras su previsible negativa, ofrecer un regalo inesperado al margen de lo que se discute.

Los gestos conciliadores y sorprendentes como este pueden resultar muy eficaces porque introducen en la situación una dinámica de reciprocidad: la otra parte siente la necesidad de compensar ese gesto generoso. Subirán su oferta de repente o se comprometerán a corresponder esa amabilidad en un futuro. La gente se siente obligada a pagar también esa clase de deudas.

Analicemos esto desde la perspectiva de la política internacional. En 1977, el presidente egipcio Anwar el Sadat impulsó las negociaciones del tratado de paz entre Egipto e Israel dirigiéndose por sorpresa a la Knéset, el Parlamento israelí, un gesto de generosidad que no conllevaba ninguna cesión pero que supuso un paso adelante muy significativo para la paz.

De vuelta en Haití. Pocas horas después de que los secuestradores hubieran apresado a la política, yo estaba al teléfono con su sobrino.

Me dijo que no había forma de que la familia pudiera reunir 150.000 dólares, pero sí podían pagar entre 50.000 y 80.000. Sin embargo, sabiendo que el rescate era, básicamente, para salir de juerga, la cifra que yo manejaba era mucho más baja: 5.000 dólares. No íbamos a pillarnos los dedos. Era una cuestión de orgullo profesional.

Aconsejé al sobrino empezar la conversación anclándola en la idea de que no tenía ese dinero, pero evitando decir «no» para no ofender a los secuestradores.

—¿Y cómo voy a conseguir ese dinero? —preguntó cuando llamaron.

El secuestrador lanzó otra amenaza de carácter general contra su tía y exigió de nuevo el dinero.

Ahí es donde le dije al sobrino que cuestionase sutilmente la justicia del secuestrador.

—Lo siento —respondió—. Pero ¿cómo vamos a pagaros si vais a hacerle daño?

Eso puso la posibilidad de la muerte de la tía sobre el tablero, que era lo que el secuestrador quería evitar a toda costa. Necesitaban mantenerla ilesa si querían el dinero. Después de todo, eran comerciantes, traficaban con mercancías.

Conviene reseñar que, de momento, el sobrino no había mencionado ninguna cantidad. Este juego de erosión terminó por empujar a los secuestradores a cambiar la cifra. Sin haberles dicho nada, bajaron a 50.000 dólares.

Ahora que ya habíamos moldeado la realidad de los secuestradores a nuestro favor, mis colegas y yo le dijimos al sobrino que se mantuviese firme en su posición.

—¿Cómo voy a conseguir ese dinero? —volvió a preguntar en la siguiente llamada.

De nuevo, el secuestrador bajó la cifra, esta vez a 25.000 dólares.

Ahora que lo teníamos a nuestra merced, le dijimos al sobrino que realizase su primera propuesta, fijándola muy por lo bajo: 3.000 dólares.

Se hizo el silencio al otro lado del teléfono y el sobrino comenzó a sudar profusamente, pero le dijimos que aguantase. Esto siempre sucede en el momento en que se provoca un reajuste completo de la previsión económica del secuestrador.

Cuando reanudó la conversación, el secuestrador parecía noqueado, pero siguió adelante. Su siguiente oferta fue aún más baja, 10.000 dólares. Le dijimos al sobrino que contestara con una cifra extraña que parecía ser el resultado de complejos cálculos sobre el valor de su tía: 4.751 dólares.

¿La nueva contraoferta? 7.500 dólares. Como respuesta, le dijimos que añadiese a la oferta, «espontáneamente», un reproductor estéreo portátil de CD y que repitiese la misma cifra, 4.751 dólares. Los secuestradores, que no tenían ningún interés en el reproductor pero que pensaron que de verdad no había más dinero que rascar, aceptaron.

Seis horas más tarde, la familia pagó esa suma y la tía regresó a casa sana y salva.

Cómo negociar un salario mejor

Uno de los factores críticos que determinan los rankings de las escuelas de negocios es la compensación económica que perciben sus graduados. Por eso, en cada curso de MBA que imparto, les digo a mis alumnos que mi objetivo es subir yo solito el puesto que su escuela ocupa en el ranking. ¿Cómo?, enseñándoles a negociar un salario mejor.

Suelo dividir el proceso en tres partes que configuran la dinámica de este capítulo, de modo que no solo te ayuden a conseguir más dinero, sino también a que tu jefe pelee por conseguírtelo.

Sé amable pero persistente en términos no salariales

La persistencia amable es una forma de anclaje emocional que genera empatía con los superiores y crea el marco psicológico adecuado para tener una discusión constructiva. Y cuanto más hables de cuestiones no puramente salariales, más posibilidades tendrás de averiguar cuál es el rango de opciones que maneja la otra parte. Si un jefe no puede satisfacer una demanda no salarial, tal vez incluso intente compensarlo ofreciendo más dinero, como hicieron con una antigua alumna mía, que era estadounidense pero había nacido en Francia. La chica insistía en pedir, con una gran sonrisa siempre, una semana más de vacaciones de lo que la empresa solía conceder. Ella era «francesa», decía, y eso era lo que la gente tenía en Francia. La empresa que la contrataba no podía hacer nada en el tema de las vacaciones, pero dado que era tan fastidiosamente encantadora, y como consecuencia de que había introducido una variable no monetaria, terminaron por ofrecerle un aumento de sueldo a cambio.

Proponer condiciones salariales sin definir objetivos es una ruleta rusa

Una vez que hayas negociado un salario, es importante definir cuáles son los objetivos que marcarán el éxito de tus funciones, así como el plazo de un próximo aumento. Eso es bueno para ti y al jefe le sale gratis, como le salía a aquella asociación hostelera ofrecerme salir en la portada de una revista. Es una forma de conseguir un compromiso para un futuro aumento y, al definir el éxito del propio rendimiento en relación con la supervisión del jefe, conduce directamente al siguiente paso...

Estimula su interés por tu éxito y hazte con un mentor no oficial

Recuerda aquella idea de tratar de averiguar qué es lo que la otra parte está comprando realmente. Pues bien, cuando estés vendiéndote a un jefe, hazlo de modo que te vea como algo más que un empleado destinado a un puesto de trabajo: debes venderte a ti mismo, y tu futuro éxito, como una forma de certificar su propia inteligencia y de que esto redunde en el resto de la compañía. Asegúrate de que sabe que serás un estandarte de lo que él representa. Una vez que hayas moldeado su realidad para que te considere su embajador, estará interesado en favorecer tu éxito.

Pregunta: «¿Qué hace falta para tener éxito aquí?».

La pregunta es muy similar a las que sugieren muchos departamentos de orientación profesional en los MBA, pero no exactamente la misma. Y lo decisivo aquí son precisamente las palabras que se utilizan.

Los alumnos de los cursos que imparto en programas de MBA que han hecho esta pregunta en entrevistas de trabajo han logrado suscitar siempre el interés de los entrevistadores. «Nunca nos habían preguntado eso», suelen responder, y a continuación el entrevistador ofrece una respuesta larga y detallada.

La clave es que, cuando alguien te da un consejo, te observará después para comprobar si lo sigues o no. Tendrá un interés personal en tu éxito. Así que lo que has hecho es reclutar a tu primer mentor no oficial.

Para mostrar cómo puede hacerse esto rayando la perfección, no se me ocurre mejor ejemplo que mi antiguo alumno Ángel Prado.

Cuando estaba terminando su MBA, Ángel fue a hablar con su jefe y comenzó a preparar el terreno para negociar nuevas condiciones tras acabar el máster, que su empresa le estaba pagando. Durante su último semestre, estableció un anclaje poco específico (una suerte de rango) sugiriendo a su jefe que, una vez que completase el programa y la compañía hubiera terminado de pagarlo (costaba unos 31.000 dólares al año), ese dinero debería ir a parar a él en forma de salario.

Su jefe no se comprometió, pero Ángel fue educadamente persistente sobre el asunto y logró que la idea se anclara en la mente de su superior.

Después de la graduación, Ángel y su jefe tuvieron la reunión decisiva. Con tono asertivo y tranquilo, Ángel sacó un tema no monetario para desplazar el foco de la pregunta «¿cuánto?». En lugar de ello pidió una nueva denominación para su cargo.

Su jefe acordó de buen grado que otorgarle una nueva función tras su reciente titulación era algo lógico.

Llegados a ese punto, ambos definieron cuáles serían las funciones y responsabilidades del nuevo cargo, fijando, de ese modo, cómo se mediría el éxito de su rendimiento. A continuación, Ángel tomó aire y se calló, con el fin de que fuera su jefe quien lanzase la primera cifra. Al final, lo hizo. Curiosamente, la cantidad que mencionó demostró que la educada persistencia de Ángel por fijar una referencia había funcionado: su jefe propuso subir 30.000 dólares el salario base de Ángel, lo que implicaba un aumento de casi un 50 %.

Pero Ángel no era ningún negociador novato, no después de haber asistido a mis clases. Así que, en lugar de atascarse en el «cuánto», siguió hablando, apelando al lado emotivo de su jefe y empatizando con su situación (en ese momento la empresa estaba atravesando un período difícil de negociaciones con sus inversores).

Después, Ángel solicitó cortésmente levantarse un momento para imprimir la descripción del puesto tal como la habían acordado. Esta pausa creó una sensación de urgencia en su jefe al apuntar hacia un cierre inminente del acuerdo, dinámica que Ángel supo explotar cuando regresó a la mesa de negociación con el preacuerdo impreso. En el pie del documento añadió la cantidad que él solicitaba: «134.500-143.000 dólares».

Con ese pequeño movimiento, Ángel condensó varias de las lecciones incluidas en este capítulo. Las cifras impares y no redondas brindaban la apariencia de una propuesta rigurosamente meditada.

Las cantidades, además, eran altas, lo que impulsaron la natural tendencia del jefe a proponer directamente la cantidad límite que tenía pensada al verse frente a unas referencias tan elevadas. Y la propuesta era, también, un rango, lo que hacía parecer a Ángel menos agresivo y que la cantidad más baja del rango fuese más razonable en comparación con el límite superior.

A tenor del lenguaje corporal del jefe, arqueando mucho las cejas, parecía obvio que la propuesta le había chocado. Pero surtió el efecto deseado: después de hacer varios comentarios sobre la descripción del puesto, contraatacó con otra cifra: 120.000 dólares.

Ángel no dijo ni sí ni no en ese momento, sino que siguió hablando y reforzando el ambiente de empatía. Así, de repente, a mitad de una frase, como salida de la nada, su jefe ofreció otra cifra más, 127.000 dólares. Con su jefe negociando con nadie más que consigo mismo, Ángel dejó fluir la situación. Finalmente, su jefe terminó por aceptar los 134.500 dólares, que Ángel empezaría a cobrar en tres meses, supeditados a la aprobación del consejo directivo.

Como guinda del pastel, Ángel utilizó la palabra «justo» en sentido positivo. «Me parece justo», dijo. Y después vendió el aumento a su jefe como una suerte de matrimonio en el que su jefe actuaría como mentor.

—Le estoy pidiendo el aumento a usted, y no al consejo directivo, y para mí es suficiente con que usted esté de acuerdo —remachó.

¿Y cómo respondió el jefe a su nuevo embajador?

—Pelearé por conseguirte este salario.

Así que sigamos el ejemplo de Ángel y hagamos que nos llueva el dinero.

Lecciones clave

Comparadas con las herramientas analizadas en los capítulos anteriores, las técnicas expuestas en este parecen más concretas y fáciles de usar. Sin embargo, hay personas que se resisten a emplearlas porque les parecen formas de manipulación. Si se trata de moldear la percepción de la realidad que tiene la otra parte debe ser necesariamente manipulación, ¿no?

En respuesta a eso, lo único que puedo decir es que estas herramientas las utilizan los mejores negociadores porque lo que hacen es reconocer la psique humana tal como es. Somos animales emocionales e irracionales que se comportan de manera emocional e irracional conforme a patrones predecibles. Explotar ese conocimiento es, precisamente, algo racional.

A medida que aprendas a usar estas herramientas en la vida diaria, conviene que recuerdes las siguientes lecciones clave:

- Toda negociación está definida por una densa red subterránea de deseos y necesidades. No te dejes engañar por las apariencias. Una vez que se descubrió que los secuestradores de Haití solo querían el dinero para correrse una juerga, se les sacó kilómetros de ventaja.
- Ceder para llegar a un punto medio implica terminar llevando un zapato negro y otro marrón, así que no cedas. Los puntos medios suelen comportar tratos insatisfactorios para ambas partes.
- La inminencia de los plazos límite urge a las personas a tratar de cerrar cuanto antes la negociación y a hacer cosas impulsivas que van contra sus intereses.
- La «bomba J», el término «justo», es un concepto con gran valor emocional que la gente suele explotar para poner a

la otra parte a la defensiva y lograr que haga concesiones. Si la otra parte lanza esa bomba, no caigas en la trampa. En lugar de ello, pregúntale por qué afirma que estás siendo injusto con ella.

- Es posible moldear la realidad de la otra parte fijando su punto de partida. Antes de hacer una oferta, puedes anclar emocionalmente su predisposición haciéndole creer que va a recibir una oferta pésima. Cuando llegue el momento de ofrecer una cifra, se fija una referencia extrema para hacer que la oferta «real» parezca más razonable, o se ofrece un rango para parecer menos agresivo. El valor real de cualquier cosa depende del punto de vista desde el que se observe.
- Los seres humanos tendemos a asumir más riesgos a la hora de evitar pérdidas que a la hora de obtener ganancias. Asegúrate de que la contraparte es consciente en todo momento de lo que puede perder si permanece inactiva.

7

Crea una ilusión de control

Un mes después de terminar con el caso de Jeffrey Schilling, en mayo de 2001, recibí órdenes del cuartel general de regresar a Manila. Los mismos tipos malos que habían apresado a Schilling, un grupo de radicales islamistas llamado Abu Sayyaf, habían atacado Dos Palmas, un complejo turístico privado dedicado al buceo, y habían tomado veinte rehenes, incluidos tres estadounidenses: Martin y Gracia Burnham, una pareja de misioneros de Wichita (Kansas), y Guillermo Sobero, un empresario californiano que tenía una compañía de productos impermeables.

Desde el principio, Dos Palmas fue la pesadilla de cualquier negociador. El día después de producirse el secuestro, la recién elegida presidenta de Filipinas, Gloria Macapagal Arroyo, estableció la dinámica más beligerante y menos constructiva posible declarando la «guerra abierta» al grupo Abu Sayyaf.

No es lo que llamaríamos una actitud empática, ¿verdad?

Pero las cosas todavía se pusieron peor.

El ejército y la marina tuvieron una lucha territorial en mitad de las negociaciones y cabrearon aún más a los secuestradores con varios intentos chapuceros de asalto. Dado que había ciudadanos estadounidenses entre los secuestrados, la CIA, el FBI y los servicios de inteligencia militar de Estados Unidos entramos en juego y también tuvimos problemas entre nosotros. Después, los secuestradores violaron y asesinaron a varias rehenes, luego llegó el 11-S y el grupo Abu Sayyaf se vinculó a Al Qaeda.

La crisis concluyó en una orgía de tiros en junio de 2002, y para entonces Dos Palmas se había convertido oficialmente en el mayor fracaso de toda mi carrera profesional. Llamarlo un choque de trenes sería demasiado generoso, si se entiende lo que quiero decir.

Pero los fracasos plantan las semillas de los éxitos futuros, y nuestro fracaso en Filipinas no fue una excepción en ese sentido.

Si el desastre de Dos Palmas me enseñó algo fue que todos seguíamos aferrados a una noción de la negociación como si fuera un combate cuyo objetivo es desfondar al oponente hasta que se rinde, rezar por que todo vaya bien y no recular jamás.

Cuando nuestro fracaso en Filipinas me obligó a cuestionar nuestras técnicas fallidas, volví mi atención hacia las teorías sobre negociación más recientes (algunas muy buenas, otras absolutamente disparatadas), y fue así como me topé con un caso acaecido en Pittsburgh que transformó por completo mi percepción de las dinámicas interpersonales que se establecen en las conversaciones de negociación.

De las cenizas de Dos Palmas aprendimos una lección que cambiaría para siempre la forma en la que el FBI afronta las negociaciones en casos de secuestro. Aprendimos que negociar consiste en persuadir, no en vencer; en controlar, no en derrotar. Más importante aún, aprendimos que negociar con éxito consiste en lograr que la otra parte trabaje para nosotros y que sea ella quien termine sugiriendo la opción que nos interesa. Se trata de generar la ilusión de que la otra parte controla el proceso mientras eres tú quien está dirigiendo realmente la conversación.

La herramienta que desarrollamos a tal efecto es lo que yo llamo «preguntas abiertas o calibradas». Lo que hace es neutralizar la agresividad en las conversaciones dando cuenta abiertamente de la situación de la otra parte, sin oponer resistencia. Hacerlo permite introducir ideas y peticiones sin sonar amenazante. Permite dar pequeños empujones.

Enseguida pasaré a explicarlo en mayor profundidad, pero baste decir por el momento que consiste en algo tan sencillo como eliminar la hostilidad de la afirmación «No puedes marcharte» para convertirla en una pregunta: «¿Qué esperas conseguir marchándote?».

No intentes negociar en medio de un tiroteo

En cuanto llegué a Manila para trabajar en el caso Burnham-Sobero me enviaron al sur, a la región de Mindanao, donde el ejército filipino estaba atacando con armas de fuego y cohetes un complejo hospitalario en el que se habían atrincherado los secuestradores de Abu Sayyaf con los rehenes.

Aquel no era lugar para un negociador, porque es imposible sostener un diálogo en mitad de un tiroteo. La situación empeoró aún más: cuando me levanté al día siguiente me informaron de que los secuestradores habían escapado con los rehenes durante la noche.

Que se hubieran «escapado» fue la primera señal de que esa operación iba a ser un absoluto desastre y de que el ejército filipino era el socio menos fiable que uno pudiera imaginar.

Durante las reuniones informativas que siguieron a aquel episodio, se reveló que durante un alto el fuego un miembro del ejército había recogido un maletín de manos de los secuestradores en el hospital y, no mucho después de eso, todo los soldados que guardaban el perímetro trasero del edificio habían sido llamados para acudir a una «reunión». Casualmente o no, los malos habían escogido ese momento para fugarse.

Las cosas se pusieron realmente feas un par de semanas más tarde, el día de la Independencia de Filipinas, cuando Abu Sabaya anunció que iba a decapitar a uno de los rehenes «blancos» a menos que el gobierno no cesara su persecución antes del mediodía. Sabíamos que se refería a uno de los ciudadanos estadounidenses y supusimos que sería Guillermo Sobero.

En ese momento no teníamos ningún contacto directo con los secuestradores porque nuestros socios del ejército filipino nos habían asignado un intermediario que siempre se «olvidaba» de avisarnos para que estuviéramos presentes cuando los secuestradores llamaban (y que también se «olvidaba» de grabar esas llamadas). Lo único que podíamos hacer era enviar mensajes de texto ofreciendo una cita para hablar.

Lo que sucedió al final fue que, justo antes del límite anunciado, a mediodía, Sabaya y un miembro del gabinete presidencial tuvieron una conversación en un programa de radio, y el gobierno accedió a la petición de Sabaya de nombrar a un senador malayo como negociador. A cambio, Sabaya prometía no matar a ningún rehén.

Pero era tarde para arreglar esta atmósfera de confrontación, desconfianza y mentiras. Esa misma tarde, los rehenes oyeron gritar a Sabaya por teléfono: «¡Pero eso era parte del acuerdo! ¡Eso era parte del acuerdo!». Poco después, Abu Sayyaf decapitó a Guillermo Sobero y, por prudencia, el grupo tomó otros quince rehenes más.

Sin poder controlar siquiera mínimamente ninguna de las piezas importantes del puzle y sin que Estados Unidos mostrara mucho interés en el caso a pesar del asesinato de Sobero, regresé a Washington. No parecía que pudiera hacer mucho al respeto.

Después, el 11-S lo cambió todo.

Abu Sayyaf, antes considerada una célula terrorista de importancia menor, se vinculó a Al Qaeda. Y después, una reportera de la televisión filipina, Arlyn de la Cruz, entró en el campamento de Abu Sayyaf y grabó a Sabaya mofándose de los misioneros estadounidenses Martin y Gracia Burnham, quienes estaban tan demacrados que parecían supervivientes de un campo de concentración. Las imágenes salieron en todos los medios estadounidenses y cayeron como un mazazo. Súbitamente, el caso se convirtió en una prioridad para el gobierno estadounidense.

Siempre hay un equipo al otro lado

El FBI decidió enviarme de nuevo allí. Esta vez iba con la misión de cerrar un trato fuera como fuese. Se trataba de una operación de alto nivel. Algunos de mis contactos me dijeron que el director del FBI, Robert Mueller, informaba personalmente al presidente George W. Bush cada mañana de nuestros avances. Cuando Mueller apareció en la embajada de Manila y fui presentado a él, su rostro adoptó un gesto de reconocimiento. Ese momento fue embriagador.

Aun así, tener todo el apoyo del mundo no sirve de nada si el equipo de la contraparte es disfuncional. Si tus esfuerzos de negociación no van más allá del interlocutor y no llegan al equipo que está detrás de él, lo que tendrás entre manos es un acuerdo basado en la «esperanza», y la esperanza no es una estrategia.

Una de las cosas de las que no me di cuenta entonces fue de que los secuestradores habían sustituido a sus negociadores. Sabaya había sido reemplazado.

En un secuestro anterior, mi jefe, Gary Noesner, me había explicado que un cambio de negociadores en la otra parte casi siempre significa que van a adoptar una línea mucho más dura. Lo que yo no comprendí en aquel momento es que aquello significaba que Sabaya iba a desempeñar el papel de saboteador de la negociación si no se le tenía en cuenta.

Nuestro nuevo objetivo era asegurar las vidas de los Burnham. Aunque el gobierno de Estados Unidos no puede pagar rescates oficialmente, había aparecido un donante dispuesto a aportar 300.000 dólares. El nuevo negociador de Abu Sayyaf accedió a liberarlos por esa suma.

La entrega fue un desastre. Los secuestradores habían decidido que no iban a liberar a los Burnham o, más exactamente, Sabaya, que estaba físicamente al cargo de los rehenes, se negaba a liberarlos. Él había negociado por su cuenta otro rescate (del que nosotros no sabíamos nada) que no había salido bien. El nuevo negociador, que ahora estaba avergonzado y de un humor terrible, trató de cubrirse las espaldas diciendo que faltaban 600 dólares. Nosotros estábamos desconcertados: «¿Seiscientos dólares? ¿No vas a liberar a los rehenes por seiscientos dólares?», y tratábamos de argumentar que si faltaba dinero se lo tenía que haber quedado el correo que lo entregó. Pero no teníamos una dinámica de confianza y cooperación para reforzar nuestra posición. Los 300.000 se habían esfumado y regresamos a la rutina de enviar mensajes de texto que rara vez recibían respuesta.

El desastre a cámara lenta culminó dos meses más tarde con una operación chapucera de «rescate». Un equipo de los Scout Rangers de Filipinas que marchaba por el bosque se encontró con el campamento de Abu Sayyaf, o eso dijeron. Después oímos que fue otra agencia del gobierno la que les avisó de dónde se encontraba. Esa otra agencia (la OGA) no nos había informado a nosotros de la ubicación del campamento porque... ¿por qué? Nunca lo sabré.

Los Scout Rangers se posicionaron en una línea de árboles situada sobre el campamento y desde allí abrieron fuego, vomitando balas de manera indiscriminada sobre toda el área. Gracia y Martin Burnham estaban durmiendo una siesta en sus hamacas cuando empezó el tiroteo. Ambos cayeron de las hamacas y rodaron colina abajo tratando de encontrar refugio. Pero cuando los alcanzó una cortina de fuego procedente de sus supuestos rescatadores, Gracia sintió una punzada abrasadora atravesando su muslo derecho y vio cómo Martin caía sin vida.

Minutos más tarde, después de que los últimos rebeldes huyeran, el comando de soldados filipinos le aseguraba a Gracia que su marido estaba bien, pero ella sacudía la cabeza. Tras un año de cautiverio, no estaba para fantasías. Gracia creía que su marido estaba muerto y estaba en lo cierto: tres balas de fuego «amigo» le habían atravesado el pecho.

Al final, la supuesta misión de rescate había matado a dos de los tres rehenes aquel día (una enfermera filipina llamada Ediborah Yap también falleció) y el pez gordo, Sabaya, había escapado y seguiría con vida varios meses más. De principio a fin, los trece meses que duró la misión habían supuesto un desastre tras otro, un desperdicio de vidas humanas y de recursos. Sentado a oscuras en mi casa, días después, desalentado y hecho polvo, pensaba que algo tenía que cambiar. No podíamos permitir que algo así sucediera de nuevo.

Si queríamos que las muertes de los rehenes no fueran en vano, debíamos encontrar una nueva forma de negociar, comunicar, escuchar y hablar, tanto con nuestros enemigos como con nuestros amigos. Pero no en virtud de una mejor comunicación.

No. Había que hacerlo para ganar.

Evita la confrontación

Puedo admitir sin ambigüedades que mi retorno a Estados Unidos inició un período de cuestionamiento y reflexión. Llegué a dudar de gran parte de lo que estábamos haciendo en el FBI. Si lo que sabíamos hacer no era suficiente, había que hacerlo mejor.

El verdadero cubo de agua fría a mi llegada me cayó cuando estaba revisando la información sobre el caso, a mucha de la cual no habíamos tenido acceso cuando estábamos sobre el terreno. Entre la pila de documentos descubrí un dato que me dejó anonadado.

Alguien había escuchado a Martin Burnham hablar por teléfono con alguien. Me pregunté cómo era posible que nuestro rehén estuviese hablando por teléfono con alguien sin que nosotros supiéramos nada. ¿Y con quién hablaba? Solo hay una razón posible por la que a un rehén le dejan ponerse al teléfono. Para demostrar que sigue con vida. Alguien más había estado intentando rescatar a los Burnham.

Resultó ser un tipo que trabajaba para un político filipino corrupto y que había conducido una negociación paralela para liberar a los Burnham. Quería rescatar a los rehenes él mismo para presumir delante de la presidenta Arroyo.

Pero no se trataba solo de que este tipo estuviese actuando a nuestras espaldas. Como más tarde se puso de manifiesto, estaban sucediendo muchas cosas a la sombra. Lo que hacía que me llevaran los demonios era que este imbécil, que no era un negociador profesional, formado por el FBI, había logrado algo que yo no pude hacer.

Había logrado hablar con Martin Burnham por teléfono. Gratis.

Fue en ese momento cuando me di cuenta de que el hecho de que aquel politicucho corrupto hubiera tenido éxito donde nosotros fracasamos era una especie de metáfora de todo lo que había fallado en nuestra mentalidad unívoca.

Aparte de los problemas que tuvimos con el ejército filipino, la razón por la cual no habíamos tenido ninguna influencia efectiva sobre los secuestradores ni los rehenes había sido nuestro apego mental a una estricta economía del ojo-por-ojo. Conforme a esa mentalidad, si llamábamos a los malos, ya estábamos pidiéndoles algo, y si nos lo daban, entonces tendríamos que darles nosotros algo a cambio. Y, como estábamos seguros de que los Burnham seguían con vida, nunca nos molestamos en llamar y pedir una prueba de ello. No queríamos contraer una deuda con los secuestradores.

Si hacíamos una «petición» y ellos respondían, ya les debíamos una. No corresponder una deuda supondría ser acusados de mala fe en la negociación, y la mala fe en los secuestros produce muertos.

Y, por supuesto, no pedimos a los secuestradores hablar directamente con el rehén porque sabíamos que dirían que «no» y nos daba miedo que nos dejaran en evidencia.

El miedo era una falla importante en nuestra mentalidad negociadora. Hay cierta información que solo se consigue mediante interacciones directas y prolongadas con la otra parte.

También necesitábamos nuevas formas de conseguir cosas sin tener que pedirlas. Teníamos que dar con la manera de refinar nuestras preguntas para convertirlas en algo más sofisticado que la típica pregunta cerrada y la correspondiente dinámica de «síes» y «noes».

Ahí es donde comprendí que lo que habíamos estado practicando hasta entonces no era verdadera comunicación, sino gimnasia verbal. Queríamos que la otra parte viera las cosas como nosotros las veíamos y viceversa. Pero si se deja que esa dinámica prospere en el mundo real, las negociaciones se rompen y las tensiones afloran. Ese espíritu, sin embargo, permeaba todo lo que hacía el FBI. Todo se convertía en un enfrentamiento tenso. Y no funcionaba.

Nuestro enfoque de las «pruebas de vida» en las negociaciones era un ejemplo de todos estos problemas.

En aquella época, comprobábamos que nuestros rehenes estaban vivos haciendo preguntas que solo el rehén podía conocer. Preguntas parecidas a las de los protocolos de seguridad informáticos, del tipo «¿cómo se llamaba el primer perro que tuvo Martin?» o «¿cuál es el segundo nombre del padre de Martin?».

Sin embargo, esta clase de preguntas específicas también eran problemáticas. En el ámbito de los secuestros eran una señal clara de que los cuerpos de seguridad habían tomado cartas en el asunto. En cuanto la familia de un secuestrado empieza a hacerlas, se hace evidente que hay un grupo de policías asesorándoles y eso pone muy nerviosos a los secuestradores.

Incluso dejando de lado los nervios, está el problema añadido de que responder preguntas como esas no requiere prácticamente ningún esfuerzo. Los malos consiguen la respuesta y te la dan en el momento, porque es muy sencillo. ¡Pum! ¡Pum! ¡Pum! Sucede tan rápido que no consigues ganar ninguna ventaja táctica, ninguna información útil ni provocar ningún esfuerzo por su parte para conseguir el propio objetivo. Y toda negociación, bien llevada, debe ser un proceso de recogida de información que dirige a la contraparte en la dirección que te interesa.

Lo peor de todo, los malos saben que acaban de darnos algo (una prueba de vida), lo que desencadena todo el proceso relacionado con el gen humano de la reciprocidad. Nos guste reconocerlo o no, una regla universal de la naturaleza humana, en todas las culturas, es que cuando alguien da algo, espera algo a cambio. Y nadie da nada más hasta que no le den ese algo a cambio.

Ahora bien, nosotros no queríamos iniciar esa cadena de reciprocidad porque no queríamos dar nada a nuestros oponentes. ¿Qué sucedió entonces? Todas nuestras conversaciones se convirtieron en confrontaciones paralizantes entre dos partes decididas a conseguir algo de la otra sin ceder nada a cambio. El miedo y el orgullo nos impedían comunicarnos realmente.

Por eso fracasamos, mientras zoquetes como ese retorcido político filipino se entrometían y conseguían lo que nosotros necesitábamos desesperadamente: comunicación sin reciprocidad. Me volví a sentar y me pregunté: «¿Cómo diablos podemos conseguir algo así?».

Suspende el descreimiento

Mientras me devanaba los sesos tratando de averiguar cómo había conseguido aquel político ruin hablar por teléfono con Martin Burnham y nosotros no, el FBI de Pittsburgh recibió un caso de secuestro.

Mi colega Chuck me trajo las cintas del caso porque todo le parecía muy raro. Un camello de Pittsburgh había secuestrado a la novia de otro camello y, por las razones que sea, el novio había acudido al FBI para pedir ayuda. Llamar al FBI parecía contrario a sus intereses, siendo camello y demás, pero lo hizo porque, no importa quién seas, cuando necesitas ayuda acudes al FBI, ¿no?

En las cintas podía oírse a nuestros negociadores de rescates, que iban en el coche con el camello en apuros mientras negociaba con el camello secuestrador. Normalmente, indicamos al interlocutor que pida al secuestrador una prueba de vida fehaciente del tipo «¿cómo se llamaba el osito de peluche de la chica cuando era pequeña?». Pero en esta situación, nuestro camello todavía no había sido aleccionado sobre cómo hacer la pregunta «correcta». Así que en mitad de la conversación con el secuestrador, soltó a bocajarro:

—Oye, perro, ¿y cómo sé que ella está bien?

Y entonces sucede lo más divertido. El secuestrador se queda callado durante diez segundos. La pregunta le había pillado por sorpresa. Y dice:

—Bueno, le diré que se ponga.

Yo estaba pasmado porque aquel camello ramplón acababa de conseguir una victoria gloriosa en una negociación. Conseguir que el secuestrador deje voluntariamente que la víctima se ponga al teléfono es un logro enorme.

Ahí es cuando tuve mi revelación: «¡Pues claro!», y comprendí que esa era la técnica que estaba buscando. En vez de hacer una pregunta cerrada con una sola clase de respuesta correcta, él había formulado una pregunta abierta, pero calibrada de tal manera que había forzado a la otra parte a detenerse y pensar cómo resolver el problema. Pensé: «¡Esto es perfecto!». Es una pregunta natural y normal, no es una petición oficial de un hecho. Es una pregunta del tipo «cómo», y usar «cómo» incita a la colaboración porque comporta una solicitud de ayuda.

Y lo mejor de todo, no le debe nada al secuestrador. El tipo le ha pasado voluntariamente el teléfono a su rehén, piensa que hacerlo es idea suya. El camello que acaba de ofrecerle al otro pasarle con su novia piensa que está al mando de la situación. Y el secreto para llevarse el gato al agua en una negociación es hacer creer a tu oponente que es quien la controla.

Lo genial de esta técnica está muy bien explicado en un pasaje del libro *Split-Second Persuasion* (*Persuasión instantánea*),[14] del psicólogo Kevin Dutton. Dutton habla de lo que él denomina «descreimiento», una resistencia activa a creer lo que otra persona dice, una actitud de completa desconfianza. Ese es el punto en el que suelen comenzar las dos partes de una negociación.

Si no se rompe nunca esa dinámica, terminarás teniendo un enfrentamiento, en la medida en que ambas partes tratarán de imponer sus puntos de vista: dos cabezas duras chocando una contra otra, como sucedió en Dos Palmas. Pero si consigues que la otra parte suspenda su incredulidad, podrás ir consiguiendo poco a poco que se aproxime a tu punto de vista, subvirtiendo la dirección de su energía. Eso es exactamente lo que la pregunta del camello consiguió obrar sobre la actitud del secuestrador. No se trata de persuadir a la otra parte para que vea tu punto de vista; en lugar de ello, debes colocarla inadvertidamente en ese punto. Como dice un refrán inglés, la mejor manera de montar un caballo es hacerlo en la dirección en la que se dirige.

Nuestro trabajo como persuasores es más sencillo de lo que creemos. No se trata de conseguir que los otros crean lo que decimos. Basta con suspender su incredulidad. Una vez logramos eso, tenemos media partida ganada. «El descreimiento es la fricción que mantiene la persuasión controlada. Sin él, no habría límites», explica Dutton.

Hacer creer a un oponente que controla la situación mediante preguntas bien calibradas (es decir, pidiendo su ayuda) es una de las herramientas más poderosas para suspender su descreimiento. Hace no mucho, leí un artículo magnífico en el *New York Times*[15] de un estudiante de medicina que había tenido que vérselas con un paciente que se había arrancado el gotero, había cogido sus cosas y se estaba yendo del hospital porque los resultados de su biopsia llevaban días de retraso y estaba cansado de esperar.

Justo entonces apareció un médico veterano que, tras ofrecer con tono tranquilo un vaso de agua al paciente en fuga, le preguntó si podían hablar un momento. Le dijo al paciente que comprendía su malestar y prometió llamar al laboratorio para averiguar por qué se retrasaban los resultados.

Pero lo que realmente suspendió el descreimiento del paciente fue lo que hizo a continuación: formular una pregunta calibrada.

¿Qué tenía que hacer que fuera tan importante como para marcharse? El paciente respondió que tenía que hacer varias gestiones y el doctor le ofreció ponerle en contacto con personas que podían ayudarle a solucionarlas. Y ¡tachán!, el paciente decidió quedarse.

Lo verdaderamente poderoso en la estrategia del médico veterano es que consiguió transformar un enfrentamiento —«me voy» contra «no puede irse»— mediante preguntas que encaminaron al paciente a resolver su problema... de la forma en la que el médico deseaba que lo hiciera.

En el fondo seguía siendo una suerte de conflicto, sin duda, pero el doctor neutralizó la agresividad y la oposición frontal generando en el paciente la sensación ilusoria de control. Como dijo una vez un veterano redactor del *Washington Post*, Robert Estabrook: «Quien aprende a estar en desacuerdo sin ser confrontacional y desagradable posee el secreto más valioso de la negociación».

La técnica de la suspensión del descreimiento no solo es eficaz con secuestradores y pacientes en fuga, sino que funciona igual de bien en cualquier otra situación, incluso a la hora de negociar precios. Al entrar en una tienda, en lugar de pedirle al dependiente lo que uno «necesita», se le puede describir lo que se está buscando para solicitar orientación.

Después, una vez escogido lo que se quiere, en lugar de soltar una propuesta frontal, se puede decir que el precio se escapa un poco del presupuesto y se puede pedir ayuda usando una de las mejores preguntas calibradas de la historia: «¿Cómo se supone que voy a hacer eso?». Lo crucial de este enfoque es que realmente estás pidiendo ayuda y la forma de pedirla debe transmitirlo. Dentro de este esquema de negociación, en lugar de atosigar al encargado, lo que estás haciendo es solicitar su ayuda y hacerle creer que está al mando de la situación.

Pedir ayuda de esta manera, tras haber entablado un diálogo, es una técnica de negociación increíblemente eficaz a la hora de transformar potenciales enfrentamientos en sesiones de resolución conjunta de problemas. Y las preguntas calibradas son la mejor herramienta para ello.

Calibra las preguntas

Hace unos años, estaba trabajando como consultor para una clienta que tenía una pequeña agencia encargada de las relaciones públicas de una gran corporación. La corporación no estaba pagando las facturas y, a medida que pasaba el tiempo, le debía cada vez más dinero a mi clienta. La mantenían en vilo prometiéndole nuevos proyectos, haciéndole creer que si aguantaba un poco más, los ingresos entrarían de golpe en grandes cantidades. Ella se sentía atrapada.

Mi consejo fue sencillo. Le dije que fuese a hablar con ellos y tras exponer su situación, les preguntara: «¿Cómo se supone que voy a hacer esto?».

Negó con la cabeza. De ninguna manera. La sola idea de hacer esa pregunta le aterraba. «Si me dicen que tengo que hacerlo, entonces estoy atrapada», fue su reacción.

Para ella la pregunta sonaba a: «Me estáis dejando sin un duro y esto no puede seguir así». Parecía el primer paso para quedarse sin cliente.

Le expliqué que esa implicación, si bien real, estaba solo en su mente. Su cliente, sin embargo, oiría las palabras, y no las implicaciones, siempre que las profiriera con calma y el tono no diera a entender que se trataba de una acusación o de una amenaza. En la medida en que permaneciese tranquila, lo interpretarían como el planteamiento de un problema que requería solución.

Mi amiga no se fiaba del todo. Repasamos juntos el guión de la conversación varias veces, pero seguía atemorizada. Unos días después, sin embargo, me llamó completamente feliz. Su cliente la había llamado con un nuevo encargo y ella había reunido el suficiente coraje para exponerles la situación y preguntar: «¿Cómo voy a hacerlo?».

La respuesta fue: «Llevas razón, no puedes hacerlo y te pido disculpas». El cliente le explicó que estaban atravesando una serie de problemas internos, pero le dio un nuevo contacto en el departamento de contabilidad y le dijo que se le pagaría en cuarenta y ocho horas. Y así fue.

Pensemos ahora por qué funcionó la pregunta de mi clienta: sin acusar a la otra parte de nada, obligó a la gran empresa a entender su problema y a ofrecerle la solución que ella quería. La situación resume a la perfección lo que pueden lograr las preguntas abiertas cuando están bien calibradas para lograr un efecto específico.

Al igual que palabras y expresiones como «quizá», «tal vez», «creo que» o «parece que», las preguntas calibradas de final abierto suavizan la agresividad de las afirmaciones confrontacionales y de las exigencias cerradas, neutralizando así la posibilidad de irritar a la otra parte. Lo que hace que funcionen es que están supeditadas a cómo las interprete el interlocutor, en lugar de estar rígidamente definidas. Te permiten introducir ideas y peticiones sin sonar autoritario o agresivo.

Esa es la diferencia entre un «me estáis dejando sin un duro y esto no puede seguir así» y «¿cómo queréis que lo haga?».

La verdadera belleza de las preguntas calibradas es que no incluyen un objetivo susceptible de ser atacado, como sí hacen las afirmaciones. Las preguntas calibradas tienen el poder de mostrar a la otra parte la naturaleza del problema, en lugar de generar un conflicto diciéndole cuál es el problema.

Con todo, no se trata de peticiones al azar para mantener viva la conversación: van dirigidas a un objetivo. Una vez que decidas qué rumbo te conviene que tome una negociación, tienes que diseñar las preguntas que la orientarán en ese sentido mientras dejas que la otra parte piense que está siendo cosa suya.

Por eso las denomino «preguntas calibradas». Deben medirse cuidadosamente, como se calibra el objetivo de un arma o una balanza, con el fin de abordar un problema determinado.

La buena noticia es que existen reglas para eso.

En primer lugar, las preguntas calibradas deben evitar las construcciones sintácticas que originen preguntas cerradas, a las que se pueda responder con un simple «sí» o «no». En lugar de eso, conviene utilizar las típicas palabras que abren las preguntas periodísticas: «quién», «qué», «cómo», «cuándo», «dónde» y «por qué». Esas partículas incitan a la otra parte a pensar y a dar una respuesta más extensa.

La lista puede acortarse aún más: es mejor empezar con «qué», «cómo» y, a veces, «por qué». Nada más. «Quién», «cómo» y «dónde» a menudo solo servirán para que tu interlocutor comparta un dato con nosotros pero sin pensar. Y «por qué» puede ser contraproducente: sin importar en qué idioma se exprese, implica una acusación en potencia y eso rara vez jugará a tu favor.

El único caso en el que se puede emplear «por qué» con éxito es aquel en el que la actitud defensiva que suscita refuerce el cambio que estés intentando que la otra parte vea. Ejemplos: «¿Por qué ibas a cambiar la manera en la que siempre has hecho las cosas para probar la mía?», o «¿Por qué iba vuestra compañía a cambiar su proveedor de toda la vida para probar con nosotros?». Como siempre, emplear un tono de voz que muestre respeto y deferencia es fundamental.

Si no es para casos similares, conviene evitar el «por qué» como si fuera un hierro candente. Ni tocarlo.

Contar con tan solo un par de palabras para abrir la conversación no parece un gran arsenal, pero, créeme, el «qué» y el «cómo» pueden usarse para calibrar prácticamente cualquier pregunta. «¿Crees que esto te gustaría?» se puede transformar en «¿Qué opinión te merece esto?» o «¿Cómo lo ves?». Puedes incluso preguntar: «¿Qué es lo que no ves de esto?», y probablemente saques algo de información útil del interlocutor.

Incluso una pregunta tan agresiva como «¿Por qué has hecho eso?» puede calibrarse y convertirse en «¿Qué te impulsó a hacerlo?», restando emotividad y rebajando el nivel acusatorio de la pregunta.

Conviene hacer preguntas calibradas desde el principio de la negociación y hacerlo a menudo. Algunas de ellas pueden emplearse en el arranque de casi cualquier tipo de negociación. «¿Cuál es el mayor obstáculo al que nos enfrentamos?» es una de ellas. Hace que la otra parte te muestre algo sobre ella, algo crítico para toda negociación porque toda negociación consiste en recabar información.

He aquí algunas preguntas calibradas que yo empleo en prácticamente cualquier negociación, dependiendo de la situación:

- ¿En qué sentido esto es importante para ti?
- ¿Cómo puedo contribuir a hacer que esto sea mejor para ambos?
- ¿Cómo te gustaría que procediera?
- ¿Qué es lo que nos ha conducido hasta esta situación?
- ¿Cuál es el objetivo?/¿Qué estamos intentando conseguir aquí?
- ¿Cómo se supone que voy a hacer eso?

Lo que debe estar implícito en cualquier pregunta calibrada bien diseñada es que tú quieres lo mismo que tu interlocutor pero necesitas de su inteligencia para resolver el problema. Funciona especialmente bien con interlocutores muy agresivos o egocéntricos.

No solo estás pidiendo ayuda implícitamente (apelando a la buena voluntad de la otra parte para que baje las defensas), sino también construyendo una situación en la que un interlocutor que era previamente recalcitrante empieza a emplear sus recursos emocionales y mentales para resolver tus dificultades. Ese es el primer paso para que interiorice tus prioridades (y los obstáculos que conllevan) como si fueran las suyas. Y eso lo orienta hacia el diseño de una solución.

Tu solución.

Recuerda cómo empleaba las preguntas calibradas el médico veterano para conseguir que el paciente se quedara. Esa historia muestra que la mejor manera de lograr que una persona vea las cosas tal como las vemos nosotros no es enfrentarse a ella («Usted no puede marcharse de aquí»), sino reconocer abiertamente su postura («Comprendo que se sienta molesto») y después conducirla hacia la solución del problema («¿Qué pretende conseguir marchándose?»).

Como ya he dicho, el secreto para llevarse el gato al agua en una negociación es hacer creer a la otra parte que controla la situación. Por eso las preguntas calibradas suenan ingenuas: su objetivo es lograr que el interlocutor se sienta al mando, cuando eres tú quien dirige realmente la conversación. La otra parte no tiene ni idea de hasta qué punto la estás encajonando con tus preguntas.

Una vez estaba negociando con uno de mis jefes en el FBI sobre la posibilidad de asistir a un programa de Harvard para ejecutivos. Ya había accedido a pagar los costes del viaje, pero el día antes de partir me convocó en su oficina y empezó a cuestionar el sentido del viaje.

Yo le conocía demasiado bien y sabía que lo que quería era demostrar que allí mandaba él. Así que después de un rato de conversación, le miré y le pregunté:

—Cuando aprobaste este viaje, ¿qué era lo que tenías en mente?

Entonces se relajó visiblemente y se echó para atrás en la silla mientras juntaba la punta de los dedos de ambas manos formando un triángulo. En términos de lenguaje corporal, ese gesto implica que la persona se siente en una posición superior.

—Mira —me dijo—, solo asegúrate de que informas a todo el mundo al respecto cuando vuelvas.

La pregunta, calibrada para reconocer tácitamente su poder y orientada a que se explicase, generó en él una ilusión de control.

Y consiguió justo lo que yo quería.

Cómo conseguir que no te paguen

Detengámonos un momento aquí, porque hay algo vital que conviene recordar cada vez que abordemos una negociación armados con nuestro arsenal de preguntas calibradas. A saber, todo lo anterior está muy bien, pero hace falta algo más: sin autocontrol emocional, la cosa no funciona.

Lo primero que menciono cuando estoy formando a nuevos negociadores es la importancia del autocontrol. Si no podemos controlar nuestras propias emociones, ¿cómo vamos a influir en las emociones de la otra parte?

Pondré un ejemplo para ilustrar mejor lo que digo.

No hace mucho, una estratega de marketing que trabajaba como *freelance* acudió a mí con un problema. Uno de sus clientes había contratado a un nuevo consejero ejecutivo, un tacaño cuya estrategia consistía en reducir costes externalizando tantas funciones como pudiera. Además, el nuevo consejero era también un machista al que no le gustaba el estilo asertivo de mi clienta.

Inmediatamente, ambos comenzaron a enredarse en llamadas de trabajo empleando el tono pasivo-agresivo omnipresente en el ámbito corporativo estadounidense. Después de varias semanas así, mi clienta decidió que ya había tenido bastante, envió al consejero una factura por el último trabajo que había realizado (por un importe de cerca de 7.000 dólares) y manifestó educadamente que el acuerdo no estaba funcionando bien y que mejor lo dejaban ahí. El consejero respondió que la factura le parecía demasiado alta, que pagaría la mitad y que ya hablarían del resto más adelante.

Después, dejó de responder a las llamadas de mi clienta.

La dinámica subyacente aquí es que a este tipo no le gustaba ser cuestionado por nadie, y menos por una mujer. Así que ella y yo desarrollamos una estrategia que demostrara que ella entendía en qué se había equivocado y que reconocía la autoridad del consejero, pero que, al mismo tiempo, condujera la energía del consejero a resolver el problema en la dirección deseada.

El guión que desarrollamos reunía todas las prácticas negociadoras de las que hemos hablado hasta ahora. Estos eran los pasos:

1. Enviar un correo electrónico destinado a reiniciar el contacto con una pregunta calibrada para obtener un «no» como respuesta: «¿Ha renunciado a resolver este asunto de forma amistosa?».
2. Una afirmación que utiliza la única respuesta posible, «así es», para iniciar una dinámica de acuerdo: «Parece que considera que el importe de la factura no está justificado».
3. Preguntas calibradas sobre el problema y dirigidas a revelar qué piensa la otra parte: «¿En qué sentido viola esta factura nuestro acuerdo?».

4. Más preguntas orientadas a obtener una negativa con el fin de eliminar barreras no expresadas: «¿Quiere decir que le he engañado?», «¿Quiere decir que no he hecho lo que se me pidió?», «¿Quiere decir que he incumplido nuestro acuerdo?» o «¿Quiere decir que le he fallado?».
5. Etiquetar sus respuestas y reproducir su contenido esencial si no son aceptables, para obligarle a reconsiderarlas: «Parece que considera que mi trabajo no cumple con los requisitos de calidad», o «... que mi trabajo no reúne la calidad estipulada».
6. Una pregunta calibrada en respuesta a cualquier oferta de pago que no cubra el importe completo de la factura, con el fin de emplazarle a ofrecer una solución: «¿Cómo se supone que podría aceptar algo así?».
7. Si nada de lo anterior produce como resultado una oferta de pago completo, añadir un párrafo que apele a su voluntad de control y a su autoridad: «Creo que es usted la clase de persona que se precia de la forma en que hace negocios (y con justicia) y que tiene talento no solo para hacer que el negocio crezca, sino también para gobernar el barco de la manera más eficiente».
8. Una larga pausa y, finalmente, otra pregunta más dirigida a obtener un «no»: «¿Quiere ser conocido como alguien que no cumple lo acordado?».

Por mi larga experiencia en negociaciones, sé que un guión como este tiene un 90 % de posibilidades de tener éxito. Pero solo si el negociador sabe mantener el tono sereno y racional. Y ese «solo si» no es poca cosa.

Mi clienta, en este caso, no lo consiguió.

El primer paso (el correo mágico) funcionó mejor de lo que

imaginaba y el consejero la llamó en diez minutos, sorprendiéndola. Pero casi de inmediato, su rabia se hizo manifiesta al escuchar el tono paternalista de su interlocutor. Su único deseo era demostrarle que él estaba muy equivocado e imponer su voluntad, así que la conversación terminó en un enfrentamiento que no fue a ningún lado.

Probablemente no hace falta que diga que ni siquiera cobró la mitad de la factura.

Teniendo todo esto en cuenta, me gustaría concluir este capítulo con un consejo sobre cómo mantener un actitud racional en una negociación. Para tener alguna posibilidad de llevarse el gato al agua, no basta con que conozcas las mejores técnicas y estrategias, tienes que saber regular tus emociones.

La primera regla a la hora de mantener las emociones a raya es saber morderse la lengua. No lo digo literalmente, claro está. Pero es fundamental saber evitar pataletas y reacciones airadas. Date tiempo para pensar y dejar que las pasiones se disipen. Eso te permitirá articular mejor las ideas y ser más prudente con lo que digas. También reduce las posibilidades de hablar más de la cuenta.

Los japoneses saben hacer esto muy bien. Cuando negocian con un extranjero, es práctica común que los ejecutivos japoneses se sirvan de un intérprete aunque entiendan perfectamente lo que está diciendo la otra parte. La razón es que la presencia del traductor les concede un margen de distancia y tiempo para armar mejor su respuesta.

Otra regla muy sencilla consiste en no contraatacar cuando te sientas verbalmente atacado. En lugar de eso, es mejor tratar de desarmar al interlocutor formulándole una pregunta calibrada. Pruébalo la próxima vez que un camarero o un dependiente trate de enredarte en una escaramuza verbal. Prometo que cambiará completamente el tenor de la conversación.

El asunto básico aquí es que cuando las personas sienten que no controlan una situación adoptan lo que los psicólogos llaman «mentalidad de rehén». Es decir, en momentos de conflicto reaccionan a su falta de control bien adoptando una actitud extremadamente defensiva, bien tirándose a la yugular.

Neurológicamente, en situaciones como estas, el mecanismo de «lucha o huida» de nuestro cerebro reptiliano o las emociones de nuestro sistema límbico imperan sobre la parte racional de nuestra mente, alojada en el neocórtex, produciendo reacciones excesivas, de carácter impulsivo e instintivo.

En una negociación como en la que mi clienta sostuvo con aquel ejecutivo, esto siempre produce un resultado negativo. Así que tienes que entrenar a las neuronas del neocórtex para que se impongan a las emociones de tus otros dos cerebros.

Eso implica saber morderse la lengua y aprender a modificar el propio estado mental, de manera voluntaria, a otro más positivo. Y eso implica también neutralizar la mentalidad de rehén de la otra parte formulando una pregunta o incluso disculpándose («Llevas razón. Ahí me he pasado»).

Si pudiéramos aplicar un monitor cardíaco a un secuestrador armado rodeado por la policía, descubriríamos que, con cada pregunta calibrada y con cada disculpa, su ritmo cardíaco desciende ligeramente. Y así es como se genera una dinámica en la que se pueden hallar soluciones.

Lecciones clave

¿Quién tiene el control en una conversación, el que habla o el que escucha?

El que escucha, por supuesto.

Eso se debe a que la persona que habla está revelando información, mientras que la que escucha, si está bien entrenada, está dirigiendo la conversación hacia sus propios objetivos. Está canalizando la energía del hablante hacia sus propios fines.

Al aplicar las estrategias aprendidas en este capítulo en la vida diaria conviene recordar que todas ellas son herramientas para el que escucha. No son armas para someter por la fuerza a tu oponente. Al contrario, sirven para poner su energía al servicio de tus propios objetivos. Son «judo de escuchar».

Al ponerlo en práctica, debes recordar las siguientes lecciones clave:

- No intentes obligar al interlocutor a admitir que llevas razón. La confrontación agresiva es la peor enemiga de una negociación constructiva.
- Evita las preguntas que puedan responderse con un «sí» o con muy poca información. Esas réplicas requieren poca reflexión y apelan a la necesidad humana de reciprocidad, por lo que el interlocutor reclamará algo a cambio.
- Haz preguntas calibradas que empiecen por «cómo» o «qué». Al solicitar ayuda a la otra parte de manera implícita, estas cuestiones le harán creer que controla la situación y la alentarán a dar respuestas largas que pueden revelar información importante.
- No hagas preguntas encabezadas por un «¿por qué?» a no ser que busques que el interlocutor defienda una postura que conviene a tus fines. Un «¿por qué?» anuncia siempre una acusación, en cualquier idioma.
- Calibra las preguntas para orientar a la otra parte a solucionar tu problema. Aliéntala a que invierta su energía en dar con una solución.

- Aprende a morderte la lengua. En caso de sufrir un ataque verbal en una negociación, detente un momento y evita reacciones airadas. En lugar de eso, formula a nuestro interlocutor una pregunta calibrada.
- La otra parte siempre tiene un equipo detrás. Si no logras que tu influencia alcance a quienes están detrás de la mesa de negociación, serás vulnerable.

8

Garantiza la ejecución

Durante un caótico motín en la prisión de Saint Martin Parish, en Luisana, hace algunos años, un grupo de reclusos armados con cuchillos improvisados tomaron como rehenes al alcaide de la prisión y a varios funcionarios. La situación era especialmente angustiosa porque los presos estaban tensos y desorganizados, una mezcla explosiva que podía acabar de cualquier manera.

Los negociadores percibieron que, a pesar de las amenazas, los presos no querían hacer daño a los rehenes. Sabían que estaban arrinconados y deseaban que todo aquello terminase.

Pero existía una traba: los reclusos temían que si se rendían, aquellos que habían tomado como rehenes a los guardias, y no digamos ya al alcaide, recibirían una paliza, y de las gordas.

Así que los negociadores hicieron llegar a los amotinados un par de walkie-talkies e idearon un ritual de rendición para conseguir poner fin al motín. La idea era sencilla: los reclusos enviarían a uno de los suyos, provisto de uno de los walkie-talkies, y atravesaría el triple perímetro formado por los diferentes cuerpos de seguridad fuera de la prisión. Una vez que atravesara el último perímetro, entraría en el coche policial para ser transportado hasta una celda. Una vez en la celda, usaría el aparato para llamar a los demás y decirles algo como: «Vale, no me han cascado», de modo que todos supieran que podían salir de allí como él lo había hecho, de uno en uno.

Después de un pequeño tira y afloja, los amotinados aceptaron el plan y salió el primero de ellos. La cosa empezó muy bien. Atravesó la zona donde estaba la policía federal, la zona donde estaban los SWAT y el último perímetro de seguridad. Pero justo cuando estaba a punto de subirse al coche policial, alguien vio el walkie-talkie que llevaba.

—¿Qué demonios estás haciendo con eso? —le dijo, y se lo confiscó antes de enviarlo a la celda.

Mientras, en la prisión, los reclusos empezaron a ponerse muy nerviosos porque su colega no se ponía en contacto. El que tenía el otro walkie-talkie llamó a los negociadores y empezó a gritarles:

—¿Por qué no se comunica con nosotros? Le están dando una paliza. ¡Os lo dijimos!

Y empezó a hablar de cortarle un dedo a un rehén, para que los negociadores supieran que iban en serio.

Entonces fueron los negociadores los que se pusieron muy nerviosos. Corrieron hasta el perímetro y empezaron a gritar a todo el mundo. Era cuestión de vida o muerte. O, al menos, de un dedo amputado.

Finalmente, tras quince tensos minutos, apareció el tipo de los SWAT, dando grandes zancadas y muy orgulloso de sí mismo.

—Algún imbécil le había dado al preso esta radio —dijo, y sonrió al entregarle el walkie-talkie a los negociadores, que apenas pudieron reprimir las ganas de darle un puñetazo antes de salir corriendo hacia la celda para que el recluso pudiera hablar con sus compañeros.

Crisis salvada, pero por los pelos.

La lección de esta historia es comprender que el trabajo de un negociador no consiste solo en llegar a un acuerdo. El acuerdo tiene que ser viable y debemos cerciorarnos de que se aplica. Los negociadores tienen que ser arquitectos de decisiones: tienen que diseñar, de una forma dinámica y adaptable, los elementos verbales y no verbales de la negociación para lograr tanto el consentimiento como la ejecución.

Un «sí» no es nada sin un «cómo». Si bien llegar a un acuerdo no está mal, tener un contrato es mejor, y mucho mejor aún un cheque firmado. Los beneficios no se obtienen con el acuerdo, sino con su implementación. El éxito no consiste en que un secuestrador diga: «Sí, trato hecho»; el éxito llega después, cuando el rehén liberado te dice en persona: «Gracias».

En este capítulo, mostraré cómo conducir una negociación hacia un acuerdo, lidiando con quienes se sientan a la mesa de negociación y con las fuerzas invisibles que operan «por debajo» de ella, distinguiendo además entre aquiescencias verdaderas y falsas; y también cómo garantizar la ejecución del acuerdo siguiendo la Regla del tres.

Un «sí» no es nada sin un «cómo»

Un año después de la crisis de Dos Palmas, me encontraba dando clases en la academia del FBI en Quantico (Virginia) cuando recibimos una llamada urgente del Departamento de Estado: un ciudadano estadounidense había sido secuestrado en la selva ecuatoriana por un grupo insurgente colombiano. Como principal negociador del FBI en secuestros internacionales, me tocaba resolver el asunto, así que reuní un equipo y monté un centro de operaciones en Quantico.

Durante algunos años, José y su mujer, Julie, habían trabajado como guías turísticos para grupos en la selva ecuatoriana, cerca de la frontera con Colombia. Nacido en Ecuador, José había obtenido la ciudadanía estadounidense y trabajaba como paramédico en Nueva York cuando él y su mujer decidieron montar un negocio de ecoturismo en su país natal. José amaba la selva ecuatoriana y siempre había soñado con mostrar a los visitantes los monos que trepan por los árboles y las flores que perfuman los senderos.

El negocio prosperó y los ecoturistas se quedaban prendados de la manifiesta pasión de la pareja por su trabajo. El 20 de agosto de 2003, José y Julie llevaron a once personas a hacer rafting en el río Mira. Tras pasar un día maravilloso en el agua, todo el mundo se subió, empapado y sonriente, a los vehículos para regresar al hostal, situado en una aldea cercana. José iba contando historias fantásticas mientras conducía y guiaba el convoy, con Julie a su derecha, que sostenía en su regazo a su bebé de once meses.

Estaban a cinco minutos del hostal cuando tres hombres armados salieron a la carretera apuntando al primer vehículo. Un cuarto hombre apareció de la nada y puso un revólver en la cabeza de Julie mientras los otros sacaban a José del habitáculo para llevarlo a la zona de carga de la camioneta. Los secuestradores guiaron el convoy a través de varias aldeas hasta llegar a un desvío, donde se bajaron y se llevaron a José.

—Recuerda —le dijo Julie cuando pasaban a su lado—, pase lo que pase, te quiero.

—No te preocupes. Estaré bien —respondió José.

Y después desapareció en la selva con sus captores.

Los captores pedían 5 millones de dólares. Nosotros queríamos ganar tiempo.

Desde de la debacle de Dos Palmas y la epifanía de Pittsburgh, estaba deseando aplicar todo lo que habíamos aprendido sobre las preguntas calibradas. Así que, cuando secuestraron a José, envié a mi gente a Ecuador y les dije que teníamos una nueva estrategia. El secuestro nos proporcionaría una oportunidad para probar el nuevo enfoque.

—Todo lo que vamos a decir es: «Eh, ¿cómo sabemos que José está bien? ¿Cómo se supone que podríamos pagar si no sabemos si está bien?». Una y otra vez —les expliqué.

Aunque no tenían excesiva confianza en usar técnicas que estaban sin testar, mis hombres accedieron. Los polis locales, sin embargo, se irritaron, porque siempre pedían pruebas de vida según la vieja escuela (algo que les había enseñado el FBI, para empezar). Afortunadamente, Julie estaba con nosotros, porque comprendió enseguida que las preguntas calibradas nos podían hacer ganar tiempo, y estaba convencida de que, si le dábamos el tiempo suficiente, su marido encontraría la manera de volver a casa.

El día después del secuestro, los rebeldes atravesaron con José las montañas de la frontera colombiana y se instalaron en una cabaña en la parte alta de la selva. Allí José estableció una relación con sus captores para que les resultase más difícil matarle. Les impresionó con sus conocimientos de la selva y, siendo cinturón negro de kárate, llenó el tiempo enseñándoles artes marciales.

Mis negociadores entrenaban todos los días a Julie mientras esperaban la llamada de los secuestradores. Más tarde, supimos que el captor que había sido designado como negociador tenía que caminar hasta una aldea para poder hablar por teléfono.

Mis hombres le dijeron a Julie que respondiera cada una de las demandas del secuestrador con una pregunta. Mi estrategia era mantener a los secuestradores al otro lado pero en desventaja.

—¿Cómo sé que José está vivo? —preguntó la primera vez que llamaron.

A la demanda de 5 millones de dólares, respondió:

—No tenemos tanto dinero, ¿cómo podemos conseguirlo?

La siguiente vez que hablaron, Julie preguntó:

—¿Cómo vamos a daros nada hasta que sepamos que José está bien?

Preguntas, siempre preguntas.

El secuestrador que negociaba con Julie parecía extremadamente perplejo por sus persistentes preguntas, y siguió pidiendo tiempo para pensar. Eso ralentizaba el proceso, pero nunca se puso furioso con Julie. Responder preguntas le hacía sentir que estaba al mando de la negociación.

Mediante esa batería de preguntas constantes y haciendo ofertas minúsculas, Julie logró bajar el rescate a 16.500 dólares. Cuando llegaron a esa cifra, los secuestradores exigieron que les hiciera llegar el dinero inmediatamente.

—¿Cómo podría hacer eso si tengo que vender primero mis coches y camionetas? —preguntó.

Siempre comprando más tiempo.

Empezábamos a sonreír porque el éxito estaba a nuestro alcance; estábamos cerca de pactar un rescate que la familia podría pagar.

Y entonces recibí, en mitad de la noche, una llamada de uno de mis hombres desplazados a Ecuador, Kevin Rust. Kevin es un negociador formidable. También es quien me había llamado un año antes para decirme que Martin Burnham había muerto. El estómago me dio un vuelco cuando oí su voz.

—Acabamos de recibir una llamada de José —me dijo Kevin—. Todavía está en territorio guerrillero pero ha logrado escapar. Ha subido a un autobús y está saliendo de allí.

Me llevó medio minuto responder algo, y lo único que pude decir fue:

—¡Joder, qué buena noticia!

Lo que había sucedido, esto lo supimos después, es que con todas aquellas preguntas y retrasos algunos de los guerrilleros se habían largado y no habían vuelto. Muy pronto, solo quedó un chaval custodiando a José por la noche. El prisionero vio su oportunidad una noche que empezó a llover a cántaros. El sonido de la lluvia contra el tejado de metal ahogaría cualquier otro sonido que el vigilante, dormido, pudiera oír. Sabiendo que las hojas húmedas absorberían también el sonido de sus pasos, José trepó por la ventana y atravesó la selva hasta encontrar un camino de tierra que conducía a una aldea.

Dos días después estaba de vuelta con Julie y con su bebé, justo a tiempo para el primer cumpleaños de su hijita.

Julie estaba en lo cierto: con tiempo suficiente, había encontrado la manera de llegar a casa.

Las preguntas calibradas que empiezan por «cómo» son una forma segura de mantener vivas las negociaciones. Vuelcan la presión en la otra parte para que sea ella quien busque las respuestas y para que contemple tu problemática al hacer sus demandas.

Haciendo las suficientes preguntas adecuadas del tipo «cómo», podrás leer y moldear el entorno de una negociación de manera que al final termines obteniendo la respuesta que quieras recibir. Lo único que necesitas para diseñar las preguntas es tener una idea clara del rumbo que quieres que tome la conversación.

El truco de esta clase de preguntas es que, bien usadas, equivalen a una forma educada y amable de decir «no» al tiempo que orientan a la contraparte a buscar una solución mejor, tu solución.

Una amable negativa, cifrada en un «¿cómo?», invita a la colaboración y deja a la otra parte con la sensación de haber sido tratada respetuosamente.

Observemos de nuevo lo que hizo Julie cuando los secuestradores colombianos realizaron sus primeras demandas. «¿Cómo podemos conseguir tanto dinero?», preguntó. Advierte que no empleó la palabra «no». Pero aun así, se las apañó para rechazar con elegancia el rescate de 5 millones exigido por los secuestradores.

Como hizo Julie, la primera y más habitual pregunta del tipo «no» que conviene usar es alguna versión de «¿cómo se supone que voy a conseguir tal cosa?» (por ejemplo: «¿Cómo podemos conseguir tanto dinero?»).

El tono de voz es esencial, ya que dependiendo de ello una frase así puede funcionar como una acusación o como una petición de ayuda. Así que es importante prestar atención a la forma en que se expresa.

Esta pregunta suele tener el efecto positivo de obligar a la otra parte a considerar tu situación. Esta dinámica positiva es lo que yo llamo «empatía forzosa», y resulta especialmente efectiva si, al orientar la conversación hacia ahí, ya nos hemos mostrado empáticos antes con la otra parte. Eso activa el mecanismo de reciprocidad, instando al oponente a hacer algo por ti. Desde el secuestro de José, la pregunta «¿cómo quieres que haga eso?» se convirtió en la primera con la que respondemos siempre una demanda de rescate. Y nunca ha tenido efectos adversos.

En cierta ocasión, estaba trabajando con una consultora contable llamada Kelly a quien una corporación le debía un montón de dinero. Ella seguía trabajando para este cliente porque creía que estaba cultivando un contacto interesante, y porque las promesas de un pronto pago parecían justificar que mantuviera la esperanza en la buena fe de la otra parte.

Pero, llegado cierto punto, Kelly debía tanto dinero de sus propias facturas que se encontró en un atolladero. No podía seguir trabajando con una idea vaga de cuándo se le pagaría, pero temía que, si les apretaba demasiado fuerte, no le pagaran nada.

Le dije que esperara hasta que el cliente se pusiese en contacto con ella para pasarle más trabajo, porque si era ella quien exigía de primeras un pago inmediato, una negativa la dejaría en una situación vulnerable.

Afortunadamente para Kelly, el cliente no tardó en llamar para ofrecerle otro encargo. Una vez que oyó la nueva petición, Kelly formuló con tono tranquilo una pregunta del tipo «¿cómo?»:

—Me encantaría ayudar, pero ¿cómo se supone que podría hacerlo en mi situación?

Al indicar por un lado su deseo de seguir trabajando pero solicitando al mismo tiempo ayuda para encontrar una forma de hacerlo, dejó al patán de su cliente sin otra elección que la de anteponer las necesidades de ella a cualquier otra cosa.

Y le pagaron.

Al margen de ser una forma de decir «no», otra de las ventajas de preguntar «¿cómo?» es que fuerza a la otra parte, de manera literal, a pensar y explicar cómo se puede llevar a cabo el acuerdo. Un acuerdo no vale para nada sin una buena implementación. Y una implementación deficiente es un cáncer que se come todos los beneficios.

Al lograr que un interlocutor exprese con sus propias palabras cómo se implementará el acuerdo, las preguntas del tipo «¿cómo?» cuidadosamente calibradas le harán creer que la solución final es idea suya. Y eso es crucial. La gente siempre hace más esfuerzos para ejecutar una solución cuando creen que es suya. Así es la naturaleza humana. Por esa razón, a negociar se le llama «el arte de dejar que los demás se salgan con la tuya».

Hay dos preguntas clave que se pueden hacer a la otra parte para que crea que está definiendo el éxito desde su punto de vista: «¿Cómo sabremos que vamos por buen camino?» y «¿Qué haremos si vemos que la cosa se tuerce?». Cuando respondan, lo único que tienes que hacer es resumir sus propias respuestas hasta obtener un «así es». Ahí sabrás que los tienes.

Hay dos señales, por el lado malo, que son indicadores de que la otra parte no cree que la idea esté siendo suya. Como he mencionado antes, cuando el interlocutor nos dice algo parecido a «tienes razón», suele ser un indicador fiable de que no se está comprometiendo con lo que se está hablando. Y si, al incitársele a implementar lo acordado responde con un «lo intentaré», una sensación de abatimiento debería golpearte en el estómago, porque eso se traduce en «mi intención es no hacerlo».

Si recibes cualquiera de estas respuestas, debes contraatacar con preguntas calibradas del tipo «¿cómo?» hasta lograr que la otra parte defina una ejecución exitosa en sus propios términos. Luego, responde con un resumen de lo que haya planteado para escuchar un «así es».

Deja que tu oponente paladee la victoria. Deja que piense que todo es idea suya. Anula tu ego. Y recuerda: un «sí» no es nada sin un «cómo». Así que sigue preguntando «cómo» hasta vencer.

Cómo influir en quienes no se sientan a la mesa

Unas semanas después de que José regresara a Estados Unidos, conduje hasta su casa al norte de Nueva York.

Me llevé una alegría enorme cuando José logró escapar, pero el caso me había dejado una duda punzante: ¿había fracasado mi nueva estrategia? De acuerdo, José había vuelto a casa sano y salvo, pero no porque hubiéramos negociado su rescate. Me preocupaba que nuestra victoria tuviera menos que ver con nuestra brillante estrategia que con la pura suerte.

Después de la calurosa bienvenida que me brindaron Julie y sus padres, José y yo nos pusimos un café y nos sentamos. Había ido allí a hacer lo que la Unidad de Negociaciones de Crisis del FBI llama un informe sobre rehenes supervivientes. Me interesaba cualquier reflexión sobre cómo ayudar a personas amenazadas de secuestro para seguir con su vida y sobrevivir, no solo físicamente, sino también psicológicamente. También ardía en deseos de conocer al detalle qué había sucedido entre bambalinas, porque no parecía que mi nueva estrategia hubiese funcionado.

Finalmente, la conversación se centró en nuestro uso de las preguntas calibradas.

—¿Sabes qué? —me dijo José—, lo más disparatado de todo es que supuestamente el que hacía de negociador debía permanecer en el pueblo y centrarse en negociar el rescate, pero como Julie seguía haciéndole preguntas y él no estaba muy seguro de cómo responderlas, volvía a la selva. Entonces se reunían todos y tenían una gran discusión sobre qué había que responder. Incluso consideraron la posibilidad de llevarme al pueblo y ponerme al teléfono porque Julie no dejaba de preguntar cómo podía saber si yo estaba bien.

En ese momento supe que habíamos encontrado la herramienta adecuada. Era el caso opuesto al de los Burnham, en el que nuestro negociador llegó a un acuerdo con uno de los captores y luego los demás se quedaron los 300.000 dólares y dijeron: «No, no vamos a hacer eso». Lograr que la otra parte tuviese que esforzarse y coordinarse internamente al servicio de nuestros objetivos era algo sin precedentes.

Nuestra estrategia de negociación en Ecuador funcionó bien no solo porque las preguntas contribuyeron a generar el ambiente adecuado para que José pudiera escapar, sino porque consiguieron también que los secuestradores, la contraparte, estuvieran todos en el mismo barco.

Cierto, hay algunos secuestradores (y algunos hombres de negocios) que trabajan solos. Pero, por lo general, casi siempre hay más gente implicada, personas que son las que cierran los acuerdos o los fulminan. Si de verdad quieres obtener un «sí» para tu propuesta y que se ejecute, debes descubrir cómo influir sobre esas personas.

Cuando la implementación de una decisión la ejecuta un comité, contar con el apoyo de ese comité es esencial. Tenemos que descubrir e identificar siempre sus motivaciones, incluso si no hemos podido identificar aún a cada individuo del comité. Eso puede ser tan sencillo como hacer una serie de preguntas calibradas: «¿Cómo afecta esto al resto de tu equipo?», «¿Cuánto sabe de esto la gente que no está presente en esta llamada?» o «¿Cuáles son las mayores dificultades que perciben en esta área tus colegas?».

El concepto más amplio que estoy tratando de explicar aquí es que en toda negociación hay que analizar el espacio completo de la negociación.

Cuando existen otras personas a las que les afecta lo que se está negociando y pueden ejercer un derecho de veto más adelante, es estúpido limitarse a tener en cuenta tan solo los intereses de las personas que están sentadas a la mesa. Hay que prestar atención a los agentes que están «fuera de la mesa» o de «nivel 2», es decir, las partes que, sin estar directamente implicadas en la negociación, pueden contribuir a implementar los acuerdos que aprueben y a bloquear los que no aprueben. No se puede subestimar su papel, ni siquiera cuando estés hablando con un directivo. Siempre puede haber alguien susurrándole al oído. Al fin y al cabo, quienes fulminan los tratos siempre pesan más que quienes los hacen.

Recuerda el motín en la prisión de Luisiana: casi se echa todo a perder porque un miembro menor de nuestro equipo no estaba en el mismo barco. Y eso es precisamente lo que logramos evitar al usar preguntas calibradas en Ecuador, y por eso el caso de José fue un éxito.

Basta con un actor secundario para fastidiar un acuerdo.

Después de llevar varios años trabajando para el sector privado, perdí de vista la importancia que tiene identificar y evaluar las negociaciones ocultas que suceden bajo la mesa para poder influir en ellas, y pagué un alto precio por ese descuido.

Estábamos cerrando un trato con una gran empresa de Florida que quería un curso de formación en negociación para una de sus divisiones. Habíamos hablado por teléfono varias veces con el director general y con el director de recursos humanos, y ambos estaban visiblemente entusiasmados con nuestra oferta. Nosotros estábamos encantados, ya que parecía que teníamos luz verde de los mandos para llegar a un acuerdo increíblemente lucrativo.

Pero poco después, cuando estábamos cerrando los detalles del contrato, el acuerdo cayó muerto en la mesa de negociación.

Resulta que el director de la división que requería el curso fue quien bloqueó el acuerdo. Puede que esta persona se sintiera amenazada, menospreciada o simplemente herida por la sola idea de que él y sus empleados «necesitasen» formación. (Una cantidad sorprendente de negociaciones giran sobre cuestiones no pecuniarias y tienen mucho más que ver con la autoestima, el estatus y otras necesidades no económicas.) Nunca sabremos que pasó realmente.

La cuestión aquí es que no nos dimos cuenta a tiempo porque

nos habíamos convencido a nosotros mismos de que teníamos línea directa con las únicas personas con capacidad de decisión en el asunto.

Podríamos habernos evitado todo aquello haciendo algunas preguntas calibradas: «¿Cómo afecta esto a los demás?», «¿El resto de tu equipo está de acuerdo con esto?», «¿Cómo podemos asegurarnos de que entregamos el material adecuado a la gente adecuada?», «¿Cómo sabemos que los directivos de los empleados a los que vamos a formar secundan también la idea?».

Si hubiéramos formulado cuestiones como esas, el director general y el director de recursos humanos habrían tratado antes el asunto con esa persona e, incluso, tal vez la habrían invitado a la mesa de negociación. Y nos habría ahorrado a todos un buen disgusto.

Cazar mentirosos, tratar con capullos y seducir al resto

Como negociador, te toparás con gente que te mentirá a la cara y que tratará de intimidarte para llegar a un acuerdo. Los capullos agresivos y los embusteros serán parte del paisaje, y tratar con ellos es algo que debes aprender a hacer.

Con todo, aprender cómo manejar la agresividad y cómo identificar la falsedad es solo parte de una cuestión más amplia: aprender a percibir y a interpretar los matices más sutiles de la comunicación, tanto verbal como no verbal, que revelan el estado mental de tu interlocutor.

Los negociadores verdaderamente eficaces son conscientes de los niveles verbal, paraverbal (el modo en que se dice algo) y no verbal que permean toda negociación y dinámica de grupo. Y saben cómo emplear estos detalles en su beneficio. Algo tan nimio como cambiar una sola palabra al presentar una opción (como usar la fórmula «no perder» en lugar de «mantener») puede influir de manera inconsciente en las elecciones conscientes de la contraparte.

Aquí quisiera hablar de las herramientas necesarias para identificar mentirosos, neutralizar a los capullos y seducir a todos los demás. Por supuesto, el empleo de las preguntas que empiezan por «¿cómo?» es una de esas herramientas (y tal vez la más importante), pero hay muchas más.

Alastair Onglingswan estaba viviendo en Filipinas cuando, una tarde de 2004, paró un taxi y se subió a él para recorrer el largo trecho que había hasta su casa desde el centro comercial Greenhills en Manila.

Durante el trayecto se durmió.

Y cuando despertó estaba encadenado.

Desafortunadamente para Alastair, el taxista tenía un segundo trabajo como secuestrador. Tenía siempre una botella con éter en el asiento delantero y, cuando un cliente se dormía, lo drogaba, lo encerraba y pedía un rescate.

En unas horas, el secuestrador había usado el teléfono de Alastair para contactar con su novia en Nueva York. Exigió un pago diario para «cuidar» de Alastair mientras investigaba cuánto dinero tenía la familia.

—No pasa nada si no pagáis —dijo—, siempre puedo vender sus órganos en Arabia Saudí.

Veinticuatro horas más tarde, se me había encargado dirigir las negociaciones desde Quantico. La novia de Alastair estaba demasiado nerviosa para manejar la parte familiar de la negociación y la madre del secuestrado, que vivía en Filipinas, estaba dispuesta a aceptar cualquier demanda del captor.

Pero el hermano de Alastair, Aaron, que vivía en Manila, era diferente: él había pillado la idea de negociación y había aceptado que Alastair podía morir, lo que le convertía en un negociador más apto y efectivo. Aaron y yo abrimos una línea de comunicación telefónica permanente y me convertí en su gurú personal al otro lado del planeta.

Los comentarios y las demandas del secuestrador pronto dejaron claro que se trataba de un criminal paciente y con experiencia. Como prueba de sus intenciones, amenazó con cortar a Alastair una oreja y enviarla a la familia junto a un vídeo mostrando cómo se la había cortado.

La demanda de un pago diario era claramente un truco para drenar a la familia tan rápido como fuera posible mientras calibraba, al mismo tiempo, cuántos recursos tenían. Teníamos que averiguar quién era el secuestrador. ¿Trabajaba solo o era parte de un grupo? ¿Planeaba matar a Alastair o no? Y teníamos que hacerlo antes de que arruinara a la familia. Para ello, sin embargo, teníamos que hacerle entrar en una negociación larga. Teníamos que ralentizar todo el proceso.

Desde Quantico, armé a Aaron con un arsenal de preguntas calibradas. Le di instrucciones para que continuara bombardeando a aquel capullo violento con cuestiones del tipo «¿cómo?»: «¿cómo se supone que...?», «¿cómo sabemos que...?», «¿cómo podemos...?». Tratar a los capullos con respeto otorga un gran poder. Permite ser extremadamente asertivo —decir «no»— de forma velada.

—¿Cómo podemos saber que si pagamos no harás daño a Aaron? —preguntó Alastair.

En el arte marcial chino del taichí, el objetivo es hacer que la agresividad del oponente se vuelva contra él mismo, canalizar su ofensiva en tu beneficio para vencerle. Esa es la estrategia que adoptamos con el secuestrador de Alastair: queríamos absorber sus amenazas y desgastarle. Nos aseguramos de que incluso acordar una hora para llamarnos fuera complicado. Retrasamos las respuestas por correo electrónico.

Mediante estas tácticas, nos llevamos el gato el agua al tiempo que hacíamos creer al secuestrador que estaba controlando la situación. Pensaba que estaba resolviendo los problemas de Aaron, pero lo que estábamos haciendo era conocerlo mejor y hacerle perder el tiempo. Como puede apreciarse, es mejor no chocar cabeza con cabeza respondiendo violentamente a la agresividad de secuestradores como el de Alastair; en lugar de eso, lo adecuado es recurrir a preguntas del tipo «¿qué?» y «¿cómo?» para evitar entrar en juegos de ofertas o ajustar tu propia posición negociadora. Hay que esquivar el golpe y desgastar.

Finalmente, tras varios días de regateo sobre la cantidad diaria que demandaba el captor, Aaron logró pactar una pequeña cantidad y accedió a depositar una parte de los fondos en su cuenta bancaria. Tras efectuar ese pago parcial, Aaron dio con el modo de enfrentarse al taxista de manera no directa, usando una pregunta calibrada del tipo «cuando..., ¿qué?».

—Cuando nos quedemos sin dinero, ¿qué pasará? —preguntó.

El secuestrador hizo una pausa.

—No pasará nada —respondió finalmente.

¡Sí!

Sin darse cuenta del acuerdo al que acabábamos de llegar, nuestro asesino acababa de prometer que no haría daño a Alastair. Una serie repetitiva de preguntas del tipo «¿qué?» y «¿cómo?» puede imponerse a la táctica agresiva de un adversario manipulador.

Como puede observarse en este último intercambio, las charlas prolongadas del secuestrador y Aaron casi habían convertido a este último en un amigo. Con el tiempo, el secuestrador había bajado la guardia y no le importaba pasar tiempo al teléfono con su «amigo».

Finalmente, los investigadores de la policía nacional filipina rastrearon la línea telefónica hasta una casa y la asaltaron. Ni el secuestrador ni Alastair estaban allí, pero sí la mujer del primero, que indicó a la policía otra casa de la que eran propietarios. La policía asaltó el otro domicilio, liberó a Alastair y arrestó al secuestrador.

Existen muchas otras herramientas, tácticas y formas sutiles de comunicación verbal y no verbal encaminadas a comprender el estado mental de la otra parte y a influir sobre ella. A medida que explico algunas, me gustaría que te tomaras un momento para interiorizar lo que has leído. Son herramientas que pueden ayudar a los negociadores observadores a salirse con la suya.

La Regla del porcentaje 7-38-55

En dos famosos estudios sobre qué es lo que hace que alguien nos guste o no nos guste,[16] Albert Mehrabian, catedrático de psicología de la UCLA, ideó la Regla del 7-38-55. El nombre hace referencia a que solo un 7 % de un mensaje está basado en las palabras que contiene, mientras que un 38 % procede del tono de voz y el restante 55 % de la expresión del rostro y del lenguaje corporal del emisor.

Si bien estas cifras hacen referencia sobre todo a situaciones en las que estamos formándonos una opinión sobre alguien, la regla ofrece una valiosa aproximación proporcional para un negociador. Como puede verse, el lenguaje corporal y el tono de voz, no las palabras, constituyen nuestras herramientas de evaluación más potentes. Esa es la razón por la que a veces hago largos viajes para conocer a alguien en persona, incluso cuando casi todo lo que tengo que decir puedo decirlo por teléfono.

¿Cómo puedes usar entonces esta regla? En primer lugar, presta mucha atención al tono de voz y al lenguaje corporal para comprobar si se corresponden o no con el significado de las palabras a las que acompañan. Si no lo hacen, es posible que el hablante esté mintiendo o que, al menos, no esté muy convencido de lo que dice.

Cuando el tono de voz de una persona o su lenguaje corporal no se corresponde con el significado de las palabras que pronuncia, conviene utilizar etiquetas para descubrir la fuente de las incongruencias al nombrarlas.

He aquí un ejemplo:

> Tú: «Entonces ¿estamos de acuerdo?».
>
> La contraparte: «Sí...».
>
> Tú: «Dices que sí, pero me ha parecido detectar cierta vacilación en tu tono de voz».
>
> La contraparte: «Oh, no, no es nada».
>
> Tú: «No, esto es muy importante, asegurémonos de que todo está bien».
>
> La contraparte: «Sí, te lo agradezco».

Esa es la forma de asegurarse de que el acuerdo se llevará a cabo sin sorpresas. Y la contraparte lo agradecerá. Reconocer la incongruencia y lidiar con ella de manera amable pero señalándola hace que el otro se sienta respetado. Como consecuencia, la confianza entre las partes se fortalece.

La Regla del tres

Todo el mundo se ha visto envuelto alguna vez en una negociación en la que un «sí» inicial terminó siendo un «no». Quizá la otra parte mintiera o fuese un caso de pensamiento desiderativo. De todos modos, no se trata de una experiencia poco común.

Esto sucede porque existen de hecho tres tipos de «síes»: de compromiso, de confirmación y de engaño.

Como vimos en el capítulo 4, hay tantos hombres de negocios agresivos que intentan arrinconar a sus clientes para obtener un «sí» de compromiso que mucha gente termina especializándose en dar un «sí» de engaño.

Una herramienta excelente para evitar esta trampa es la Regla del tres.

La Regla del tres consiste en conseguir que la otra parte se comprometa a hacer una cosa tres veces en la misma conversación. Eso triplica la fuerza de cualquiera que sea la dinámica que estés tratando de imponer en ese momento. Al hacerlo, se neutralizan problemas antes de que estallen. Es muy complicado mentir o fingir convicción repetidas veces.

Cuando aprendí esta estrategia, mi mayor miedo era cómo evitar sonar como un disco rayado o mostrarme demasiado agresivo.

La solución a eso, aprendí también, es combinar tácticas distintas.

La primera vez que la otra parte accede o se compromete a algo es la número 1. Para conseguir la número 2 se puede hacer un resumen de lo que el otro acaba de decir para que nos dé un «así es». Y la número 3 puede ser una pregunta calibrada del tipo «¿cómo?» o «¿qué?» acerca de la implementación, que obligue a la otra parte a explicar qué constituye para ella una resolución exitosa, algo como: «¿Y qué hacemos si la cosa se tuerce?».

O la triple confirmación puede adoptar la forma de una pregunta calibrada realizada de tres maneras diferentes: «¿Cuál es el mayor problema que tenemos?», «¿A qué nos enfrentamos aquí?» y «¿Cuál crees que es la mayor complicación que tenemos que superar?».

En cualquier caso, tratar el mismo asunto tres veces en la misma conversación desvela falsedades así como la potencial incongruencia entre palabras y lenguaje corporal de la que hemos hablado antes. Así que la próxima vez que no estés seguro de la buena fe de tu interlocutor, aplica esta estrategia.

El efecto Pinocho

Con Pinocho, el famoso personaje de Carlo Collodi, era fácil saber cuándo mentía: bastaba con mirarle la nariz.

Lo cierto es que Collodi tampoco se alejaba tanto de la realidad. La mayoría de la gente emite señales que la delatan cuando miente. No les crece la nariz, pero casi.

En un estudio sobre los factores que componen la mentira,[17] Deepak Malhotra, catedrático de la Harvard Business School, y sus coautores averiguaron que los mentirosos emplean de media más palabras que las personas honestas y que utilizan muchos más pronombres de tercera persona: usan «él», «ella», «uno», «ellos», «suyo», etc. mucho más que «yo» con el fin de poner distancia entre ellos y la mentira.

El estudio descubrió también que los mentirosos tienden a hablar empleando frases más complejas, con la esperanza de vencer las sospechas de sus interlocutores. A eso se refería W. C. Fields cuando hablaba de desconcertar a alguien a base de chorradas. Los investigadores denominaron a este fenómeno «efecto Pinocho» porque, como la nariz del personaje, el número de palabras crecía con el tamaño de la mentira. Cuando alguien miente suele estar, comprensiblemente, más preocupado por sonar creíble, por lo que tiende a esforzarse mucho (demasiado, de hecho) para intentar lograrlo.

Presta atención al uso de los pronombres

El uso que tu interlocutor haga de los pronombres también puede darte pistas sobre la capacidad de decisión que tiene realmente dentro de la cadena de mando que hay al otro lado de la mesa. Cuanto más le guste emplear «yo», «mi», «me», menos importante será.

Por el contrario, cuanto más difícil sea arrancar un pronombre de primera persona de la boca de un negociador, más importante y decisiva suele ser esa persona. Al igual que sucede en el estudio de Malhotra, en el que los mentirosos ponen distancia entre ellos y sus mentiras, en una negociación, las personas con capacidad de decisión que son inteligentes no quieren que se les arrincone para aceptar una propuesta. En lugar de eso, referirán la decisión final a personas que no están sentadas a la mesa para evitar que se les atrape.

Nuestro taxista-secuestrador filipino, el captor de Alastair Onglingswan, usó el «nosotros» y el «ellos» tan al principio del proceso que yo estaba convencido de que estábamos hablando con el líder. No supe lo que había de cierto en esto hasta que lo atrapamos. En el atraco a la oficina de Chase Bank en Manhattan relatado en el capítulo 2, el atracador, Chris Watts, insistía continuamente en lo peligrosos que eran «los otros» y la poca influencia que él tenía sobre ellos; todo mentira.

El «descuento Chris»

Siempre se habla de la conveniencia de recordar y emplear (pero nunca en exceso) el nombre de la contraparte en una negociación. Y eso es importante. La realidad, sin embargo, es que la gente se cansa de que la martilleen con su nombre. Está siempre el típico comercial cansino que no deja de soltarlo una y otra vez con la esperanza de conseguir un «sí».

En lugar de hacer eso, yo recomiendo probar otro truco y usar nuestro propio nombre. Así es como conseguí yo el «descuento Chris».

Del mismo modo que utilizar el nombre de Alastair con el secuestrador y hacer que él lo emplease humanizaba al rehén y reducía las posibilidades de que le hicieran daño, emplear tu propio nombre también puede generar una dinámica de «empatía forzosa». Hacerlo obliga a la otra parte a que te vea como una persona.

Hace algunos años, estaba en un bar de Kansas con algunos compañeros del FBI. El bar estaba lleno, pero vi una silla libre. Avancé hacia ella, pero justo cuando me disponía a sentarme, el tío que estaba al lado me espetó:

—Ni se te ocurra.

—¿Por qué? —pregunté.

—Porque te meto una hostia —me respondió.

Era un tipo alto, corpulento y ya estaba borracho, pero claro, yo llevo una vida entera trabajando como negociador de rehenes, me dedico a intervenir en situaciones tensas que necesitan la mediación como las polillas la luz.

Le tendí la mano y le dije:

—Mi nombre es Chris.

El tío se quedó petrificado y, en esa pausa, mis compañeros del FBI intervinieron, le dieron una palmada en el hombro y se ofrecieron a invitarle a una copa. El hombre resultó ser un veterano de Vietnam en horas muy bajas. Se encontraba en un bar lleno de gente donde todo el mundo parecía estar de celebración. Lo único en lo que podía pensar era en empezar una pelea. Pero tan pronto como me convertí en «Chris», todo cambió.

Ahora apliquemos ese mismo marco al de una negociación económica. Unos meses después de ese episodio en Kansas, estaba en una tienda de un centro comercial y elegí varias camisas. La chica que estaba en el mostrador me preguntó si quería unirme a su programa de compradores frecuentes.

Le pregunté si me hacían algún descuento por ello y me respondió que no.

Así que decidí atacar la cuestión desde otro ángulo. Dije de manera amistosa:

—Me llamo Chris. ¿Cuál el «descuento Chris»?

La chica levantó los ojos de la caja, cruzó una mirada conmigo y se le escapó una risita.

—Tendría que preguntarle a la encargada, Kathy —dijo al tiempo que se volvía hacia la mujer que estaba a su lado.

Kathy, que había presenciado toda la conversación, dijo:

—Lo más que puedo ofrecerle es un 10 %.

Humanízate. Usa tu nombre para presentarte y dilo de una manera amistosa y graciosa. Deja que la otra persona disfrute también de la interacción. Y consigue tu propio descuento.

Cómo conseguir que la otra parte apueste contra sí misma

Como hemos visto que hicieron Aaron y Julie con sus secuestradores, la mejor manera de conseguir que la otra parte rebaje sus exigencias es decir «no» empleando preguntas calibradas del tipo «¿cómo?». Estas negativas indirectas no predisponen en nuestra contra al interlocutor del modo en que lo haría un «no» categórico y frontal que hiera su orgullo. De hecho, esas respuestas sonarán tanto a contraofertas que la otra parte seguirá negociando consigo misma.

Hemos descubierto que, de hecho, se puede decir «no» hasta cuatro veces antes de pronunciar explícitamente la palabra.

El primer paso en esta serie de negativas es poner el ya conocido palo en la rueda: «¿Cómo se supone que puedo hacer eso?».

Enúncialo con deferencia, de modo que parezca una solicitud de ayuda. Bien utilizado, invita a la otra parte a ser partícipe de tu dilema y a solucionarlo ofreciendo algo mejor.

Tras eso, viene alguna versión de «tu oferta es muy generosa y te lo agradezco, pero creo que no me soluciona nada, lo siento», que es una forma elegante de decir «no» por segunda vez.

La pregunta bien calibrada evita tener que hacer una contraoferta y el uso del término «generoso» invita a la otra parte a serlo. La disculpa («lo siento») también suaviza la negativa y genera empatía. (Ni caso a los autodenominados expertos en negociaciones que afirman que disculparse es siempre un signo de debilidad.)

A continuación, usa alguna frase como «lo siento, pero me temo que no puedo hacerlo». Es un poco más directo y el «no puedo hacerlo» cumple dos funciones muy importantes. Al expresar una incapacidad para llevar algo a cabo, puede apelar a la empatía de la otra parte.

«Lo siento, no» constituye una versión ligeramente más sucinta del cuarto «no». Si se usa con amabilidad, casi no suena como una negativa.

Si, aun así, hay que ir más lejos, decir «no» es la opción más directa. Verbalmente, debería decirse con una inflexión descendente y un tono considerado. No debe ser un «¡NO!».

Uno de mis alumnos, Jesús Bueno, me escribió hace no mucho para contarme una historia increíble sobre cómo había utilizado esta técnica de negativa en varios pasos para ayudar a salir a su hermano Joaquín de una complicada situación comercial.

Su hermano y otros dos amigos habían montado una franquicia de material para el cultivo del cannabis en el norte de España, donde el cultivo de marihuana para uso personal es legal. Joaquín y su socio, Bruno, invirtieron cada uno 20.000 euros en el negocio para tener una participación del 46 % (un socio minoritario invirtió otros 3.500 euros, con una participación del 8 %).

Desde el principio, la relación entre Joaquín y Bruno fue tensa. Joaquín es un comercial excelente, mientras que a Bruno se le daba mejor la parte contable. El socio minoritario era también un buen vendedor y tanto él como Joaquín creían que aumentar las ventas era la mejor estrategia. Eso implicaba ofrecer descuentos por pedidos grandes y a clientes regulares, algo con lo que Bruno no estaba de acuerdo. El hecho de que ambos planearan hacer una página web y ampliar el catálogo tampoco sentó nada bien a Bruno.

Además, la mujer de Bruno se convirtió en un problema añadido cuando empezó a darle la tabarra a Joaquín diciéndole que no deberían gastar tanto dinero en ampliar el negocio y que era mejor que se centraran en obtener beneficios. Un día, Joaquín estaba haciendo inventario y se dio cuenta de que algunos de los pedidos que habían hecho no estaban colocados en los expositores de la tienda. Hizo una búsqueda por internet y, para su sorpresa, descubrió una oferta en eBay de esos mismos productos que faltaban, y la hacía alguien con el mismo nombre que la mujer de Bruno.

Eso motivó una pelea entre Bruno y Joaquín que agrió aún más su relación. En el calor de la discusión, Bruno le dijo a Joaquín que estaba dispuesto a vender su parte porque la empresa estaba asumiendo demasiados riesgos para él. Así que Joaquín pidió consejo a su hermano: mi alumno Jesús.

Como ambos creían que lo que había incitado a Bruno a vender su parte eran las presiones de su mujer, Jesús ayudó a su hermano a idear un mensaje empático que girara en torno a eso: «Creo que tu mujer te está metiendo mucha presión». Joaquín estaba en mitad de un divorcio, así que decidieron usar eso para establecer un vínculo que tuviera que ver con el estado de sus relaciones y prepararon una lista de «autoacusaciones» previas a la oferta —«Sé que piensas que no me preocupo por los costes y beneficios de la empresa»— con el objetivo de diluir la energía negativa y hacer que Bruno hablara.

Funcionó a las mil maravillas. Bruno enseguida estuvo de acuerdo con las autoacusaciones y empezó a explicar por qué creía que Joaquín no estaba siendo cuidadoso con los gastos. Bruno también señaló que él no tenía quien le cubriese las espaldas, como Joaquín, a quien su madre había hecho un préstamo para arrancar con el negocio. Joaquín utilizó espejos para que Bruno siguiera hablando consigo mismo, que de hecho fue lo que hizo.

Finalmente, Joaquín dijo:

—Sé cómo te puede afectar que tu mujer te meta presión, yo me estoy divorciando y sé que eso puede llegar a agotar.

Entonces Bruno se puso a hablar de su mujer durante diez minutos y se le escapó una información extremadamente relevante: ella estaba muy enfadada porque el banco que les había prestado los 20.000 euros había revisado su préstamo y les había dado dos opciones: o lo amortizaban ya en su totalidad o les subían el interés.

¡Bingo!

Joaquín y Jesús hablaron después de conocer ese dato y decidieron que era razonable que Joaquín comprara la parte de Bruno por una cantidad solo un poco mayor que el importe del préstamo, porque Bruno ya había cobrado 14.000 euros del negocio en sueldos. La carta del banco había puesto a Bruno en una situación delicada, y Joaquín pensó que podía hacer una oferta baja porque, en realidad, Bruno no tenía mucho mercado en el que colocar su participación.

Decidieron que 23.000 sería la cifra mágica. Le pagaría 11.000 euros en el momento y los 12.000 restantes a lo largo de un año.

Las cosas, sin embargo, se torcieron.

En lugar de esperar a que Bruno dijese algo, Joaquín desenfundó primero e hizo su oferta diciendo que creía que «era muy justa». Si hay una manera de irritar a tu interlocutor es insinuar que no estar de acuerdo implica no ser justo.

Lo que sucedió a continuación es buena prueba de ello.

Bruno colgó el teléfono muy cabreado y dos días después Joaquín recibió un correo electrónico de una persona que decía haber sido contratada para representar a Bruno. Pedían 30.812 euros: 20.000 por el préstamo, 4.000 de salario, 6.230 de participaciones y 582 de intereses.

Cifras no redondas con apariencia de ser intocables en su especificidad. El tío era un profesional.

Jesús le dijo a Joaquín que se había equivocado de lleno. Pero ambos sabían también que Bruno estaba desesperado por vender. Así que decidieron aplicar la técnica de la negativa en varios pasos para lograr que Bruno terminara pujando contra sí mismo. Lo peor que podía pasar, calibraron, es que Bruno cambiase de opinión y decidiera no vender su parte y las cosas seguirían como estaban. Era un riesgo que tenían que asumir.

Así fue como diseñaron su primer «no»:

> El precio de su oferta es justo y ojalá pudiera permitirme pagarlo. Bruno ha trabajado muy duro por sacar adelante el negocio y merece una compensación adecuada. Lo siento mucho, y le deseo mucha suerte.

Observa cómo se abstuvieron de hacer una contraoferta y al mismo tiempo decían «no» a la suya sin pronunciar la palabra.

A Joaquín le sorprendió recibir un correo del asesor al día siguiente bajando la oferta a 28.346 euros.

Entonces él y Jesús redactaron el segundo y amable «no».

> Gracias por su nueva oferta. Bajar el precio es un gesto generoso por su parte que valoro. Ojalá pudiera pagar esa cantidad, pero le digo con total sinceridad que en este momento está por encima de mis posibilidades. Como saben, me estoy divorciando y no puedo disponer de tanto dinero. De nuevo, le deseo lo mejor.

Al día siguiente, Joaquín recibió un nuevo correo electrónico del asesor bajando el precio a 25.000 euros. Joaquín quería aceptarlo, pero Jesús le dijo que faltaban algunos pasos para completar la estrategia. Joaquín se empecinó al principio, pero terminó accediendo.

He aquí una lección fundamental: el arte de cerrar un acuerdo consiste en mantenerse centrado todo el tiempo. Hay momentos finales que son cruciales y en los que debes ejercitar la disciplina mental. No te pongas a pensar en la hora a la que sale el último avión o en que te apetecería llegar a casa temprano para poder jugar al golf. Nada de dispersión. Céntrate.

He aquí lo que respondieron los hermanos:

> Gracias de nuevo por la generosa oferta. El precio ha bajado considerablemente y he hecho un gran esfuerzo por intentar llegar a esa cantidad. Por desgracia, nadie ha accedido a prestarme lo que necesito, ni siquiera mi madre. He tanteado varias vías, pero ninguna ha prosperado. Finalmente, lo que puedo ofrecer son 23.567 euros, de los cuales ahora solo podría pagar 15.321,37. El resto podría abonarlo a lo largo de un año. Es cuanto puedo ofrecer. Les deseo lo mejor en su decisión.

Brillante uso de cifras específicas, ¡y qué forma tan empática de decir «no» sin emplear la palabra!

Y funcionó. En una hora, el asesor había respondido aceptando la oferta.

Si nos fijamos, observaremos cómo la combinación de preguntas abiertas y con la técnica del espejo sirvieron para extraer información acerca de los problemas financieros de Bruno y, luego, la negativa estratificada provocó su desesperación. Si hubiera habido otros compradores interesados, no habría sido buena idea emplear este método, pero sin ningún otro competidor a la vista, supuso una estrategia brillante para lograr que Bruno acabase pujando contra sí mismo.

Lecciones clave

Las grandes estrellas de la negociación (los que hacen llover el dinero de verdad) saben que toda negociación es un terreno de juego que se despliega bajo las palabras, y en el que, para llegar a un buen acuerdo, hay que saber detectar y manipular las señales sutiles, no evidentes, que se manifiestan bajo la superficie. Solo si eres capaz de visualizar y de modificar esos aspectos subliminales podrás cerrar un buen trato y garantizar su implementación.

Cuando emplees las siguientes herramientas, conviene que tengas en mente también el concepto más importante de este capítulo: que un «sí» no es nada sin un «cómo». Preguntar «cómo», saber «cómo» y definir «cómo» es parte del arsenal de todo buen negociador. Sin eso estaremos desarmados.

- Haz preguntas calibradas del tipo «¿cómo?» repetidas veces. Preguntar «cómo» garantiza la implicación de la otra parte pero desequilibra su posición. Responder esas preguntas le hará creer que controla la situación y, además, tendrá en cuenta tus problemas cuando haga sus demandas.

- Emplea las preguntas del tipo «¿cómo?» para delimitar el entorno de negociación. Esto se logra usando «¿cómo quieres que haga eso?» como una versión más amable de una negativa frontal. De ese modo, la otra parte se sentirá sutilmente forzada a buscar otras soluciones, tus soluciones. Y, muy a menudo, hará que la otra parte termine negociando consigo misma.
- No basta con prestar atención a las personas con las que se negocia directamente. Hay que identificar siempre las motivaciones de todos los participantes que están «debajo de la mesa». Esto puede hacerse preguntando cómo afectará a todos los implicados, quién está a bordo y hasta qué punto.
- Sigue la Regla porcentual del 7-38-55 prestando especial atención al tono de voz y al lenguaje corporal. La incongruencia entre palabras y señales gestuales muestra que un interlocutor está mintiendo o no se siente cómo con un acuerdo.
- ¿Un «sí» ha sido real o falso? Compruébalo con la Regla del tres: emplea las preguntas calibradas, el resumen y las etiquetas de los argumentos de la otra parte para que esta se reafirme en lo pactado al menos tres veces. Es muy difícil mentir o fingir convicción de manera repetida y sostenida.
- El uso de los pronombres personales da pistas sobre la autoridad relativa de un interlocutor. Si utiliza con frecuencia los de primera persona del singular («yo», «mí», «mío», etc.), es muy probable que el verdadero poder de decisión resida en otra persona. Si, por el contrario, abundan las primeras y terceras personas del plural («nosotros», «ellos», «nuestro», «suyo», etc.), lo más probable es que se trate de un interlocu-

tor hábil y con capacidad de decisión, que sabe dejarse puertas abiertas.

- Usar tu nombre te humaniza como interlocutor y hasta puede granjearte descuentos personalizados. El humor y la cercanía son las mejores herramientas para romper el hielo y eliminar barreras.

9

Regatea

Hace pocos años me enamoré del Toyota 4Runner rojo. De hecho, no era «rojo», sino «Salsa Red Pearl». Una especie de rojo llameante que parecía resplandecer por la noche. ¿No es sexy? Tenía que conseguirlo, hacerme con uno se convirtió para mí en una obsesión.

Busqué entre los vendedores de Washington D.C. y pronto me di cuenta de que no era el único que estaba obsesionado con ese coche: en toda el área no quedaba uno solo de ese color, ni uno, salvo en un concesionario.

¿Alguna vez habéis oído que no debe hacerse la compra cuando uno tiene hambre? Bien, pues yo estaba hambriento. Enormemente hambriento. En realidad, estaba enamorado... Me senté, me centré y planeé una estrategia. Esta era mi única oportunidad. Tenía que hacerlo bien.

Llegué al concesionario una tarde soleada de viernes. Me senté frente al vendedor, un tipo muy agradable llamado Stan, y le dije lo maravilloso que me parecía el vehículo.

Me ofreció la sonrisa habitual —me tenía, pensó— y mencionó el precio de etiqueta del «maravilloso vehículo»: 36.000 dólares.

Hice un gesto de asentimiento comprensivo y fruncí los labios. La clave para empezar a regatear es agitar levemente al otro. De la manera más suave y amable posible. Si pudiera enhebrar esa aguja, tenía una buena oportunidad de conseguir mi precio.

—Puedo pagar 30.000 —le dije—. Y puedo pagarlo ahora mismo, al contado. Le haré un cheque hoy mismo por el importe total. Lo siento, pero me temo que no le puedo pagar más.

Su sonrisa tembló por las comisuras, como si se estuviera desenfocando. Pero la mantuvo y negó con la cabeza.

—Estoy seguro de que entenderá que es imposible. Después de todo, el precio son 36.000 dólares.

—¿Cómo se supone que puedo hacerlo? —le pregunté con deferencia.

—Estoy seguro... —dijo, e hizo una pausa como si no tuviera claro lo que quería decir—. Estoy seguro de que podemos encontrar una solución para financiar los 36.000.

—Es un buen coche. Alucinante. No se imagina cuánto me gustaría tenerlo. Pero cuesta más de lo que estoy ofreciendo. Lo siento, esto es realmente embarazoso. Pero la verdad es que no puedo pagar ese precio.

Me miró en silencio, ahora levemente confundido. Entonces se levantó y se fue a la parte trasera de la tienda durante lo que me pareció una eternidad. Estuvo fuera tanto tiempo que pensé: «Maldita sea, ¡tendría que haber hecho una oferta más baja! Me lo van a rebajar todo». Cualquier respuesta que no sea un rechazo directo de la oferta que planteamos significa que tenemos la delantera.

Cuando regresó me dijo que, puesto que era Navidad, su jefe había accedido a un nuevo precio: 34.000 dólares.

—Vaya, su oferta es muy generosa y es el coche de mis sueños —dije—. De verdad desearía poder llegar a esa cifra. De verdad. Esto es muy embarazoso. Pero realmente no puedo.

Volvió a caer en un silencio pero no piqué el anzuelo. Dejé que se prolongara el silencio. Y entonces, con un suspiro, volvió a salir.

Regresó después de otra eternidad.

—Usted gana —me dijo—. Mi gerente se lo deja en 32.500.

Empujó un papel a través de la mesa que hasta decía «USTED GANA» en letras grandes. E incluso estaban rodeadas por caritas sonrientes.

—Gracias. Han sido muy generosos, y no puedo estar más agradecido. Sin duda el coche vale más que lo que puedo ofrecerles —dije—. Lo siento, no puedo llegar a ese precio.

Volvió a levantarse. Ahora sin sonreír. Y todavía confundido. Después de unos segundos, se dirigió al despacho de su gerente y me recosté en el asiento. Podía saborear la victoria. Un minuto después —sin eternidades esta vez— regresó y se sentó.

—Podemos hacerlo —dijo.

Dos días después, salí conduciendo mi Toyota 4Rinner de color Salsa Red Pearl... por 30.000 dólares.

Dios, cuánto me gusta ese coche. Aún lo tengo.

La mayoría de las negociaciones llegan alguna vez a ese punto inevitable en el que la interacción informal y ligeramente fluida entre dos personas se convierte en confrontación y en el proverbial «ir al meollo del asunto». Ya sabes cómo es: te has abierto camino con las técnicas del reflejo y las etiquetas para construir cierto grado de entendimiento y compenetración, has usado una autoacusación para eliminar cualquier obstáculo mental o emocional restante, has identificado y resumido los intereses y las posiciones que están en juego, consiguiendo sonsacar un «así es», y...

Llega el momento de regatear.

Ahí está: las discrepancias por el dinero, un baile incómodo de ofertas y contraofertas que a la mayor parte de la gente le provocan un sudor frío. Si formas parte de esa amplia mayoría, y abordas ese momento inevitable como un mal necesario, es muy posible que te encuentres con que aquellos que han aprendido a aceptarlo te han limpiado los bolsillos.

En una negociación, lo que provoca más ansiedad y agresividad desenfocada es el regateo, razón por la cual es la parte que, en comparación con cualquier otra, más a menudo se desarrolla con torpeza y descuido. Para la mayoría de la gente, simplemente no se trata de una dinámica cómoda. Aun si hemos conseguido diseñar el mejor de los planes, nos acobardamos cuando llega el momento de intercambiar precios.

En este capítulo explicaré las tácticas que construyen el proceso del regateo y observaremos el modo en que ciertas dinámicas psicológicas determinan qué tácticas deben usarse y cómo deben implementarse.

Para empezar, el regateo no es una ciencia compleja, pero tampoco se trata de simple intuición ni de matemáticas. Para regatear bien, tendrás que guardarte tus asunciones acerca del proceso y aprender a reconocer las sutiles estrategias psicológicas, que desempeñan un papel crucial. Lo que ven los maestros del regateo es algo más que simples ofertas iniciales, contraofertas y movimientos de cierre. Ven esas corrientes psicológicas que fluyen bajo la superficie.

Una vez que hayas aprendido a identificar estas corrientes, serás capaz de «leer» los regateos de forma más acertada y de responder con confianza a las preguntas tácticas que acosan hasta a los mejores negociadores.

Estarás preparado para el «regateo cuerpo a cuerpo». Y no te verán llegar.

¿Cuál es tu estilo de negociación?

Hace pocos años, estaba en mi barco con uno de mis empleados, un tipo genial llamado Keenon; supuestamente tenía que darle un discurso de motivación y hacer una evaluación de su trabajo.

—Cuando pienso en lo que hacemos, suelo describirlo como «desvelar la contracorriente» —dije.

—Desvelar la contracorriente —repitió Keenon.

—Sí, la idea es que nosotros, tú y yo y todos los demás, tenemos la habilidad de identificar las fuerzas psicológicas que nos empujan lejos de la orilla y las empleamos para llegar a algún lugar más productivo.

—Un lugar más productivo.

—Exacto —dije—. A un lugar en el que podamos...

Llevábamos hablando unos cuarenta y cinco minutos cuando apareció, riéndose, mi hijo Brandon, que lleva operaciones para The Black Swan Group.

—¡No puedo más! ¿No lo ves? De verdad, papá, ¿no lo estás viendo?

Parpadeé.

—¿Qué es lo que tengo que ver? —le pregunté.

—Todo lo que está haciendo Keenon es reflejarte. Y lleva así casi una hora.

—Oh —dije.

Keenon empezó a reírse y yo me puse rojo.

Tenía toda la razón. Keenon llevaba jugando conmigo todo el rato, empleando la herramienta psicológica que mejor funciona con los tipos asertivos como yo: el reflejo.

Tu estilo personal de negociación —y el de tu interlocutor— está determinado por las experiencias de tu infancia, en la escuela, con la familia, por tu cultura y otro millón de factores; reconocerlo te permite identificar tus fortalezas y debilidades negociadoras (y las de tus interlocutores) y ajustar tu mentalidad y tus estrategias debidamente.

El estilo de negociación es una variable crucial para el regateo. Si desconoces lo que en cada circunstancia el instinto te va a dictar que hagas, o a la otra parte, tendrás grandes problemas para imaginar estrategias y tácticas eficaces. Tanto tú como tu contraparte tenéis hábitos mentales y de comportamiento adquiridos, y una vez que los identifiques podrás hacer uso de ellos de manera estratégica.

Eso fue lo que hizo Keenon.

Existe una amplia literatura de investigación sobre los arquetipos y los perfiles de comportamiento de todos los tipos de personas que sin duda te vas a encontrar en una mesa de negociación. Es sencillamente abrumador, hasta tal punto que termina por perder utilidad. A lo largo de los últimos años, en un esfuerzo impulsado sobre todo por mi hijo Brandon, hemos consolidado y simplificado todas esas investigaciones, en referencia cruzada con nuestra propia experiencia en el campo y con los casos de estudio de nuestros alumnos de empresariales, y hemos descubierto que la gente encaja, generalmente, en tres categorías: algunos son Acomodadores; otros —como yo— son básicamente Asertivos y el resto son Analistas amantes de los datos.

Las escenas de negociación que muestran las películas de Hollywood sugieren que para sacar adelante un regateo se requiere un estilo asertivo, pero cada uno de los estilos puede ser eficaz. Y si quieres ser realmente eficaz, debes incorporar elementos de los tres estilos.

Un estudio realizado por abogados negociadores estadounidenses[18] desveló que el 65 % de los abogados de las dos mayores ciudades de Estados Unidos empleaba un estilo cooperativo mientras que solo el 24 % uno puramente asertivo. Y, a la hora de evaluar la eficacia de estos abogados, entre los catalogados como eficaces, más del 75 % ciento respondía al tipo cooperativo y solo el 12 % al tipo asertivo. Así que no desesperes si resulta que no eres del tipo asertivo. En realidad, la asertividad directa resulta contraproducente la mayor parte del tiempo.

Y recuerda, el estilo personal de negociación no es una camisa de fuerza. Nadie tiene un único estilo. La mayoría de nosotros tenemos la capacidad de potenciar nuestros estilos no dominantes si la situación lo requiere. Pero sí hay una verdad básica acerca del estilo triunfador de negociación: para ser bueno, debes aprender a ser tú mismo. Y para ser genial, debes sumar habilidades a tus fortalezas, no reemplazarlas.

He aquí una guía rápida para clasificar el tipo de negociadores que tienes delante y las tácticas que resultará más adecuado emplear en cada caso.

El analista

Los analistas son metódicos y diligentes. No tienen prisa. Creen que, siempre que estén trabajando de forma minuciosa y sistemática en dirección al mejor de los resultados posibles, el tiempo tiene poca importancia. Su autoimagen está vinculada a la minimización de los errores. Su lema: todo el tiempo que sea necesario para hacerlo bien.

Los analistas clásicos prefieren trabajar por su cuenta y raramente se desvían de sus objetivos. No suelen mostrar sus emociones, y a menudo emplean un tono muy parecido al del locutor de radio de programa nocturno del que hablamos en el capítulo 3, pausado y moderado, con una inflexión descendente. Sin embargo, la forma de hablar de los analistas resulta distante y fría en lugar de apaciguadora. Esto provoca un rechazo en los demás sin que ellos se den cuenta y de hecho les supone una limitación a la hora de hacer que su interlocutor se sienta a gusto y se abra a ellos.

A los analistas les enorgullece no pasar por alto ningún detalle. Pueden pasarse dos semanas investigando para hacerse con unos datos que podrían haber conseguido en quince minutos en la mesa de negociación, solo para ahorrarse sorpresas. Los analistas odian las sorpresas.

Son solucionadores de problemas reservados, agregadores de información, e hipersensibles a la reciprocidad. Te dan información, pero si no reciben a cambio nueva información en el marco de un determinado período de tiempo, pierden la confianza y se desenganchan. A veces puede parecer que este comportamiento no responde a motivación alguna, pero recordemos, puesto que lo que les gusta es trabajar solos, el mero hecho de estar hablando contigo ya les parecerá una concesión. A menudo consideran las concesiones de su contraparte como nueva información que hay que llevarse para evaluar adecuadamente. No esperes contrapropuestas inmediatas de su parte.

La gente de este tipo es escéptica por naturaleza. Por tanto, plantear de entrada demasiadas preguntas es mala idea, porque no van a querer responderlas hasta que valoren todas las implicaciones. Con ellos es vital estar preparados. Debes emplear datos claros para dirigir tus razonamientos; no caer en la improvisación; utilizar comparativas de datos cuando tengas que mostrar tu desacuerdo; advertirles de cualquier cuestión al principio y evitar las sorpresas.

Para ellos, el silencio es una oportunidad para pensar. No están enfadados ni esperan que sigamos hablando. Si parece que no están viendo las cosas a tu modo, dales primero un tiempo para pensar.

No conceden demasiado valor a las disculpas, pues ven la negociación y su relación con el interlocutor como dos cosas totalmente separadas. Responden bastante bien a las etiquetas en el momento. No son rápidos al responder a las preguntas calibradas, ni a las preguntas de respuesta cerrada cuando esta es «sí». Pueden necesitar unos días para responder.

Si eres del tipo analista, lo que debe preocuparte es estar cerrando la puerta a una fuente esencial de información: tu interlocutor. Lo mejor y lo más sencillo que puedes hacer, es sonreír al hablar. Como resultado, la gente se mostrará más dispuesta a compartir información. Sonreír también se puede convertir en un hábito que te facilite disimular cualquier momento en el que te hayan cogido con la guardia baja.

El acomodador

Para este tipo de negociador, lo más importante es el tiempo dedicado a construir la relación. Los acomodadores creen que mientras se esté produciendo un intercambio continuo de información el tiempo está bien empleado. Mientras se estén comunicando, están contentos. Su objetivo es llevarse muy bien con su interlocutor. Les encantan las situaciones en las que todos ganan.

De los tres tipos, son los que tienen más posibilidades de construir una gran complicidad sin llegar a conseguir nada.

Los acomodadores quieren seguir siendo amigos de sus interlocutores incluso si no pueden llegar a un acuerdo. Hablar con ellos es muy fácil, son extremadamente amables y suelen tener un tono de voz agradable. Harán una concesión como gesto de apaciguamiento o consentimiento y esperarán un gesto recíproco del otro lado.

Si nuestro interlocutor es sociable, no busca el enfrentamiento, es optimista, se distrae con facilidad y es mal gestor del tiempo, probablemente será un acomodador.

Si te los encuentras como contraparte, muéstrate sociable y amable. Debes escucharles hablar de sus ideas y emplear preguntas calibradas centradas en la implementación para ir empujándoles y encontrar maneras de traducir sus palabras en acciones. Debido a su tendencia a ser los primeros en activar el ciclo de la reciprocidad, puede que hayan mostrado su acuerdo a concedernos algo que en realidad no pueden cumplir.

Es posible que su forma de abordar la preparación tenga fallos, pues están mucho más centrados en la persona que está al otro lado de la mesa. Quieren conocerte. Sienten una enorme pasión por el espíritu de la negociación y lo que conlleva no solo gestionar las emociones, sino satisfacerlas.

Si bien es muy difícil llegar a un desacuerdo con un acomodador porque no quieren más que escuchar lo que tenemos que decir, desvelar sus objeciones puede resultar difícil. Habrán identificado las áreas potencialmente problemáticas de antemano y dejarán dichas áreas sin abordar por miedo al conflicto que pueda producirse.

Si te identificas con la figura del acomodador, debes conservar tu habilidad para resultar simpático, pero no a costa de sacrificar tus objeciones. No son solo los otros dos tipos los que necesitan escuchar tu punto de vista; si estás tratando con otro acomodador, este lo agradecerá. También debes vigilar el exceso de cháchara: a los otros dos tipos de negociador no les gusta nada, y si resulta que al otro lado de la mesa hay alguien como tú, la situación tenderá a llenarse de formas de interacción en las que no se resuelve nada.

EL ASERTIVO

El tipo asertivo cree que el tiempo es dinero; cada minuto malgastado es un dólar malgastado. Su autoimagen está vinculada a la cantidad de cosas que es capaz de terminar en cierto período de tiempo. Para ellos, que la solución sea perfecta no es tan importante como que esté hecha.

Los asertivos son gente de temperamento fuerte a quienes les gusta ganar por encima de todas las cosas, a menudo a expensas de los demás. Sus colegas e interlocutores nunca dudan sobre cuál es su opinión porque siempre son directos y sinceros. Tienen un estilo de comunicación agresivo y no se preocupan por las interacciones futuras. Su concepto de las relaciones de negocios está basado en el respeto, nada más y nada menos.

Más que cualquier otra cosa, el asertivo quiere que le escuchen. Y no solo quieren ser escuchados, sino que no tienen la habilidad de escuchar a su interlocutor hasta que no saben que este les ha escuchado. Se concentran en sus propios objetivos más que en las personas. Y, más que preguntar, afirman.

Cuando trates con gente del tipo asertivo es mejor centrarse en lo que dicen, porque hasta que no estén convencidos de que les entiendes no tendrán en cuenta tu punto de vista.

Para un asertivo, cada silencio es una oportunidad de seguir hablando. Con este tipo, los espejos son una herramienta maravillosa. También lo son las preguntas calibradas, las etiquetas y los resúmenes. Lo más importante que podemos sacarle a un asertivo es un «así es» que puede manifestarse en la forma de un «eso es, exactamente» o un «lo has clavado».

En lo tocante a la reciprocidad, este tipo se acoge a la mentalidad del «dar un centímetro, llevarse un kilómetro». Dan por hecho que se merecen cualquier cosa que hayas podido darles, así que ignorarán cualquier expectativa de dar algo a cambio. En realidad, estarán buscando una oportunidad de obtener más. Si hacen cualquier tipo de concesión, seguramente estén contando los segundos hasta que les des algo a cambio.

Si eres del tipo asertivo debes ser especialmente consciente del tono que usas. Aunque no tengas intención de ser muy brusco, a menudo los demás se llevarán la impresión de que lo eres. Suaviza el tono y trabájalo para hacerlo más agradable. Es bueno que emplees preguntas calibradas y etiquetas con tu contraparte, pues eso te hará parecer más accesible y elevará las oportunidades de colaboración.

Hemos visto cómo cada uno de estos grupos ve la importancia del tiempo de manera diferente (tiempo = preparación; tiempo = relación; tiempo = dinero). También hacen interpretaciones completamente distintas del silencio.

Yo soy del tipo asertivo, y cuando en un congreso una persona del tipo acomodador me contó que había estropeado un trato pensé: «¿Qué has hecho, darle un grito al otro tipo y largarte?». Porque cuando yo estropeo algo, suele ser de esa forma. Pero resulta que lo que había hecho era quedarse callado. Para alguien del tipo acomodador, el silencio significa enfado.

Para los analistas, sin embargo, el silencio significa que necesitan pensar. Y las personas del tipo asertivo interpretan el silencio como un signo de que o bien el otro no tiene nada más que decir o bien quiere que sigan hablando ellos. Yo soy así, así que lo sé bien: el único momento en el que me quedo callado es cuando ya no me quedan más cosas que decir.

Lo gracioso es cuando todo esto se entrecruza. Cuando un analista se para a pensar, su interlocutor acomodador se pone nervioso y el asertivo se pone a hablar, molestando así al analista, que dice para sí: «Cada vez que me paro a pensar, lo toma como una oportunidad para seguir hablando. ¿No se calla nunca?».

Antes de cambiar de tema me gustaría abordar la cuestión de por qué a menudo la gente no consigue identificar el estilo de su interlocutor.

El mayor obstáculo para identificar correctamente el estilo de otro es lo que llamo la paradoja de «El normal soy yo». Es decir, la hipótesis de que los demás deben ver el mundo tal como lo vemos nosotros. Después de todo, ¿quién no lo asumiría así?

Aunque inocente y comprensible, pensar que uno es normal es una de las asunciones más perjudiciales que se pueden hacer en una negociación. Con ello estás proyectando inconscientemente tu estilo en el otro. Pero, habiendo tres tipos de negociadores en el mundo, hay un 66 % de posibilidades de que tu interlocutor tenga un estilo distinto del tuyo. Que sea de un «normal» diferente.

Una vez, un director ejecutivo me dijo que siempre esperaba que nueve de diez negociaciones fracasaran. Quizá lo que hacía este director ejecutivo era proyectar sus creencias sobre la otra parte. En realidad, lo más probable es que solo se encontrara con alguien de su misma mentalidad una de cada diez veces. Si comprendiera que su interlocutor era diferente de él, seguro que habría hecho subir sus tasas de éxito.

Desde la forma en que se preparan hasta el modo en que establecen un diálogo, estos tres tipos negocian de forma distinta. Por tanto, antes de que puedas siquiera pensar en iniciar un regateo de forma eficaz, debes entender la versión de lo «normal» de tu interlocutor. Debes identificar qué tipo de negociador es, abriéndote a su diferencia. Porque en lo tocante a la negociación, la Regla de Oro no funciona.

La regla de The Black Swan es: «No trates a los demás como te gustaría que te trataran a ti; trátalos como tienen que ser tratados».

(Tenemos un PDF de acceso gratuito que resulta útil para identificar qué tipo de negociador eres y el de quienes te rodean. Está disponible en: http://info.blackswanltd.com/3-types.)

Encajar los golpes

Los enfoques académicos sobre la negociación tienden a tratar el regateo como un proceso racional vacío de emociones. Suelen hablar de la Zona de Acuerdo Posible, que es aquella en la que se solapan la zona del comprador y la del vendedor. Digamos que Tony quiere vender su coche y no lo hará por menos de 5.000 dólares y Samantha quiere comprarlo y no lo hará por más de 6.000. La Zona de Acuerdo Posible está entre los 5.000 y los 6.000. En algunas negociaciones hay Zona de Acuerdo Posible y en otras no. Todo es muy racional.

O eso quieren hacernos creer.

Pero desengañémonos. En una sesión de regateo real, los negociadores estrella no usan la Zona de Acuerdo Posible. Los negociadores con experiencia suelen abrir con una oferta ridícula y un punto de anclaje extremo. Y si no estás preparado para manejarlo, perderás toda tu seguridad y te lanzarás directamente a tu máxima oferta. La naturaleza humana es así. Como dijo una vez el gran pugilista y mordedor de orejas Mike Tyson: «Todo el mundo tiene un plan hasta que les dan un puñetazo en la boca».

Como negociador bien preparado que sabe buscar información y se dedica a recogerla incansablemente, te viene bien que la otra persona dé primero su precio, así podrás ver su jugada. Terminarás agradeciendo ese punto de anclaje extremo. Pero es una táctica poderosa y tú eres humano: tus emociones pueden desbordarse. Si lo hacen, hay formas de capear el temporal sin que termines apostando contra ti mismo ni respondas enfadado. Una vez que aprendas estas tácticas, estarás preparado para aguantar el golpe y devolverlo con estilo.

En primer lugar debes desviar el golpe de una forma que deje al descubierto a tu interlocutor. Los negociadores de éxito saben decir «no» de alguna de las muchas formas de las que ya hemos hablado («¿cómo se supone que puedo aceptar esto?») o desviar el anclaje con una pregunta como: «¿Adónde estamos intentando llegar?». Respuestas como estas son buenas maneras de desviar la atención de tu interlocutor cuando sientas que te está poniendo en un compromiso.

También puedes responder al anclaje del tipo «puñetazo en la boca» haciendo pivotar los términos. Lo que quiero decir es que cuando sientas que te están arrastrando a un regateo puedes desviar la conversación llevándola hacia las cuestiones no monetarias que hacen que cualquier precio final funcione.

Esto puede hacerse diciendo directamente, con un tono de voz alentador: «Dejemos a un lado por un momento la cuestión del precio y hablemos de aquello que hará que este sea un buen trato». O puedes abordarlo de forma más oblicua, preguntando: «¿Qué otra cosa podrías ofrecer para que ese precio terminara resultando bueno para mí?».

Y si la otra parte te empuja a que te pronuncies primero, sal de su encerrona. En lugar de dar un precio, haz alusión a un número increíblemente alto que podría establecer otra persona. Una vez una cadena hospitalaria quiso que le diera yo primero mi precio, y dije: «Bueno, si vas a la Escuela de Negocios de Harvard te cobrarán 2.500 dólares al día por alumno».

Sin importar lo que pase, aquí el objetivo es sonsacarle información al interlocutor, y permitirle que sea el primero en lanzar el punto de anclaje te permitirá tantearlo. Todo lo que tienes que aprender es cómo encajar el primer golpe.

Uno de mis alumnos del MBA de Georgetown, un tipo llamado Farouq, demostró cómo no arredrarse después de recibir un golpe cuando fue a solicitar a la decana fondos para celebrar un gran evento de antiguos alumnos en Dubái. Era una situación desesperada, porque necesitaba 600 dólares y ella era su último recurso.

En la reunión, Farouq le contó a la decana lo contentos que estaban los alumnos con la idea del viaje y lo beneficioso que esto sería para la rama del MBA de Georgetown en la región.

Antes de que pudiera terminar siquiera, la decana le interrumpió.

—Me gusta el viaje que estáis organizando —le dijo—. Pero tenemos un presupuesto muy ajustado y no puedo autorizar más de 300 dólares.

Farouq no esperaba que la decana se pronunciara tan rápido. Pero las cosas no siempre salen según los planes.

—Es una oferta muy generosa, dado lo limitado del presupuesto, pero no veo claro cómo podría ayudarnos a organizar una recepción para los antiguos alumnos de la región —dijo Farouq, reconociendo los límites que ella ponía, pero diciéndole que «no» sin usar esa palabra. Y entonces soltó su punto de anclaje extremo—. Tengo una cifra muy alta en mente: lo que necesitamos son 1.000 dólares.

Como esperaba, el punto de anclaje extremo sacó a la decana de su límite enseguida.

—Eso está fuera de mi alcance y estoy segura de que no puedo autorizarlo. Sin embargo, os daré 500 dólares.

Farouq estuvo tentado por un momento de plegarse a esta cifra —100 dólares menos tampoco resultarían determinantes—, pero recordó la maldición de apuntar a la baja. Decidió seguir presionando.

Los 500 dólares le dejaban cerca del objetivo, pero insistió.

—Con 850 podemos hacerlo.

La decana contestó que ya le estaba dando más de lo que quería y que 500 dólares era una cifra razonable. En este punto, si Farouq hubiera estado menos preparado se habría rendido, pero supo encajar el golpe.

—Creo que la oferta es muy razonable y comprendo las restricciones, pero necesito más dinero para organizar un gran evento en nombre de la escuela —dijo—. ¿Qué tal 775?

La decana sonrió y Farouq supo que la tenía.

—Pareces tener una cantidad en mente a la que estás intentando llegar —dijo—. Dímela sin más.

En ese punto Farouq estaba dispuesto a darle una cifra, porque tenía la sensación de que ella estaba siendo sincera.

—Necesito 737,50 y usted es mi último recurso —dijo.

Entonces, la decana se rió y le felicitó por tener claro lo que quería, y le dijo que revisaría su presupuesto. Dos días después, Farouq recibió un correo electrónico que le informaba de que su oficina les donaría 750 dólares.

Devolver el golpe: emplear la asertividad sin que te pase factura

Cuando una negociación está lejos de llegar a una resolución y no va a ningún lado, tendrás que agitar un poco las cosas y sacar a tu interlocutor de su mentalidad rígida. En momentos como ese, los movimientos bruscos pueden ser herramientas enormemente eficaces. A veces lo que pide una situación es que actúes como un agresor y le des un puñetazo en la cara a la otra parte.

Dicho esto, si eres básicamente una buena persona, pegarle al otro tipo en plan Mike Tyson significará que cedes demasiado. Uno no puede ser lo que no es. Como dice el proverbio danés, «uno hace pan con la harina que tiene». Pero todo el mundo puede aprender a usar un par de herramientas.

He aquí algunas maneras eficaces de ser asertivos con inteligencia.

Enfadarse de verdad, amenazar sin ira y resentimiento estratégico

Marwan Sinaceur, del INSEAD, y Larissa Tiedens, de la Universidad de Stanford, descubrieron que las expresiones de enfado aumentan la ventaja y la cuota final del negociador.[19] El enfado muestra una pasión y una convicción que puede hacer que el otro lado se incline a aceptar una oferta menor. Sin embargo, al potenciar la sensibilidad de tu contraparte para el peligro y el miedo, tu enfado reducirá los recursos que puede dedicar a otras actividades cognitivas, llevándolos a hacer malas concesiones que es probable que luego deriven en problemas de implementación, y reduciendo así tus ganancias.

Atención a lo siguiente: los investigadores han descubierto también que las expresiones falsas —es decir, fingidas— de ira resultan contraproducentes, conducen a peticiones intrincadas y destruyen la confianza. Para que el enfado sea eficaz, tiene que ser real, la clave es mantenerlo bajo control, porque la ira también reduce nuestra actividad cognitiva.

Así, cuando alguien plantee una oferta realmente ridícula, una que de verdad te resulte ofensiva, debes respirar hondo, abrir camino levemente a tu enfado, canalizarlo —hacia la propuesta, no hacia la persona— y decir: «No veo cómo eso podría funcionar jamás».

Dar muestras a tiempo de que estás ofendido —lo que se conoce como «resentimiento estratégico»— puede hacer que tu interlocutor tome conciencia del problema. Según unos estudios realizados por los académicos de la Universidad de Columbia Daniel Ames y Abbie Wazlawek, las personas que se encuentran en el lado receptor del resentimiento estratégico tienden a considerarse excesivamente asertivos, aun cuando sus interlocutores no opinan así.[20] La verdadera lección es que debes ser consciente de cuándo se están usando estas técnicas contra ti. Ten cuidado de no convertirte tú mismo en una víctima del «resentimiento estratégico».

Las amenazas que se lanzan sin enfado pero con aplomo —es decir, con confianza y autocontrol— son grandes herramientas. Decir de forma convincente: «Lo siento, pero eso no me sirve», da resultado.

Pregunta «¿por qué?»

En el capítulo 7 hablamos de los problemas del «¿por qué?». A lo largo y ancho del planeta «¿por qué?» es una pregunta que pone a la gente a la defensiva.

Como experimento, pregunta «¿por qué?» la próxima vez que tu jefe te pida que hagas algo, a ver qué ocurre. Pruébalo después con un colega, un subordinado y algún amigo. Observa su reacción y dime si no ves en todo el espectro que se ponen a la defensiva de una forma u otra. Pero no lo hagas demasiado a menudo, o perderás tu trabajo y a todos tus amigos.

El único momento en el que yo digo «¿por qué has hecho eso?» en una negociación es cuando quiero dejar a alguien totalmente descolocado. Sin embargo, es una técnica dudosa y no la aconsejaría.

Pero hay otro modo de decir «¿por qué?» de forma eficaz. La idea es emplear la postura a la defensiva que provoca la pregunta para hacer que tu interlocutor defienda tu posición.

Sé que suena extraño, pero funciona. El formato básico es el siguiente: cuando quieras que un interlocutor dudoso pivote hacia tu lado, pregúntale «¿por qué harías eso?», pero de forma que el «eso» te favorezca. Lo explicaré. Si estás intentando atraer a un cliente de un competidor, puedes decir: «¿Por qué querría hacer negocios conmigo? ¿Por qué querría cambiar su actual proveedor? ¡Son muy buenos!».

En estas preguntas, lo que hace el «¿por qué?» es persuadir al interlocutor para que trabaje contigo.

Mensajes que dicen «yo»

Emplear el pronombre de la primera persona del singular es otra forma magnífica de instalar una barrera sin que aumente la confrontación.

Al decir: «Lo siento, pero a mí eso no me sirve», el pronombre centra de forma estratégica la atención de tu interlocutor en ti el tiempo suficiente para que puedas expresar tu planteamiento.

El mensaje que dice «yo» se emplea para pulsar el botón de pausa y salir de una mala dinámica. Cuando quieras contrarrestar alguna afirmación improductiva de tu interlocutor, puedes decir algo como «cuando tú ___ yo me siento ___ porque ___», con lo que le estás pidiendo un tiempo muerto a la otra persona.

Pero ten cuidado con el «yo»: no emplees un tono agresivo ni que implique una discusión. Tiene que ser sereno y equilibrado.

Sin dependencias: estar dispuesto a marcharte

Hemos dicho antes que no hacer ningún trato es mejor que hacer un mal trato. Si en un momento sientes que no puedes decir «no» es que te has dejado tomar como rehén.

Una vez que tengas claro cuál es tu balance deseado, debes estar dispuesto a abandonar la negociación. No debes depender excesivamente de un acuerdo.

Antes de seguir, debo remarcar la importancia de mantener una relación de colaboración incluso cuando estemos poniendo los límites. Tu respuesta debe expresarse siempre en una forma de poner límites que resulte firme pero empática —es decir, amor duro—, no en forma de odio ni de violencia. La ira y otras emociones fuertes pueden ser eficaces en raras ocasiones, pero solo como actos calculados, nunca como un ataque personal. En cualquier sesión de regateo cuerpo a cuerpo, el principio que hay que tener siempre presente es que nunca debemos ver a nuestro interlocutor como un enemigo.

La persona que está al otro lado de la mesa nunca es el problema. El problema son las cuestiones irresueltas. Así que debes centrarte en el tema. Esta es una de las tácticas más básicas para evitar una escalada emocional. Nuestra cultura demoniza a las personas en las películas y en la política, y esto genera la idea de que si pudiéramos librarnos de la persona en cuestión, todo saldría bien. Pero en cualquier negociación esta dinámica resulta tóxica.

Devolver el golpe es el último recurso. Antes de llegar ahí, siempre debemos intentar reconducir la situación. Puedes sugerir un tiempo muerto. Cuando tu interlocutor tome distancia y respire hondo, dejará de sentirse como un rehén en una situación delicada. Recuperará la sensación de control y de poder. Y te lo agradecerá.

Considera todas estas tácticas para devolver un golpe y establecer límites como una curva en S aplanada: has acelerado al subir por la ladera de la negociación y has llegado a una meseta que te exige paralizar temporalmente la ascensión, reconducir la cuestión que esté funcionando como obstáculo y, finalmente, devolver la relación a un estado de entendimiento y volver a subir la ladera. Adoptar un enfoque constructivo y positivo en un conflicto supone entender que la generación de vínculos es fundamental para cualquier resolución.

El regateo Ackerman

He dedicado mucho tiempo a hablar del judo psicológico porque es mi especialidad: las preguntas calibradas, el reflejo y las herramientas para descolocar a mi interlocutor y hacerle apostar contra sí mismo.

Pero las negociaciones se reducen a fin de cuentas a determinar quién se queda con cada parte del pastel, y de vez en cuando te verás forzado a mantener un regateo cuerpo a cuerpo con un tipo realmente duro.

En el mundo de los rehenes me enfrento al regateo cuerpo a cuerpo continuamente. He tenido que lidiar con un montón de tipos acostumbrados a salirse con la suya que se mantienen firmes según su plan. «Pagad o lo matamos», dicen, y lo dicen en serio. Uno tiene que tener la destreza perfectamente afinada para aplacarlos negociando. Hay que contar con herramientas.

Durante mi formación en negociación en el FBI aprendí a usar el sistema de regateo que sigo usando aún hoy. Y tengo mucha fe en él.

A este sistema lo llamo el «modelo Ackerman» porque lo saqué de un tipo llamado Mike Ackerman, que había sido miembro de la CIA y que luego fundó una empresa de asesoría para casos de secuestros por rescate ubicada en Miami. En muchos secuestros nos ponían como pareja con algún «chico de Ackerman» —nunca con el mismo Ackerman—, que nos ayudaba a diseñar el momento del regateo.

Conocí a Mike finalmente en un viaje a Miami, cuando ya me había jubilado del FBI. Cuando le conté que yo empleaba su sistema para negociar también en el mundo empresarial, se rió y me dijo que le había explicado el sistema a Howard Raiffa, un legendario experto en negociación de Harvard, y Howard le había dicho que funcionaría en cualquier situación. Así que me sentí bastante justificado.

El modelo Ackerman es un método de oferta y contraoferta, al menos en apariencia. Pero es un sistema muy eficaz para vencer la dinámica habitual del regateo cuando el resultado previsible es llegar a un punto medio.

El proceso, sistemático y fácil de recordar, solo tiene seis pasos:

1. Fija tu precio objetivo.
2. Fija tu primera oferta en el 65 % de dicho precio objetivo.

3. Calcula tres tramos de aumentos decrecientes (de 85 %, 95 % y 100 %).
4. Emplea toda tu empatía, y un montón de formas distintas de decir «no», para conseguir que la otra parte haga contraofertas antes de elevar la tuya.
5. Al calcular el monto final, usa cifras precisas, no redondas, como por ejemplo 37.893 dólares en vez de 38.000. Esto confiere a los números credibilidad y peso.
6. Cuando hagas tu última oferta, incluye algún elemento no monetario (que probablemente la otra parte no quiera) para demostrar que has llegado a tu límite.

Lo genial de este sistema es que incorpora las tácticas psicológicas que hemos comentado —reciprocidad, puntos de anclaje extremo, aversión a la pérdida y demás— sin necesidad de pensar en ellas.

Repasemos este proceso paso a paso para entender lo que quiero decir.

En primer lugar, la oferta original, el 65 % de tu precio deseado real, establecerá un punto de anclaje extremo, será una buena bofetada que puede hacer que tu interlocutor te plantee directamente su precio límite. El impacto de un punto de anclaje extremo provocará en todos los negociadores, excepto en los más experimentados, una reacción de «lucha o huida», limitando sus habilidades cognitivas y empujándolos a realizar acciones imprudentes.

Veamos ahora los aumentos progresivos de la oferta al 85 %, 95 % y 100 % del precio deseado. Tienes que ir soltándolos poco a poco después de que el interlocutor haya hecho otra oferta y de haberle lanzado algunas preguntas calibradas para intentar que apueste contra sí mismo.

Estas ofertas funcionan simultáneamente en varios niveles. Primero, juegan con la norma de la reciprocidad; y empujan a tu interlocutor a que haga también una concesión. Del mismo modo que la gente está más dispuesta a enviar tarjetas de Navidad a aquellos que antes les han enviado una, también es más probable que hagan concesiones durante un regateo a los que ya les han hecho alguna promesa.

En segundo lugar, los aumentos decrecientes —que, como ves, decrecen cada vez a la mitad— dejarán a tu interlocutor convencido de que te está exprimiendo al máximo. Para cuando llegue al último de ellos, tendrá la sensación de que te ha sacado hasta la última gota.

Esto contribuirá a nutrir realmente su autoestima. Hay estudios que demuestran que aquellas personas a las que se les han hecho concesiones poco a poco en un proceso de regateo se quedan más satisfechas que aquellas otras que han recibido una sola oferta firme y «justa». De hecho, incluso se sienten mejor aunque terminen pagando más —o recibiendo menos— que de la otra forma.

Por último, merece la pena insistir en el poder de las cifras no redondas.

Durante mi época en Haití, empleé el sistema Ackerman sin descanso. Durante dieciocho meses tuvimos dos o tres secuestros a la semana, así que, por experiencia, sabíamos que el precio de mercado estaba entre 15.000 y 75.000 dólares por víctima. Como yo era muy cabezota, me puse el objetivo de dejarlo por debajo de 5.000 en cada uno de los secuestros que me tocó.

Hay uno de ellos verdaderamente notable, el primero del que he hablado en este libro. Desarrollé todo el proceso Ackerman, sacándolos de su juego con un punto de anclaje extremo, golpeándoles con mis preguntas calibradas y haciendo concesiones poco a poco cada vez más pequeñas. Finalmente, solté la cifra que cerró el trato. Nunca olvidaré que el jefe del FBI de Miami llamó al día siguiente a mi colega y le dijo:

—¿En serio Voss consiguió sacar a este tipo por 4.751 dólares? ¿Qué diferencia hay en un dólar?

Se partían de risa, y tenían razones para ello. Ese dólar es ridículo. Pero funciona en nuestra naturaleza humana. Un ejemplo, no podemos comprar nada por 2 dólares pero podemos comprar un montón de cosas por 1,99. ¿Qué cambia un céntimo? Nada. Pero cada una de las veces supone una diferencia. Simplemente, nos gusta más 1,99 que 2 dólares, incluso si sabemos que es un truco.

Negociar una rebaja del alquiler cuando te comunican una subida

Ocho meses después de firmar un contrato de alquiler por 1.850 dólares al mes, un alumno mío del MBA de Georgetown llamado Mishary recibió noticias desagradables: el casero le dijo que si quería renovar el contrato, serían 2.100 dólares al mes por diez meses o 2.000 al mes por un año.

A Mishary le encantaba el piso y no creía que fuera a encontrar otro mejor, pero el precio ya era alto de entrada y no podía permitirse pagar más.

Tomándose en serio el lema de nuestra clase: «Uno cae a la altura de su máximo nivel de preparación», se puso a bucear en las listas de anuncios de alquiler y encontró apartamentos similares por 1.800 o 1.950 dólares al mes, pero ninguno de ellos estaba en un edificio tan bueno. Después examinó sus finanzas y concluyó que el alquiler que quería pagar era de 1.830 dólares.

Le pidió al agente inmobiliario una reunión.

El tema iba a ser duro.

En la reunión, Mishary expuso su situación. Le dijo que su experiencia en el edificio había sido muy positiva. Y señaló que siempre pagaba puntualmente. Concluyó que para él sería una pena marcharse y que para el casero sería una pena perder un buen inquilino. El agente asintió.

—Totalmente de acuerdo —dijo—. Esa es la razón por la que creo que a ambos nos beneficiará renovar el contrato de alquiler.

Y aquí Mishary sacó su documentación: los edificios del barrio estaban ofreciendo precios mucho más bajos.

—Aunque su edificio es mejor en cuanto a localización y servicios, **¿cómo se supone que voy a pagar 200 dólares más?**

La negociación estaba en marcha.

El agente se quedó callado unos momentos.

—Es un buen argumento, pero este sigue siendo un buen precio —dijo—. Y, como ha señalado, podríamos cobrar un suplemento.

Entonces, Mishary lanzó su punto de anclaje extremo.

—Lo entiendo perfectamente, el edificio está mejor ubicado y tiene mejores servicios. Pero, sintiéndolo mucho, no puedo. **¿Le parecería justo un alquiler de 1.730 dólares al mes por un año?**

El agente se rió y después dijo que no era posible aceptar esa cifra porque estaba por debajo del precio de mercado.

En lugar de entrar en el regateo, Mishary se movió, con inteligencia, hacia las preguntas calibradas.

—Bien, entonces ayúdeme a entenderlo, por favor. ¿Cómo fijan el precio de las renovaciones del alquiler?

El agente no dijo nada muy impactante —básicamente que empleaban criterios como los precios de la zona y la oferta y la demanda—, pero eso le dio a Mishary la posibilidad de argumentar que si se fuera, el casero tendría que vérselas con el riesgo de tener un apartamento sin alquilar y con los costes de repintarlo todo. Un mes supondría una pérdida de 2.000 dólares.

Entonces hizo otra oferta. Probablemente estén pensando que hizo mal en hacer dos ofertas seguidas sin haber recibido ninguna contraoferta. Y tienen razón, eso suele estar prohibido. Pero hay que ser capaz de improvisar. Y si sentimos que no tenemos el control de una negociación, podemos hacer dos o tres movimientos seguidos. Lo importante es no dejar que las reglas echen a perder el curso de la acción.

—Déjeme intentar ajustarme un poco más a lo que pide: **¿Qué tal 1.790 al mes por un año?**

El agente se quedó en silencio un momento.

—Mire, entiendo su preocupación, y lo que dice tiene sentido —dijo—. Sin embargo, su cifra es muy baja. De todos modos, deme tiempo para pensarlo y podemos volver a vernos más adelante. ¿Qué le parece?

Recuerda: cualquier respuesta que no sea una negativa directa significa que llevas la delantera.

Cinco días después volvieron a verse.

—He hecho números y, créame, este es un buen trato —empezó a decir el agente—. Estoy en condiciones de ofrecerle 1.950 al mes por un año.

Mishary sabía que había ganado. El agente necesitaba solamente un pequeño empujón. Así que felicitó al agente y dijo «no» sin decir «no». Y veamos la forma brillante en que utiliza la etiqueta equivocada para hacer que el agente se abra.

—Es muy generoso por su parte, pero ¿cómo se supone que voy a aceptarlo cuando me puedo mudar a un par de manzanas más allá y encontrar un piso por 1.800? 150 dólares al mes es mucho para mí. Sabe que soy un estudiante. No lo sé, **parece que prefiere correr el riesgo de dejar el piso sin alquilar**.

—No es eso —contestó el agente—. Pero no puedo ofrecerle una cifra por debajo del precio de mercado.

Mishary hizo una pausa dramática, como si el agente le estuviera sacando hasta el último céntimo.

—Entonces le propongo esto: inicialmente subí de 1.730 a 1.790 —dijo, suspirando—. Lo subiré hasta 1.810. Y creo que es beneficioso para los dos.

El agente negó con la cabeza.

—Sigue estando por debajo del precio de mercado. Y no puedo aceptarlo.

Entonces, Mishary se preparó para lanzar la última de las ofertas Ackerman. Se quedó callado un rato y pidió al agente papel y bolígrafo. Empezó a hacer cálculos falsos para aparentar que de verdad se estaba esforzando.

Finalmente, miró al agente y dijo:

—He hecho cálculos y el máximo que puedo permitirme es 1.829.

El agente inclinó la cabeza a un lado y al otro, como si estuviera haciéndose a la idea. Al final, habló.

—Vaya, 1.829 —dijo—. Es muy preciso. Debe de ser usted contable. [Mishary no lo era.] Escuche, valoro su deseo de renovar el alquiler con nosotros y creo que podemos dejarlo así por un año.

¡Tachán! Atención a la brillante combinación de ofertas Ackerman decrecientes, cifras no redondas, buena documentación previa, etiquetado con inteligencia y dar respuestas negativas sin decir «no». Eso es lo que te ayudará a conseguir una rebaja en el alquiler cuando lo que quiere el casero es subirte la mensualidad.

Lecciones clave

Cuando la presión se convierta en empujones —que lo hará—, te vas a encontrar en un cuerpo a cuerpo con otro negociador. Una vez que hayas terminado con todas las cuestiones de matiz psicológico —las etiquetas, el reflejo y las preguntas calibradas— tendrás que abordar el meollo de la cuestión.

Para la gran mayoría de nosotros, eso no es divertido.

Pero los grandes negociadores saben que el conflicto es a menudo el camino que lleva a los grandes acuerdos. Y los mejores encuentran formas de pasárselo bien por el camino. El conflicto acaba sacando la verdad, la creatividad y la resolución. Así que la próxima vez que te encuentres en un cuerpo a cuerpo con un negociador, recuerda las lecciones de este capítulo.

- Identifica el estilo de negociación de tu interlocutor. Una vez que sepas si es del tipo acomodador, asertivo o analista, sabrás cuál es la forma correcta de abordarle.
- Preparación, preparación, preparación. Cuando aumenta la presión uno no se crece, sino que cae a la altura de su máximo nivel de preparación. Por tanto, debes fijarte un objetivo ambicioso pero legítimo y a partir de ahí jugar con las etiquetas, las preguntas calibradas y las respuestas que emplearás para llegar hasta él. De ese modo, una vez en la mesa del regateo, no te lanzarás a lo loco.
- Estate preparado para encajar los golpes. Los negociadores expertos generalmente abren con un punto de anclaje extremo para descolocarte y sacarte de tu plan. Si no estás preparado, te irás directamente a tu máximo sin presentar batalla. Así que prepara bien tus tácticas de escape para evitar que te dirijan hacia la trampa del compromiso.

- Aprende a poner límites y a encajar los golpes o devolverlos, pero sin hostilidad. El problema no es la persona que tienes al otro lado de la mesa, sino la situación.
- Prepara un plan Ackerman. Antes de adentrarte en la maleza del regateo, necesitarás un plan que incluya un punto de anclaje extremo, preguntas calibradas y ofertas bien definidas. Recuerda: 65 %, 85 %, 95 %, 100 %. Los aumentos decrecientes y terminar con cifras no redondas hará que tu interlocutor crea que te está sacando todo lo que tienes, cuando en realidad estaréis llegando a la cifra que tú quieres.

10

Encuentra el cisne negro

A las once y media de la mañana del 17 de junio de 1981, un bello día primaveral con una temperatura de 21 grados y una insistente brisa del oeste, un hombre de treinta y siete años llamado William Griffin salió de su habitación en el segundo piso de la casa de sus padres en Rochester (Nueva York), donde vivía, y bajó la escalera desgastada por las pisadas que llevaba al salón.

Cuando llegó abajo, se detuvo un momento y después, sin mediar palabra, ejecutó tres disparos. Mató a su madre y a un manitas que estaba colocando el papel pintado e hirió de gravedad a su padre. El sonido reverberó en el espacio cerrado.

Después, Griffin salió de casa y disparó contra un trabajador y otros dos transeúntes mientras se dirigía al banco del barrio, el Security Trust Company. Cuando entró, la gente empezó a salir del banco corriendo. Griffin tomó como rehenes a nueve empleados de la entidad bancaria y ordenó a los demás que abandonaran el lugar.

Durante las siguientes tres horas y media, Griffin mantuvo un tenso tira y afloja con la policía y los agentes del FBI durante el cual hirió a los dos policías que llegaron primero alertados por la alarma silenciosa del banco, y disparó a otras seis personas que pasaban cerca de allí. Griffin disparó tantas ráfagas —más de cien en total—

que la policía tuvo que utilizar un camión de basura para cubrir a uno de los oficiales al rescatarlo.

A las dos y media, Griffin metió a los nueve empleados del banco en un pequeño despacho y le dijo a la directora que llamara a la policía y les diera un mensaje.

Fuera, el agente del FBI Clint Van Zandt observaba mientras el oficial de la policía de Rochester Jim O'Brien cogía el teléfono.

—O se presentan en la puerta principal del banco a las tres en punto y se enfrentan a él en un duelo en el aparcamiento —balbució la directora entre lágrimas—, o empezará a matar a los rehenes y a echar sus cuerpos a la calle.

Y entonces la línea se quedó en silencio.

Bien, nunca jamás en toda la historia de Estados Unidos ha matado un secuestrador a un rehén en su plazo límite. Este límite es una forma de centrar la mente; lo que quieren en realidad los malos es dinero, respeto y un helicóptero. Todo el mundo lo sabía. Era una certidumbre conocida. Era la verdad.

Pero esa verdad inalterable estaba a punto de cambiar.

Lo que vino después demostró el poder de los cisnes negros, esos pequeños detalles inesperados de información —las incertidumbres desconocidas— que cuando salen a la luz tienen la propiedad de cambiar el terreno de juego de una dinámica de negociación.

Los avances en una negociación —los momentos en los que el partido da un giro en nuestro favor— los provocan aquellos que saben identificar y utilizar los cisnes negros.

He aquí el modo de hacerlo.

Encontrar la ventaja en la predecible impredecibilidad

A las tres de la tarde exactamente, Griffin hizo una señal a una de sus rehenes, una cajera de veintinueve años llamada Margaret Moore, y le dijo que se acercara a las puertas de cristal del banco. Petrificada de miedo, Moore hizo lo que este le ordenaba, pero primero le gritó que era madre soltera y que tenía un hijo pequeño.

Griffin no pareció oírla. Le daba igual. Cuando la sollozante Moore llegó al vestíbulo, Griffin disparó dos ráfagas de su escopeta de calibre 12. Ambas ráfagas dieron a Moore a media altura, haciendo que saliera disparada a través de la puerta de cristal y casi partiéndola por la mitad.

Fuera, las fuerzas de seguridad se quedaron impactadas, en silencio. Era obvio que Griffin no estaba buscando dinero ni respeto ni una vía de escape. El único modo en el que iba a salir de allí era metido en una bolsa para cadáveres.

En ese momento, Griffin se acercó a un ventanal del banco y apretó su cuerpo contra el cristal, a la vista de un francotirador que estaba apostado en la iglesia al otro lado de la calle. Griffin sabía muy bien que el francotirador estaba allí porque horas antes había disparado contra él.

Menos de un segundo después de que la silueta de Griffin apareciera en su punto de mira, el francotirador apretó el gatillo.

Griffin cayó al suelo, muerto.

La teoría de los cisnes negros dice que a veces ocurren cosas que previamente habíamos considerado imposible que ocurrieran, o que ni siquiera eran imaginables. Esto no es lo mismo que afirmar que a veces ocurren cosas que tienen todas las probabilidades en contra, sino que las cosas que uno no se puede imaginar ocurren.

El concepto de «cisne negro» fue popularizado por el analista de riesgos Nassim Nicholas Taleb en sus dos best sellers, *El cisne negro: el impacto de lo altamente improbable* (2008)[21] y *Fooled by Randomness* (2001),[22] pero el término se remonta a muy atrás. Hasta el siglo xvii, la gente solo podía imaginar la existencia de cisnes blancos porque todos los cisnes que se habían avistado tenían las plumas blancas. En el Londres del siglo xvii era habitual referirse a las cosas imposibles como «cisnes negros».

Pero entonces, en 1967, el explorador holandés Willem de Vlamingh viajó a Australia occidental... y vio un cisne negro. De pronto, aquello que había sido inimaginable e impensable era real. La gente siempre había dado por hecho que el próximo cisne que vieran sería blanco, pero el descubrimiento de los cisnes negros quebró esta visión del mundo.

Por supuesto, los cisnes negros son solo una metáfora. Piensa en Pearl Harbour, el auge de internet, el 11-S o la reciente crisis financiera.

Nada de esto pudo predecirse, aunque, si lo pensamos, los indicios estaban ahí. Se trata tan solo de que no les estábamos prestando atención.

Según el sentido que Taleb le da al término, el cisne negro simboliza la inutilidad de hacer predicciones basadas en la experiencia previa. Los cisnes negros son acontecimientos o detalles de información que se sitúan fuera de nuestras expectativas habituales y por tanto no pueden predecirse.

Este es un concepto crucial en la negociación. En toda sesión de negociación hay distintos tipos de información. Hay cosas que sabemos, como el nombre de nuestro interlocutor, su oferta y nuestra experiencia de otras negociaciones. Esas son las «certidumbres conocidas». Están las cosas que estamos seguros de que pueden pasar pero que no sabemos, como la posibilidad de que nuestra contraparte enferme y se marche y nos deje con otro interlocutor. Esas son las «incertidumbres conocidas» y son como comodines de póquer; se sabe que están en la mesa pero no se sabe quién los tiene. Pero las más importantes son las cosas que no sabemos que no sabemos, información que nunca habríamos imaginado y que, de desvelarse, cambiaría toda la partida. Por ejemplo, quizá a nuestro interlocutor le interesa que la negociación fracase porque tiene pensado irse con un competidor. Las «incertidumbres desconocidas» son los cisnes negros.

Van Zandt, y en realidad todo el FBI, guiando su enfoque a partir de sus certidumbres conocidas y sus expectativas precedentes, estaban ciegos a las claves que indicaban que había algo en juego que no era predecible. No podían ver los cisnes negros delante de ellos.

Tampoco quiero señalar a Van Zandt. Al destacar él mismo este suceso, le hizo a todas las fuerzas de seguridad un gran servicio, y durante una sesión de formación en Quantico me contó, a mí y a una sala llena de agentes, la historia de aquel terrible día de junio. Era una introducción al fenómeno del «suicidio por policía» —cuando un individuo crea deliberadamente una situación de crisis para provocar una respuesta letal por parte de las fuerzas policiales—, pero estaba en juego una lección aún más importante: la clave de la historia, entonces y ahora, es que resulta crucial reconocer lo inesperado para asegurarse de que cosas como la muerte de Moore no vuelven a suceder.

Aquel día de junio de 1981, O'Brien no dejaba de llamar al banco y el empleado que contestaba la llamada siempre colgaba rápidamente. En ese momento tendrían que haberse dado cuenta de que había algo que no encajaba. Los secuestradores siempre hablan porque siempre tienen exigencias que hacer; siempre quieren ser escuchados, respetados y que se les pague.

Pero este tipo no.

Y en medio de la situación, llegó un policía al puesto de operaciones e informó de que a pocas manzanas de allí se había producido un doble homicidio con una tercera persona herida.

—¿Eso es relevante? —dijo Van Zandt—. ¿Hay alguna conexión?

Nadie lo sabía ni lo averiguó a tiempo. Si lo hubieran hecho, habrían descubierto un segundo cisne negro: Griffin ya había matado a unas cuantas personas sin hacer exigencias económicas.

Y después, unas horas más tarde, el secuestrador hizo que uno de los rehenes leyera una nota por teléfono a la policía. Curiosamente, no había demandas. Se trataba de una diatriba errática sobre la vida de Griffin y las injusticias que había tenido que soportar. La nota era tan larga e inconexa que nunca llegó a leerse entera. Debido a esto, una frase importante —otro cisne negro—, quedó sin registrar: «... después de que la policía acabe con mi vida...».

Puesto que ninguno de estos cisnes negros fueron descubiertos, ni Van Zandt ni sus colegas llegaron a entender la situación: Griffin quería matarse, y quería que la policía lo hiciera por él.

El FBI nunca había visto nada como esto —¿un asesinato a la hora fijada?—, por tanto, intentaron encajar la información en aquello que ya había ocurrido en el pasado. En las viejas plantillas. Se preguntaban: «¿Qué es lo que quiere de verdad?». Esperaban que, después de asustarles un poco, Griffin cogiera el teléfono y empezara a dialogar. A nadie lo matan en la fecha prevista.

O eso creían.

Desvelar las incertidumbres desconocidas

La lección de lo que pasó a las tres de la tarde del 17 de junio de 1981 en Rochester, Nueva York, es que cuando las piezas de un caso no encajan, habitualmente es porque nuestros marcos de referencia están mal; y nunca encajarán a no ser que nos libremos de nuestras expectativas.

Cada caso es nuevo. Debemos dejar que lo que sabemos —las certidumbres conocidas— nos guíen sin cegarnos hacia aquello que no sabemos; debemos ser flexibles y adaptarnos a cualquier situación; debemos tener siempre mentalidad de principiante; y no debemos sobrevalorar nuestra experiencia ni minusvalorar las realidades informacionales y emocionales que van apareciendo a cada momento en cualquiera de las situaciones a las que nos enfrentemos.

Pero estas no fueron las únicas lecciones importantes de aquel trágico evento. Si la dependencia excesiva de las certidumbres conocidas puede dejar a un negociador encadenado a una serie de asunciones que le impiden ver y oír todo lo que ofrece una situación, quizá la receptividad aumentada a las incertidumbres desconocidas pueda liberar a ese mismo negociador y permitirle ver y oír aquellas cosas que pueden significar avances decisivos.

Desde el momento en el que escuché la historia del 17 de junio de 1981, me di cuenta de que había cambiado por completo el modo en que abordaba las negociaciones. Empecé a desarrollar la hipótesis de que en toda negociación cada parte está en posesión de al menos tres cisnes negros, tres detalles que, si fueran descubiertos por la otra parte, lo cambiarían todo.

Y mi experiencia desde entonces me ha demostrado que es cierto.

Bien, debo señalar aquí que esto no es solo una pequeña modificación de la técnica de negociación. No por casualidad decidí adoptar el nombre de The Black Swan para mi empresa y como símbolo de nuestro enfoque.

Buscar los cisnes negros y actuar en función de ellos exige un cambio de mentalidad. Transforma la negociación, que de ser una partida de ajedrez de movimientos y contramovimientos en una dimensión pasa a ser un juego tridimensional que resulta ser más emocional, adaptativo, intuitivo... y verdaderamente eficaz.

Encontrar los cisnes negros no es tarea fácil, por supuesto. Todos estamos ciegos hasta cierto punto. No sabemos qué es lo que nos espera a la vuelta de la esquina hasta que nos lo encontramos. Por definición, no sabemos lo que no sabemos.

Por eso afirmo que encontrar y comprender los cisnes negros requiere un cambio de mentalidad. Debes abrir tus caminos preestablecidos y adoptar formas de escucha más intuitivas y con más matices.

Esto es vital para las personas de todas las extracciones sociales, desde los negociadores hasta los inventores y los profesionales del marketing. Lo que no sabes puede matarte, bien a ti o bien al acuerdo que persigues. Pero descubrirlos es increíblemente difícil. El desafío más básico es que la gente no sabe cuál es la pregunta que tiene que hacer al cliente, al usuario... al interlocutor. A no ser que se los interrogue correctamente, la mayoría de la gente no sabe articular la información que quieres que te dé. El mundo no le dijo a Steve Jobs que quería un iPad: fue él quien descubrió nuestra necesidad, ese cisne negro, sin que nosotros supiéramos que esa información estaba ahí.

El problema es que las técnicas de interrogación e investigación tradicionales están diseñadas para confirmar las certidumbres conocidas y reducir la incertidumbre. No ahondan en lo desconocido.

Las negociaciones siempre sufrirán de predictibilidad limitada.

Tu contraparte puede decirte: «Esta es una parcela bellísima», sin contarte que es también un enclave con alto grado de toxicidad. O puede decir: «¿Si los vecinos son ruidosos? Bueno, todo el mundo hace algo de ruido, ¿no?», cuando el hecho real es que hay una banda de heavy metal que ensaya allí todas las noches.

El que sea más capaz de desenterrar, adaptarse y explotar las cosas no sabidas será el que terminará por llevarse el gato al agua.

Para desvelar esta información desconocida debemos cuestionar nuestro mundo, debemos hacer una llamada y escuchar atentamente la respuesta. Haz un montón de preguntas, lee las claves no verbales y enuncia siempre tus observaciones ante tu interlocutor.

No es distinto de lo que hemos aprendido hasta ahora. Simplemente es más intenso e intuitivo. Aprende a tantear para conocer la verdad que se esconde tras el camuflaje; presta atención a las pequeñas pausas que indican incomodidad y mentiras. No intentes verificar las expectativas que tienes de antemano porque es lo único que encontrarás. En lugar de ello, ábrete a la realidad de los hechos que se presentan ante ti.

Ese es el motivo por el que mi empresa cambió su formato para preparar y abordar las negociaciones. No importa cuánta investigación haya hecho nuestro equipo antes de una interacción, siempre nos preguntamos: «¿Por qué nos están comunicando lo que nos están comunicando ahora mismo?». Recuerda que negociar tiene más que ver con andar sobre la cuerda floja que con competir contra un oponente. Si te centras demasiado en el objetivo final solo conseguirás distraerte del siguiente paso, y eso puede hacer que te caigas. Concéntrate en el siguiente paso, porque la misma cuerda te llevará al final siempre que vayas paso a paso.

La mayor parte de la gente espera que los cisnes negros sean información que está guardada a buen recaudo o muy privada, cuando en realidad puede parecer completamente inocua. Ambas partes pueden no ser conscientes de su importancia. Nuestro interlocutor siempre tendrá información de cuyo valor no sea consciente.

Los tres tipos de ventaja

Volveré sobre las técnicas específicas para descubrir los cisnes negros, pero primero quiero explicar qué es lo que los hace tan útiles. La respuesta es: nos dan ventaja. Los cisnes negros funcionan como multiplicadores de la ventaja.

Bien, «ventaja» es la palabra mágica, pero también es uno de esos conceptos que los expertos en negociación sueltan de vez en cuando y en los que raramente se detienen, así que me gustaría hacerlo aquí.

En teoría, esa ventaja es la habilidad para infligir pérdidas y mantener las ganancias. ¿Qué es lo que tu interlocutor quiere ganar y qué tiene miedo a perder? Si descubres esa información, se nos dice, tendrás ventaja sobre las percepciones, acciones y decisiones de la otra parte. En la práctica, en la que nuestras percepciones irracionales son nuestra realidad, pérdidas y ganancias son conceptos resbaladizos, y a menudo no importa si tienes menos ventaja que tu contrario, lo que importa es la ventaja que los demás creen que tienes sobre ellos. Por eso digo que siempre hay un punto de ventaja: como concepto emocional puede fabricarse, exista o no.

Si están hablando contigo, tienes ventaja. ¿Quién lleva ventaja en un secuestro? ¿El secuestrador o la familia de la víctima? La mayoría de la gente piensa que el secuestrador, y es cierto que está en posesión de algo que nos es querido, pero nosotros tenemos algo que ellos desean. ¿Cuál de las dos cosas es más poderosa? Es más, ¿de cuántos compradores dispone el secuestrador para la mercancía que está intentando vender? ¿Qué negocio tiene éxito si solo existe un comprador?

La ventaja está constituida por un montón de elementos, como el tiempo, la necesidad y la competición. Si necesitas vender tu casa ahora mismo, cuentas con menos ventaja que si no tienes fecha límite. Si quieres venderla pero no tienes que hacerlo, cuentas con más. Y si hay varias personas interesadas en ella, mejor.

Me gustaría señalar que la ventaja no es lo mismo que el poder. Donald Trump tiene mucho poder, pero si está solo en un desierto y el dueño de la única tienda en kilómetros a la redonda tiene el agua que él desea, la ventaja es del vendedor.

Una forma de entender la ventaja es como un líquido que fluye entre las partes. Como negociador siempre debes estar al tanto de cuál de los lados, en un momento dado, cree que tiene más que perder si fracasa la negociación. La parte que crea que tiene más que perder y que tenga más miedo a esa pérdida es la que juega con menos ventaja, y viceversa. Para hacerte con la ventaja debes convencer a tu interlocutor de que tiene algo que perder si el trato fracasa.

En un nivel taxonómico, hay tres tipos de ventaja: positiva, negativa y normativa.

Ventaja positiva

La ventaja positiva es simplemente tu habilidad como negociador para ofrecer —o reservarte— cosas que tu interlocutor desea. Cada vez que la otra parte dice: «quiero...», por ejemplo: «Quiero comprar tu coche», tienes ventaja positiva.

Cuando alguien dice eso, tienes el poder: puedes hacer que su deseo se haga realidad; puedes retenerlo y por tanto hacerle sufrir; o puedes emplear su deseo para conseguir un mejor acuerdo con otra parte.

He aquí un ejemplo:

Tres meses después de haber puesto en venta tu negocio, un posible comprador te dice finalmente: «Sí, me gustaría comprarlo». Te alegras, pero pocos días después tu alegría se convierte en decepción cuando te envía una oferta tan baja que resulta insultante. Y es la única oferta con la que cuentas, ¿qué haces?

Bien, es de esperar que hayas tenido contacto con otros compradores, aunque sea casualmente. Si ha sido así, puedes usar la oferta para crear una sensación de competición, y así desatar una guerra de ofertas. Al menos, les obligarás a elegir.

Pero incluso si no tienes más ofertas o si el comprador interesado es tu primera opción, tienes más poder ahora que tu interlocutor ha revelado su deseo. Controlas lo que quiere. Esa es la razón por la que los negociadores con experiencia retrasan siempre el momento de hacer una oferta, no quieren perder su ventaja.

La ventaja positiva debería aumentar tus habilidades psicológicas durante la negociación. Te has movido de una situación en la que quieres algo del inversor a una situación en la que ambos queréis algo el uno del otro.

Una vez que la tienes, puedes identificar otras cosas que quiere tu oponente. Quizá quiera comprar toda la firma, andado el tiempo; puedes ayudarle a hacerlo, si sube la oferta. Quizá su oferta es todo el dinero que tiene; puedes ayudarle a conseguir lo que quiere —tu negocio— diciéndole que por su oferta solo puedes venderle el 75 %.

Ventaja negativa

La ventaja negativa es lo que la mayoría de la gente se imagina cuando oye la palabra «ventaja». Es la habilidad del negociador para hacer sufrir a la otra parte. Y está basada en amenazas: tienes ventaja negativa cuando puedes decirle a tu interlocutor: «Si no cumples tu parte del trato/pagas la factura/etcétera, destruiré tu reputación».

Este tipo de ventaja se sostiene en un concepto que ya hemos discutido: la aversión a la pérdida. Como cualquier negociador eficaz sabe desde tiempos inmemoriales, y como los psicólogos han demostrado repetidamente, las pérdidas potenciales se instalan en la mente humana con mucha más fuerza de lo que lo hacen las ganancias potenciales. Conseguir un buen trato puede llevarnos a hacer una apuesta arriesgada, pero salvar nuestra reputación es una motivación mucho mayor.

¿Qué tipo de cisnes negros debes buscar para conocer la ventaja negativa? Los negociadores eficaces buscan los detalles —a menudo se revelan de forma oblicua— que muestran lo que es importante para su contraparte: ¿quién es su público?, ¿qué significan para ellos el estatus y la reputación?, ¿qué es lo que más les preocupa? Para conocer esta información, uno de los métodos es salir de la mesa de negociación y hablar con una tercera parte que conozca a tu interlocutor. El método más eficaz es recoger esta información a partir de las interacciones con tu contraparte.

Dicho esto, una advertencia: yo no soy partidario de hacer amenazas directas y me muestro extremadamente cauteloso hasta con las más sutiles. Las amenazas pueden ser como bombas nucleares. Dejarán un residuo tóxico que será muy difícil de limpiar. Maneja con cuidado el potencial de las consecuencias negativas, o te envenenarás o tirarás por los aires todo el proceso.

Si le haces tragarse tu ventaja negativa a tu contraparte, esta puede percibirlo como que le estás privando de su autonomía. Y la gente prefiere morir que entregar su autonomía. Como mínimo, actuarán de forma irracional y cerrarán la negociación.

Una técnica más sutil es etiquetar tu ventaja negativa y, así, dejar clara su existencia sin atacar. Frases como «Parece que valoras mucho el hecho de que siempre has pagado a tiempo» o «Parece que no te importa la posición en la que me dejas» pueden ser realmente útiles para abrir el proceso de negociación.

Ventaja normativa

Todas las personas tienen ciertas reglas y un marco moral.

La ventaja normativa consiste en emplear las normas y estándares de la otra parte para avanzar tus posiciones. Si puedes mostrar las inconsistencias entre sus creencias y sus acciones, ganarás ventaja normativa. Nadie quiere parecer un hipócrita.

Por ejemplo, si tu contraparte deja caer que normalmente pagan un múltiplo determinado del *cash flow* cuando compran una empresa, puedes enmarcar el precio deseado de forma que refleje esa valoración.

Descubrir los cisnes negros que te darán una valoración normativa puede ser tan fácil como preguntarle a tu interlocutor en qué cree y escucharle abiertamente. Lo que quieres es descubrir en qué idioma habla, y hablarle en su mismo idioma.

Conocer su religión

En marzo de 2003 estuve al mando de una negociación con un granjero que se convirtió en uno de los más improbables terroristas que imaginarse pueda tras el 11-S.

El drama empezó cuando Dwight Watson, un cultivador de tabaco de Carolina del Norte, enganchó su jeep a un tractor John Deer adornado con pancartas y una bandera invertida de Estados Unidos y lo remolcó hasta Washington D.C. para protestar contra las políticas gubernamentales que creía que estaban arruinando a los plantadores de tabaco.

Cuando Watson llegó a la capital, metió el tractor en un estanque situado entre el monumento a Washington y el Memorial a los Veteranos de Vietnam y amenazó con hacer estallar las bombas de «organofosfato» que aseguraba llevar dentro.

La capital entró en situación de emergencia y la policía cerró un área de ocho manzanas desde el Lincoln Memorial hasta el monumento a Washington. Pocos meses después de los ataques del francotirador de Beltway y en plena escalada de la guerra de Irak, la facilidad con la que Watson desató una tormenta política en la capital del país atemorizó a la gente.

Watson habló por teléfono con el *Washington Post* y les dijo que estaba en una misión a muerte para demostrar que la reducción en los subsidios estaba matando a los cultivadores de tabaco. Le dijo al *Post* que Dios le había indicado que llevara a cabo su protesta y que no iba a abandonar.

—Si es así como Estados Unidos va a ser gobernado, a la mierda —dijo—. No me rendiré. Ya pueden sacarme a tiros del agua. Estoy preparado para ir al cielo.

El FBI me mandó al National Mall a una autocaravana adaptada, desde donde debía guiar a un equipo de agentes del FBI y de la Policía de los Parques de Estados Unidos durante el proceso de convencer a Watson para que no se suicidara ni acabara con la vida de Dios sabe cuántas personas más.

Y nos pusimos a trabajar.

Como puede esperarse de una negociación con un tipo que amenaza con destruir buena parte de la capital de Estados Unidos, esta fue tensa. Teníamos francotiradores con las armas apuntadas hacia Watson y tenían luz verde para disparar si hacía cualquier movimiento extraño.

En cualquier negociación, pero especialmente en una tan tensa como esta, lo que determina el éxito no es lo bien que uno sea capaz de hablar, sino lo bien que sea capaz de escuchar. Comprender al «otro» es condición previa para poder hablar de forma persuasiva y desarrollar opciones que le resulten atractivas. Está la negociación visible y están todas las demás cosas que quedan ocultas bajo la superficie (ese espacio secreto de negociación en el que moran los cisnes negros).

Muy a menudo, el acceso a este espacio secreto se gana entendiendo la cosmovisión de la otra parte, su razón de ser, su religión. Con seguridad, indagar en la «religión» de tu interlocutor (a veces tendrá que ver con un dios, pero no siempre) implica ir más allá de la mesa de negociación y entrar en la vida, emocional y de otro tipo, de tu contraparte.

Una vez que has entendido la visión del mundo de tu interlocutor, puedes empezar a construir cómo influir en él. Esa es la razón por la que al hablar con Watson dediqué mi energía a tratar de desvelar quién era en vez de emplear la lógica argumental para hacer que se rindiera.

Descubrimos que a Watson le resultaba cada vez más difícil ganarse la vida con su plantación de tabaco de quinientas hectáreas, que llevaba cinco generaciones en su familia. Después de haber sufrido una sequía y haber visto que su cuota de cosecha se reducía a la mitad, Watson comprendió que ya no podía permitirse mantener la granja y se dirigió a Washington D.C. a decirlo alto y claro. Quería llamar la atención, y saber lo que quería nos granjeó una ventaja positiva.

Watson nos contó también que era un veterano, y los veteranos tienen normas. Ese es exactamente el tipo de música que deseamos escuchar, pues nos ofrece una ventaja normativa. Nos dijo que estaba dispuesto a rendirse, pero no de inmediato. En la década de

1970 había sido policía militar en la 82 División Aerotransportada, y había interiorizado que si se quedaba atrapado detrás de las líneas enemigas podía retirarse con honor si los refuerzos no llegaban en un plazo de tres días. Pero no antes.

En definitiva, teníamos una serie de reglas establecidas a las que podíamos sujetarle, y al decir que estaba dispuesto a retirarse daba a entender que, a pesar de su bravata sobre la muerte, quería vivir. Una de las primeras cosas que uno intenta dilucidar en una negociación con rehenes es si la visión de futuro de nuestra contraparte implica seguir vivo o no. Y Watson había respondido que sí.

Empleamos esta información —un ejemplo de ventaja negativa, pues podíamos quitarle algo que quería, la vida— y empezamos a trabajar con ella junto con la ventaja positiva de su deseo de ser escuchado. Insistimos a Watson en que ya había salido en las noticias nacionales y que si quería que su mensaje perdurara tendría que mantenerse con vida.

Watson era lo suficientemente listo para entender que había una posibilidad de no salir vivo de esta, pero aun así tenía sus reglas de honor militar. Sus deseos y sus temores contribuían a generar ventajas positivas y negativas, pero eran secundarios con respecto a las normas por las que regía su vida.

La idea de esperar al tercer día resultaba tentadora, pero yo dudaba que llegáramos tan lejos. Con cada hora que pasaba, la atmósfera se hacía más tensa. La capital estaba en estado de alerta y teníamos razones para creer que Watson tenía explosivos. Si hacía cualquier movimiento extraño, un simple gesto descontrolado, los francotiradores le matarían. Ya había tenido unas cuantas explosiones de ira, así que cada hora que pasaba le ponía más en peligro. Aún era posible que acabara muerto.

Pero no podíamos tocar esa tecla; no podíamos amenazarle con matarle y esperar que la amenaza funcionara. Tuvimos en cuenta «la paradoja del poder»: es decir, que cuanto más presionemos, más probable es que encontremos resistencia. Esa es la razón por la que la ventaja negativa debe usarse con discreción.

La cuestión es que teníamos poco tiempo y había que acelerar las cosas.

Pero ¿cómo?

Lo que ocurrió después es uno de esos gloriosos ejemplos de cómo una escucha atenta para entender la cosmovisión de nuestra contraparte puede desvelar un cisne negro que transforme toda la dinámica de la negociación. Watson no nos dijo directamente lo que necesitábamos saber, pero prestando atención desvelamos una verdad sutil que permeaba todo lo que decía.

Cuando llevábamos unas treinta y seis horas de negociación, Winnie Miller, una agente del FBI de nuestro equipo que había estado escuchando atentamente en busca de las referencias sutiles que Watson había estado haciendo, se volvió hacia mí.

—Es un cristiano devoto —me dijo—. Dile que mañana es el Amanecer del Tercer Día. Es el día en que Jesucristo dejó su tumba y subió al cielo. Si Cristo salió en el amanecer del tercer día, ¿por qué no Watson?

Era un ejemplo brillante de escucha atenta. Al combinar el subtexto de las palabras de Watson con un conocimiento de su cosmovisión, Winnie nos permitía mostrarle a Watson que no solo le estábamos oyendo, sino que le estábamos escuchando.

Si habíamos entendido bien su subtexto, esto le permitiría terminar la partida con honor y con la sensación de que se estaba rindiendo a un adversario que le respetaba, tanto a él como a sus creencias.

Al situar tu demanda dentro de la visión del mundo en la que tu contraparte toma sus decisiones, le estás mostrando respeto y esto te granjeará su atención y te dará resultados. Conocer la religión de tu contrario es más que ganar una ventaja normativa *per se*. Más bien supone alcanzar un entendimiento holístico de la visión del mundo de tu interlocutor —en este caso, religiosa— y saber emplear ese conocimiento para dar forma a tus movimientos dentro de la negociación.

Usar las creencias de tu contrario resulta extremadamente eficaz porque ejerce cierta autoridad sobre él. La «religión» del otro es lo que el mercado, los expertos, Dios o la sociedad —todo aquello que le importa— ha decidido que es justo. Y la gente tiende a plegarse a esa autoridad.

Cuando volvimos a hablar con Watson mencionamos que el día siguiente sería el Amanecer del Tercer Día. Durante un buen rato no se oyó nada al otro lado de la línea. Nuestro Centro de Operación de Negociaciones estaba tan silencioso que se distinguían los latidos de la persona que tenías al lado.

Watson carraspeó.

—Saldré —dijo.

Y lo hizo, terminando con cuarenta y ocho horas de *impasse*, librándose de salir herido y permitiendo que la capital del país recuperara su vida normal.

No encontramos explosivos en el tractor.

Si bien la importancia de «conocer su religión» debería haber quedado clara a partir de la historia de Watson, he aquí un par de trucos para aprender a leer la religión correctamente:

- Repasa todo lo que escuches. La primera vez no lo oirás todo, así que debes comprobarlo por segunda vez y comparar tus notas con las de otros miembros de tu equipo. A menudo, descubrirás nueva información que te ayudará a avanzar en las negociaciones.

- Cuenta con oyentes de refuerzo que lo escuchen todo entre líneas. Oirán las cosas que se te escapen a ti.

En otras palabras: escuchar, escuchar otra vez y escuchar un poco más.

Hemos visto el modo en que una comprensión holística de la «religión» de nuestro interlocutor —un enorme cisne negro— puede ofrecernos una ventaja normativa que nos lleve a conseguir resultados en la negociación. Pero hay otras maneras en las que entender la «religión» de tu interlocutor te permitirá obtener mejores resultados.

El principio de similitud

Las investigaciones de los científicos sociales han confirmado algo que los negociadores eficaces han sabido de siempre: a saber, que confiamos más en las personas cuando nos parecen similares a nosotros o nos resultan familiares.

La gente confía en aquellos que forman parte de su camarilla. La pertenencia es un instinto primario. Y si puedes despertar ese instinto, esa sensación de «¡Oh! Vemos las cosas igual», ganarás capacidad de influencia de inmediato.

Cuando la otra parte muestra actitudes, creencias, ideas e incluso formas de vestir similares a las nuestras, tiende a gustarnos más y solemos confiar más en ella. Similitudes tan superficiales como la pertenencia a un mismo club o haber acudido al mismo instituto hacen que la compenetración aumente.

Esa es la razón por la que en muchas culturas los negociadores invierten mucho tiempo en construir estos puntos de compenetración antes de empezar a pensar siquiera en la oferta. Ambas partes saben que la información que recopilen puede ser vital para cerrar eficazmente un trato y para construir ventajas. Un poco como cuando los perros dan vueltas unos en torno a otros olisqueándose el trasero.

Cierta vez cerré un trato con un director general de Ohio que solicitaba nuestros servicios y el principio de similitud desempeñó un papel importantísimo.

Mi interlocutor hacía constantes referencias que yo identifiqué como típicas de un converso al cristianismo. Durante nuestra conversación, sacaba continuamente el tema de si debía hacer venir a sus asesores. El asunto de los asesores le resultaba una auténtica carga, e incluso en un momento dado dijo: «Nadie me entiende».

En aquel instante empecé a rebuscar en mi cerebro la palabra cristiana que capturaría la esencia de todo lo que él estaba diciendo. Y entonces se me ocurrió el término, una palabra que la gente usaba a menudo en la iglesia para describir el deber que tenemos de administrar nuestros talentos y los de nuestro mundo —y por tanto los de Dios— con honestidad, responsabilidad y rendición de cuentas.

—Todo esto supone una verdadera «mayordomía» para usted, ¿no es cierto? —dije.

Su tono de voz se hizo más firme de pronto.

—¡Sí! Es usted el único que lo entiende —contestó.

Y nos contrató. Al mostrarle que comprendía sus razones más profundas y demostrarle cierto grado de similitud, de pertenencia mutua, pude atraerle hacia un acuerdo. En el momento en que establecí una especie de identidad compartida con este cristiano, estaba hecho. No solo por la mera similitud, sino por el entendimiento que suponía ese momento de similitud.

El poder de la esperanza y los sueños

Una vez que conoces la religión de la contraparte y eres capaz de visualizar lo que de verdad quiere de la vida, puedes emplear dichas aspiraciones como forma de hacer que te siga.

Cada ingeniero, cada ejecutivo, cada niño..., todos deseamos creer que somos capaces de lo más extraordinario. De niños, nuestras ensoñaciones nos convierten en los protagonistas de algunos momentos estelares: un actor recibiendo un Oscar o un atleta que mete el gol de la victoria. Sin embargo, a medida que vamos haciéndonos mayores, nuestros padres, profesores y amigos nos hablan más de lo que no podemos ni debemos hacer que de lo que sí es posible. Empezamos a perder la fe.

Pero cuando alguien muestra pasión por algo que siempre hemos deseado y desarrolla un plan encaminado a conseguirlo, dejamos que nuestras percepciones de lo posible cambien. Todos deseamos contar con un mapa de la alegría, y cuando alguien tiene el coraje suficiente de dibujarlo para nosotros, nuestro impulso natural es seguirlo.

Por tanto, cuando confirmes los objetivos frustrados de tu contraparte, debes invocar también tu propio poder y capacidad de seguimiento mostrando pasión por sus metas y confianza en su habilidad para cumplirlas.

Ted Leonsis es muy bueno haciendo esto. Como propietario del equipo de baloncesto Washington Wizards y del equipo de hockey Washington Capitals, siempre está hablando de crear los momentos deportivos inmortales que la gente seguirá relatando a sus nietos. ¿Quién no desearía llegar a un acuerdo con alguien que les va a hacer inmortales?

La religión como razón

Las investigaciones han demostrado que las personas suelen responder favorablemente a las peticiones que se les hacen en un tono de voz razonable y que tienen un por qué.

En un famoso estudio de finales de la década de 1970,[23] Ellen Langer, profesora de psicología de Harvard, y sus colegas abordaron a la gente que estaba esperando en la cola de las fotocopiadoras. Langer les preguntaba si podía colarse. A veces les daba una razón y otras no. Lo que Langer descubrió es impresionante: cuando no aducía razones, el 60 % la dejaba pasar, pero cuando daba una lo hacía más del 90 %. Y no importaba si la razón tenía sentido o no («Perdona, tengo cinco páginas. ¿Me dejas pasar porque tengo que hacer fotocopias?». Esta frase funcionaba muy bien). Simplemente, la gente respondía de forma positiva al planteamiento.

Si bien las razones tontas funcionaban con algo simple como las fotocopias, con asuntos más complicados puedes aumentar tu eficacia ofreciendo razones que hagan referencia a la religión de tu contraparte. Si el director general cristiano me hubiera lanzado una oferta a la baja cuando accedió a contratar la firma que represento, podría haberle contestado: «Me encantaría aceptarla, pero tengo la responsabilidad de ejercer una buena "mayordomía" con mis talentos».

No es una locura, es una pista

No está en la naturaleza humana aceptar de buen grado lo desconocido. Nos da miedo. Cuando nos vemos enfrentados a ello, lo ignoramos, huimos o lo etiquetamos de formas que nos permitan desdeñarlo. En las negociaciones, esa etiqueta la mayoría de las veces toma esta forma: «¡Están locos!».

Es una de las razones por las que me he mostrado muy crítico con algunos aspectos de la política de negociación con rehenes estadounidense, como que no negociamos con aquellos a los que nos referimos, en términos amplios, como «terroristas», y que incluye desde los talibanes hasta el ISIS.

El razonamiento que sostiene este compromiso está muy bien resumido en las palabras del periodista Peter Bergen, analista de seguridad de la CNN: «Las negociaciones con fanáticos religiosos que tienen delirios de grandeza no suelen salir bien».

La alternativa que hemos elegido es no comprender su religión, su fanatismo ni sus delirios. En lugar de meternos en negociaciones que pueden no salir bien, nos encogemos de hombros y exclamamos: «¡Están locos!».

Pero eso es un error de percepción. Debemos entender estas cosas. No lo digo porque sea un pacifista blandengue (el FBI no contrata a gente así), sino porque sé que entender ese tipo de cosas es el mejor modo de descubrir los puntos vulnerables y los deseos del otro lado y, así, ganar capacidad de influencia. Y no podrás hacerlo a no ser que hables.

Todo el mundo lo utiliza: «¡Están locos!». Podrás verlo en todo tipo de negociaciones, desde las familiares hasta los acuerdos del Congreso o el regateo empresarial.

Pero cuando estamos más dispuestos a poner el grito en el cielo y afirmar: «¡Están locos!», suele ser también el mejor momento para descubrir los cisnes negros que transformarán la negociación. Es cuando oímos o vemos algo que no tiene sentido —una «locura»— y se nos aparece una bifurcación clave en el camino: o presionamos con mayor fuerza sobre aquello que inicialmente no podemos procesar, o tomamos el otro camino, el del fracaso garantizado, en el que nos decimos a nosotros mismos que, en todo caso, esa negociación era inútil.

En su excelente libro *El negociador genial*,[24] Deepak Malhotra y Max H. Bazerman, profesores de la Escuela de Empresariales de Harvard, nos ofrecen una perspectiva sobre las razones habituales por las que los negociadores llaman erróneamente a sus interlocutores «locos». Me gustaría repasarlas.

Primer error: Están mal informados

A menudo la otra parte actúa en función de una información incorrecta, y cuando la gente maneja mala información, hace malas elecciones. En la industria informática existe una expresión genial para ese proceso: GIGO (*Garbage In, Garbage Out* o «Basura entra, basura sale»).

Como ejemplo, Malhotra habla de un alumno suyo que tenía una disputa con un antiguo empleado que le reclamaba 13.000 dólares en concepto de comisiones por trabajos que había hecho antes de ser despedido y amenazaba con llevarle a los tribunales.

Sin saber qué hacer, el ejecutivo se dirigió a los contables de la empresa. Ahí descubrió cuál era el problema: las cuentas habían sido un desastre en la época en la que el empleado fue despedido, pero se habían puesto en orden desde entonces. Una vez actualizada la información, los contables aseguraron al ejecutivo que, de hecho, el empleado debía 25.000 dólares a la empresa.

Para evitar un litigio, el ejecutivo llamó al empleado, le explicó la situación y le hizo una oferta: si retiraba los cargos podía quedarse con los 25.000. Para su sorpresa, el empleado afirmó que iba a seguir adelante con la demanda; actuó irracionalmente, como un loco.

Malhotra le dijo a su alumno que el problema no era la locura, sino la falta de información y de confianza. Por tanto, el ejecutivo hizo que una consultora externa auditara las cuentas y envió el informe al empleado.

¿El resultado? El empleado retiró la demanda.

La lección aquí es que las personas que actúan a partir de información incompleta parecen locas a aquellos que tienen una información distinta.

Segundo error: Están constreñidos

En toda negociación en la que el interlocutor actúe de forma vacilante, es bastante posible que haya cosas que no pueda hacer pero que tampoco puede revelar. Estar constreñido puede hacer que el más sensato de los interlocutores parezca irracional. Quizá la otra parte esté limitada para hacer algo por consejo legal, o a causa de promesas previas, o incluso para evitar crear precedentes.

O quizá, simplemente, no tenga el poder de cerrar el trato.

Esa es la situación que se encontró un cliente mío cuando intentaba que su empresa de marketing firmara con Coca-Cola.

El tipo llevaba meses negociando el acuerdo y ya estábamos en el mes de noviembre. Le aterraba el hecho de que si no conseguía cerrar el trato antes de que acabara el año tendría que esperar a que Coca-Cola rehiciera el presupuesto y podría perderlo como cliente.

El problema estaba en que su contacto había dejado de responder de pronto. Así que le indicamos que enviara una versión de nuestro correo electrónico clásico para las situaciones de falta de respuesta, el que siempre funciona: «¿Ha abandonado la idea de cerrar el trato este año?».

Y entonces pasó algo extraño. El contacto de Coca-Cola no respondió al correo electrónico perfecto. ¿Qué pasaba?

En principio, parecía bastante irracional, porque el contacto había sido un tipo bastante firme hasta entonces. Le dijimos a nuestro cliente que solo podía significar una cosa: su contacto había abandonado la idea de cerrar el trato dentro del año, pero no quería admitirlo. Tenía que haber algún constreñimiento.

Sabiendo esto, hicimos que nuestro cliente indagara. Después de enviar algunos correos electrónicos y hacer algunas llamadas, dio con alguien que conocía a su contacto. Y resultó que teníamos razón: la división a la que pertenecía el contacto había estado sumida en el caos durante semanas y a causa de la lucha corporativa este había perdido toda capacidad de influencia. Le avergonzaba admitirlo, y por eso estaba evitando a mi cliente.

Por decirlo llanamente, estaba sujeto a constreñimientos de gran envergadura.

Tercer error: Tienen otros intereses

Recordemos a William Griffin, el primer hombre de la historia de Estados Unidos que mató a un rehén en la fecha límite.

Lo que el FBI y los negociadores policiales presentes en la escena del crimen no sabían era que su interés principal no consistía en negociar un trato para liberar a los rehenes a cambio de dinero. Quería que lo matara un policía. Si hubieran sido capaces de desenterrar ese interés oculto, podrían haber evitado parte de la tragedia de aquel día.

La presencia de intereses ocultos no es tan rara como se puede pensar. A menudo, tu contraparte rechazará tus ofertas por razones que no tienen nada que ver con la validez objetiva de estas.

Puede que un cliente esté retrasando la compra de tu producto para que la factura le llegue después del cierre del año, aumentando así las posibilidades de que le asciendan. O quizá un empleado decida dimitir en mitad de un proyecto importante para su carrera, y justo antes de recibir los bonus, porque se ha enterado de que sus colegas están ganando más dinero. Para ese empleado la justicia es un interés tan alto como el dinero.

Sean cuales sean los detalles específicos de la situación, ninguna de estas personas estará actuando de forma irracional. Simplemente obedecen a necesidades y deseos que tú aún no entiendes, pues ven el mundo en función de sus propias reglas. Tu trabajo es sacar estos cisnes negros a la luz.

Como hemos visto, cuando reconoces que la contraparte no está actuando de forma irracional, sino que simplemente está mal informada, constreñida u obedece a intereses que aún no conoces, tu campo de acción se expande enormemente. Y eso te permite negociar con mucha más eficacia.

He aquí algunas formas de desvelar esos poderosos cisnes negros.

Verse cara a cara

Es muy difícil desvelar los cisnes negros si no estás en la mesa de negociación. No importa cuánto investigues, hay información que no vas a descubrir a no ser que os sentéis cara a cara.

Hoy, la mayor parte de la gente lo hace todo por correo electrónico. Simplemente, las cosas se hacen así. Pero por correo electrónico es muy difícil descubrir los cisnes negros por la simple razón de que, incluso si logras desestabilizar a tu contraparte con grandes etiquetas y preguntas calibradas, tendrá demasiado tiempo para pensar y para volver a centrarse y evitar revelar demasiados detalles.

Además, el correo electrónico no permite detectar tonos de voz ni leer los elementos no verbales de tu interlocutor (recuerda el porcentaje 7-38-55).

Volvamos un momento a la historia de mi cliente que estaba intentando obtener un contrato con Coca-Cola y que descubrió que su contacto en la compañía había sido apartado.

Me di cuenta de que la única forma en la que mi cliente podría cerrar un trato con Coca-Cola era conseguir que su contacto admitiera que era una pieza innecesaria en la negociación y que pasara a mi cliente al ejecutivo adecuado. Pero no había forma de que el tipo hiciera eso, porque aún se imaginaba que era alguien importante.

Así que le dije a mi cliente que debía sacar a su contacto del edificio de Coca-Cola.

—Tienes que llevártelo a cenar. Debes decirle: «¿Sería muy mala idea si le llevo a su asador favorito y nos divertimos un rato y no hablamos de negocios?».

La idea era que no importaba la razón por la que el contacto no hacía nada —ya fuera que estaba avergonzado, que no le gustaba mi cliente, o simplemente que no quería hablar de la situación—, el único modo de desencallar el proceso era a través de la interacción humana directa.

Así que mi cliente se llevó a cenar al tipo y, como había prometido, no habló de negocios.

Sin embargo, era imposible no hablar de ello y solo porque mi cliente había creado una interacción personal cara a cara, el contacto admitió que él no era la persona adecuada. Admitió que su división era un caos y que tendría que pasarle el tema a otro para que el acuerdo se cerrara.

Y cumplió su palabra. Les llevó más de un año firmar el contrato, pero lo hicieron.

Obsérvalos con la guardia baja

Si bien es importante verse cara a cara, las reuniones de negocios, los encuentros estructurados y las sesiones de negociación suelen ser los momentos menos reveladores porque es cuando las personas están más en guardia.

Para cazar a los cisnes negros son también buenos los momentos limítrofes en los que están desguarnecidos, bien en las comidas, como la que tuvo mi cliente con su contacto de Coca-Cola, o durante los breves momentos de relax antes o después de las interacciones formales.

Durante una reunión de negocios típica, los primeros minutos, antes de entrar en materia, y los últimos momentos, cuando la gente se está marchando, nos suelen decir más sobre la otra parte que todo lo que hay en medio. Esa es la razón por la que los periodistas tienen el credo de no apagar nunca sus grabadoras: el mejor material siempre se consigue al principio y al final de la entrevista.

Presta también mucha atención a tu interlocutor durante las interrupciones, los comentarios ajenos al tema o cualquier cosa que interrumpa el flujo de la sesión. Cuando alguien rompe filas, su fachada se desmorona un poquito. Descubrir esas grietas y cómo es su lenguaje verbal y no verbal puede ser una mina de oro.

Cuando algo no tiene sentido, puedes ganar algunos céntimos

Mis alumnos siempre me piden que concrete si los cisnes negros son información específica o alguna clase de información útil. Siempre les contesto que son cualquier cosa que no sabemos y que cambia la dinámica de la situación.

Para ponerlo en contexto, he aquí la historia de uno de mis alumnos de MBA que estaba de becario en un grupo inmobiliario de capital privado de Washington. Cuando tuvo que enfrentarse a acciones de la parte contraria que no tenían ningún sentido, empleando una etiqueta descubrió inocentemente uno de los mayores cisnes negros que he visto en años.

Mi alumno había estado realizando las debidas diligencias acerca de un posible objetivo cuando un director de la firma le pidió que investigara una propiedad de uso mixto en el centro de Charleston, en Carolina del Sur. Mi alumno no tenía experiencia en el mercado de Charleston, así que llamó al agente que vendía la propiedad y le pidió la carpeta de marketing.

Tras debatir sobre el acuerdo y el mercado, mi alumno y su jefe llegaron a la conclusión de que los 4.300.000 dólares que pedían sobrepasaba en 450.000 dólares el precio debido. En ese momento mi alumno volvió a llamar al agente para discutir el precio y los siguientes pasos.

Después de los iniciales comentarios amables, el agente le preguntó a mi alumno qué le parecía la propiedad.

—Parece interesante —dijo—. Por desgracia, no conocemos bien los detalles del mercado. Nos gusta el centro y en particular King Street, pero tenemos un montón de preguntas.

El agente le dijo que llevaba más de quince años en el gremio, por lo que estaba bien informado. En ese momento, mi alumno cambió al tipo de **preguntas calibradas de «cómo» y «qué»** para reunir información y juzgar las habilidades del agente.

—Genial —dijo mi alumno—. En primer lugar, ¿cómo le ha afectado a Charleston la crisis económica?

El agente le dio una respuesta detallada, citando ejemplos de mejoras del mercado. En el proceso demostró a mi alumno tener un gran conocimiento.

—¡Parece que estoy en buenas manos! —dijo, **empleando una etiqueta para construir empatía**—. Siguiente pregunta: ¿qué tasa de capitalización puede esperarse de un edificio de este tipo?

En la conversación que siguió, mi alumno se enteró de que los dueños podían confiar en una tasa del 6 o el 7 % porque estos edificios eran populares entre los estudiantes que asistían a la universidad local, una universidad en crecimiento en la que el 70 % de los alumnos vivía fuera del campus.

También descubrió que resultaría económicamente prohibitivo —si no imposible— comprar tierras en las proximidades y construir un edificio similar. A lo largo de los últimos cinco años nadie había construido en esa calle debido a la legislación sobre conservación de edificios históricos. Incluso si pudieran comprar algún terreno, el agente afirmó que la construcción de un edificio similar costaría unos 2.500.000 dólares.

—El edificio está en muy buen estado, sobre todo en comparación con el resto de las opciones disponibles para los estudiantes —dijo el agente.

—Parece que este edificio funciona mejor como residencia que como una propiedad multifamiliar —dijo mi alumno, **empleando una etiqueta para sacarle más información**.

Y lo consiguió.

—Por suerte y por desgracia, sí —dijo el agente—. La ocupación siempre ha sido del ciento por ciento, y el edificio es una gallina de los huevos de oro, pero los chavales se comportan como lo que son...

A mi alumno se le encendió una bombilla: había algo extraño. Si era la gallina de los huevos de oro, ¿por qué iba alguien a vender un edificio **con el ciento por ciento de ocupación situado junto a un campus universitario en auge en una próspera ciudad**? Esto resultaba de todo punto irracional. Ligeramente confundido, pero aún con mentalidad de negociador, mi alumno elaboró una etiqueta. Sin darse cuenta, **etiquetó incorrectamente la situación**, provocando que el agente le corrigiera y revelara un cisne negro.

—Si el propietario está dispuesto a vender la gallina de los huevos de oro, será que tiene dudas acerca de los fundamentos del mercado —dijo.

—Bueno —contestó—, el dueño tiene propiedades más difíciles en Atlanta y Savannah, y quiere deshacerse de este edificio para pagar el resto de las hipotecas.

¡Bingo! Mi alumno había desenterrado un **cisne negro** fantástico. El propietario estaba **sujeto a constreñimientos** que, hasta ese momento, le resultaban desconocidos.

Mi alumno silenció el teléfono mientras el agente describía otras propiedades y empleó ese momento para discutir el precio con su jefe. **Rápidamente le dio luz verde para hacer una oferta a la baja —un punto de anclaje extremo— para intentar llevar al agente a su mínimo.**

Tras preguntarle al agente si el vendedor estaría dispuesto a cerrar un trato rápidamente, y de obtener un «sí» como respuesta, mi alumno lanzó su punto de anclaje.

—Creo que ya he escuchado suficiente —dijo—. Estamos dispuestos a hacer una oferta de 3.400.000 dólares.

—Bien —contestó el agente—. Está muy por debajo del precio que pedimos. Sin embargo, puedo presentarle la oferta al vendedor y ver qué le parece.

Un poco más tarde, ese mismo día, el agente le hizo una contraoferta. El vendedor le había dicho que la cifra era muy baja, pero que estaba dispuesto a aceptar 3.700.000. Mi alumno casi se cae de la silla; la contraoferta estaba incluso por debajo de su objetivo. Pero en lugar de quedarse con esa cifra —y arriesgarse a dejar un margen de valor sobre la mesa, con una **ganancia débil**—, mi alumno presionó un poco más. **Dijo «no» sin emplear la palabra**.

—Está más cerca del valor que nosotros creemos que tiene —dijo—, pero, honradamente, no podemos pagar más de 3.550.000 dólares.

Más tarde mi alumno me comentó —y estuve de acuerdo— que debería haber usado **una etiqueta o una pregunta calibrada** para obligar al agente a apostar en contra de sí mismo. Pero estaba tan sorprendido por lo mucho que había bajado el precio que cayó en el regateo a la vieja usanza.

—Solo estoy autorizado a bajar hasta 3.600.000 dólares —respondió el agente, dejando ver claramente que nunca había recibido una clase de negociación que le enseñara **el modelo Ackerman ni cómo cambiar los términos para evitar el regateo.**

El jefe de mi alumno le hizo una señal indicándole que 3.600.000 dólares le parecía bien y acordaron este precio.

Yo he probado varias de las técnicas que empleó mi alumno para negociar con éxito un gran trato para su firma, desde **el empleo de etiquetas y preguntas calibradas hasta la exploración de los constreñimientos para desvelar un bello cisne negro**. Es importante señalar, asimismo, que mi alumno previamente había trabajado un montón y había preparado etiquetas y preguntas de modo que estaba listo para atrapar al cisne negro cuando se lo ofreció el agente.

Una vez que tuvo conocimiento de que el propietario quería vender su edificio para pagar las hipotecas de los que iban peor, supo que el tiempo era un factor importante.

Por supuesto, siempre hay espacio para mejorar. Después mi alumno me dijo que deseaba no haber bajado la oferta tan rápido y aprovechar la ocasión para hablar del resto de las propiedades. Tal vez habría encontrado más oportunidades de inversión en la cartera del vendedor.

Además, podría haber construido más **empatía** y tanteado más incertidumbres desconocidas con etiquetas o preguntas calibradas como: «¿Qué mercados tienen dificultades en este momento?». Quizá incluso habría conseguido **un encuentro cara a cara directamente con el propietario**.

Aun así, ¡buen trabajo!

Supera los miedos y aprende a conseguir lo que quieres de la vida

Las personas, por lo general, temen el conflicto, así que dejan de emplear argumentos útiles por miedo a que la conversación derive en ataques personales inmanejables. En las relaciones íntimas, a menudo evitamos mostrar nuestros intereses personales y en vez de ello hacemos concesiones para evitar que se nos perciba como avaros o egoístas. Cedemos, nos amargamos, nos distanciamos. Todos hemos oído hablar de matrimonios que acaban en divorcio sin que la pareja se haya peleado nunca.

Las familias son solo una versión extrema de todos los escenarios de la humanidad, de los gobiernos a los negocios. Salvo por unos cuantos negociadores natos, al principio todos odiamos negociar. Te sudan las manos, se te dispara el instinto de lucha o huida (con énfasis en «huida») y tus pensamientos chochan unos con otros.

El impulso natural de muchos de nosotros es acobardarnos, tirar la toalla, correr. La sola idea de lanzar un punto de anclaje extremo resulta traumática. Por eso la norma, tanto en la cocina de casa como en la sala de juntas, son los acuerdos de ganancias débiles.

Pero párate un segundo a pensar sobre ello. ¿De verdad te da miedo el tipo que está al otro lado de la mesa? Puedo prometerte que, con pocas excepciones, no va a levantarse para darte un puñetazo.

No, nuestras manos sudorosas son tan solo una expresión fisiológica del miedo, unas cuantas neuronas disparándose por algo más básico: nuestro deseo innato de llevarnos bien con otros miembros de la tribu. No es el tipo que está al otro lado de la mesa a quien temes: es al propio conflicto.

Si este libro consiguiera solo una cosa, espero que sea hacer que superes el miedo al conflicto y aprendas a moverte en él con empatía. Si quieres llegar a ser bueno en algo —un buen negociador, un buen manager, una buena pareja— vas a tener que hacerlo. Vas a tener que ignorar a ese diablillo que te dice que te rindas, que te limites a llevarte bien, tanto como a ese otro que te dice que te desates y empieces a gritar.

Vas a tener que aceptar el conflicto normal y reflexivo como base de una negociación eficaz... y de la vida. Recuerda que a lo largo de este libro hemos enfatizado que el adversario es la situación en sí, y que la persona con la que aparentemente estás en conflicto no es más que un compañero.

Numerosos estudios han demostrado que el conflicto honesto y genuino entre gente distinta que defiende sus objetivos en realidad ayuda a inyectar energía en el proceso de resolución de problemas de forma colaborativa. Los negociadores hábiles tienen un talento nato para emplear el conflicto de forma que continúe la negociación sin convertirse en una batalla personal.

Recuerda, presionar por aquello en lo que crees no es egoísta. No es acoso. No es solo ayudarte a ti mismo. Tu amígdala, la parte del cerebro que procesa el miedo, intentará convencerte de que te rindas, de que huyas, bien porque el otro tiene razón o bien porque te estás comportando cruelmente.

Pero si eres una persona honesta y decente que busca obtener un resultado razonable, puedes ignorar a tu amígdala.

Con el estilo de negociación que se enseña en este libro —una búsqueda enfática, centrada en la información, del mejor de los tratos posibles— lo que estarás intentando hacer es descubrir el valor. Punto. Ni intimidar ni humillar a nadie.

Sí, cuando plantees preguntas calibradas estarás llevando a tu interlocutor hacia tus objetivos. Pero también lo estarás invitando a que examine y sea capaz de articular qué es lo que quiere y por qué y cómo puede conseguirlo. Le estarás pidiendo creatividad y, por tanto, empujándole hacia una solución colaborativa.

Cuando compré mi 4Runner rojo, sin duda supuso una decepción para el vendedor pues le dejé una comisión menor de la que le habría gustado. Pero le ayudé a conseguir su cuota y sin duda pagué más por el coche de lo que el concesionario le había pagado a Toyota. Si yo solo hubiera querido «ganar», humillarle, le habría robado el coche.

Así que voy a dejarte con una petición: ya sea en la oficina o en la cena familiar, no esquives el conflicto cuando este sea honesto y claro. Te hará conseguir el mejor coche al mejor precio, un salario más alto y una donación mayor. También salvará tu matrimonio, tu relación de amistad y a tu familia.

Uno solo puede convertirse en un negociador excepcional, y en una gran persona, escuchando y hablando claramente y desde la empatía, tratando a la parte contraria —y tratándose a uno mismo— con dignidad y respeto, y, sobre todo, siendo honesto respecto a lo que uno quiere y a lo que uno puede —y no puede— hacer. Toda negociación, toda conversación, cada momento de la vida es una serie de pequeños conflictos que, bien gestionados, pueden elevarse hasta alcanzar una belleza creativa.

Dales la bienvenida.

Lecciones clave

Aquello que desconocemos puede matarnos o fulminar nuestros acuerdos. Pero desvelarlo puede cambiar totalmente el curso de una negociación y traernos un éxito inesperado.

Sin embargo, encontrar los cisnes negros —esas poderosas incertidumbres desconocidas— es intrínsecamente difícil por la simple razón de que no sabemos qué preguntas hay que hacer. Como no sabemos cuál es el tesoro, no sabemos dónde excavar.

He aquí algunas de las mejores técnicas para hacer salir a los cisnes negros y explotarlos. Recuerda que tu interlocutor puede incluso desconocer la importancia que tiene tal información, o el hecho de que no debería revelarla. Por tanto, sigue presionando, tanteando y reuniendo información.

- Deja que lo que sabes —tus certidumbres conocidas— te guíe sin cegarte. Cada caso es nuevo, por tanto mantente flexible y adáptate. Recuerda la crisis del banco Griffin: nunca un secuestrador había matado a un rehén en la fecha límite, hasta que uno lo hizo.
- Los cisnes negros son multiplicadores de la ventaja. Recuerda cuáles son los tres tipos de ventaja: positiva (la capacidad de darle a alguien lo que quiere); negativa (la capacidad de hacerle daño a alguien) y normativa (empelar las normas de tu interlocutor para llevarlo a tu terreno).
- Esfuérzate por entender la «religión» de la otra parte. Indagar en las cosmovisiones implica salir de la mesa de negociación y entrar en la vida, emocional o de otro orden, de la otra parte. Es ahí donde viven los cisnes negros.
- Repasa todo lo que diga tu interlocutor. No lo oirás todo la primera vez, revísalo. Compara tus notas con las de los demás

miembros de tu equipo. Emplea a personas de refuerzo cuyo trabajo sea escuchar lo que se dice entre líneas. Oirán las cosas que a ti se te escapen.

- Explota el principio de similitud. La gente está más dispuesta a hacer concesiones ante alguien con el que comparte una similitud cultural, por tanto, busca lo que les hace tilín y déjales ver que tenéis cosas en común.
- Cuando alguien parece irracional o loco, lo más probable es que no lo esté. Cuando te encuentres en esta situación, busca los constreñimientos, los deseos ocultos y la información errónea que maneja.
- Encuéntrate cara a cara con tu interlocutor. Diez minutos con la persona a menudo revelan más que días de investigación. Presta especial atención a la comunicación verbal y no verbal de tu interlocutor en los momentos en los que esté con la guardia baja: al principio y al final de la sesión o cuando alguien diga algo ajeno al tema que se está tratando.

Steve Ross, mi agente, es un hombre íntegro y fue la persona perfecta para encargarse de este libro. Tiene un gran conocimiento de la industria y consiguió que el libro existiera. Me siento muy agradecido por conocerle.

¡Hollis Heimbouch es genial! Estoy encantado de que estuviera al frente del equipo de Harper Collins y de que tuviera la suficiente fe en este libro para contratarlo. Gracias, Hollis.

Gracias, Maya Stevenson, por haber llegado al equipo de The Black Swan y mantenernos unidos. Llegamos más lejos gracias a ti.

Sheila Heen y John Richardson son dos personas alucinantes. Son quienes verdaderamente abrieron el camino para demostrar que las ideas de las técnicas de negociación con rehenes tienen sitio también en el mundo empresarial. Sheila fue profesora mía en la Escuela de Empresariales de Harvard. Por cómo enseña y por cómo es, fue una inspiración. Dos años después me pidió que diera las clases con ella. John me pidió que diera clase de negociación empresarial internacional en Harvard junto a él un año después. Me guió en ese proceso, que me llevó a convertirme en adjunto en Georgetown. Cuando nada me iba bien, tanto John como Sheila estuvieron a mi lado. Sin ellos no sé dónde estaría. Gracias a ambos.

Gary Noesner fue mi mentor en el FBI. Me inspiró y rehízo el mundo de la negociación con rehenes (con la ayuda de su equipo de la Unidad de Negociación de Crisis, la CNU). Me ha apoyado en todo lo que he querido hacer. Me convirtió en el principal negociador internacional de secuestros del FBI. Podía llamar a Gary a las cinco de la mañana y contarle que en tres horas me metía en un avión para negociar un secuestro, y me decía: «Ve». Nunca vaciló a la hora de darme su apoyo. En la CNU consiguió reunir la colección de negociadores de rehenes con más talento que jamás se ha visto junta. La CNU llegó a su cenit en la época en la que estuvimos allí. Ninguno sabíamos la suerte que teníamos. John Flood, Vince Dalfonzo, Chuck Regini, Winnie Miller, Manny Suarez, Dennis Braiden, Neil Purtell y Steve Romano eran como estrellas de rock. Aprendí de todos vosotros. No puedo creer todo lo que aguantó Chuck siendo mi compañero. Dennis fue un mentor y un gran amigo. Chocaba constantemente con Vince y me hice mejor gracias a su talento.

Todos los que estuvieron en esa época en el Equipo de Negociación de Incidentes Críticos del FBI también me enseñaron muchas cosas. Os doy las gracias.

Tommy Corrigan y John Liguori fueron mis hermanos en la época en la que estuve en Nueva York. Los tres juntos hicimos cosas extraordinarias. La memoria de Tommy Corrigan me sigue inspirando aún a día de hoy. Fue un privilegio ser miembro de las Fuerzas Antiterroristas Unidas. Luchamos contra el mal. Richie DeFilippo y Charlie Beaudoin fueron unos compinches excepcionales en el Equipo de Negociación de Crisis. Gracias a los dos por todo lo que me enseñasteis.

Hugh McGowan y Bob Louden, del Equipo de Negociación de Rehenes del Departamento de Policía de la Ciudad de Nueva York, compartieron conmigo su sabiduría. Ambos habéis sido activos indispensables para el mundo de la negociación de rehenes. Gracias.

Derek Gaunt ha sido para mí un gran compañero en el área metropolitana de Washington D.C. Derek lo entiende todo. Gracias, Derek. Kathy Ellingsworth y su difunto marido, Bill, han sido durante años grandes amigos y me han dado sus sabios consejos. Os agradezco vuestro apoyo y vuestra amistad.

Tom Strentz es el padrino del Programa de Negociación de Crisis con Rehenes y me ha ofrecido su amistad inquebrantable. No puedo creer que aún me siga cogiendo el teléfono.

Mis alumnos de Georgetown y la USC han demostrado constantemente que estas ideas funcionan en cualquier parte. Más de un estudiante ha dejado de respirar cuando los he mirado y les he dicho: «Quiero un coche en sesenta segundos o ella muere». Gracias por acompañarme en este viaje. Georgetown y la USC han sido sitios fantásticos para ejercer la docencia. Ambos cuentan con una excelente educación superior, los más altos estándares académicos y el éxito de sus estudiantes.

Los rehenes y sus familias que en sus horas más oscuras me permitieron intentar ayudarles son todos unos santos. Me siento muy agradecido de mantener aún el contacto con algunos de vosotros. Qué sabiduría hay en el universo que decidió que vuestros caminos eran necesarios, no lo comprendo. Pero fui bendecido por vuestra gracia. (Necesito toda la ayuda posible.)

Apéndice

Prepara un pliego de negociación

La negociación es una investigación psicológica. Puedes aumentar tu confianza si inicias dicha investigación con un ejercicio de preparación que nosotros aconsejamos a todos nuestros clientes. Se trata de hacer una lista de las herramientas principales que prevés que vas a utilizar, como etiquetas o preguntas calibradas, adaptadas a la negociación particular.

Cuando aumenta la presión, no nos colocamos a la altura de la situación, sino que caemos a la altura de nuestro máximo nivel de preparación.

Una advertencia: algunos expertos en negociación idealizan la fase de preparación, hasta tal punto que aconsejan elaborar un guión que contemple cómo se desarrollará la negociación y la forma exacta que adoptará el acuerdo. En este momento, después de haber leído hasta aquí, no te será difícil entender que eso es una misión imposible. Con ese enfoque no solo serás menos ágil y menos creativo en la mesa de negociación, sino que hará que te muestres más susceptible ante aquellos que lo son.

A partir de la experiencia de mi empresa, creo que una buena preparación inicial supone una proporción de 7:1 en cuanto a tiempo ahorrado en renegociar acuerdos o aclarar los términos de su implementación.

En la industria del entretenimiento, a efectos publicitarios y de marketing el producto se resume en una sola hoja. En la misma línea, queremos elaborar un pliego con un resumen de las herramientas que vamos a emplear.

Tiene cinco secciones.

Sección I: El objetivo

Piensa en diversos escenarios, mejores y peores, pero anota solo el objetivo que representa la mejor de las posibilidades.

Generalmente los expertos en negociación te dirán que te prepares haciendo una lista que contenga tu mínimo, lo que realmente quieres conseguir, cómo vas a intentar conseguirlo y algunos contraargumentos a los argumentos de la otra parte.

Pero esta preparación típica tiene diversos fallos. Carece de imaginación, y lleva a la predecible dinámica regateadora de oferta/contraoferta/punto medio. En otras palabras, da resultados, pero a menudo son mediocres.

El punto fuerte de la dinámica tradicional de la preparación —y su mayor talón de Aquiles— es una cosa llamada BATNA.

Roger Fisher y William Ury acuñaron el término en su best seller de 1981 *Obtenga el sí*, y son las siglas de Best Alternative To a Negotiated Agreement (Mejor Alternativa a un Acuerdo Negociado). Básicamente, es la mejor opción posible de la que dispones cuando la negociación fracasa. El último recurso. Imagina que estás en un concesionario intentando vender tu viejo BMW serie 3. Si ya tienes a alguien que te ha hecho una oferta por escrito de 10.000 dólares, esa será tu BATNA.

El problema de la BATNA es que hace que los negociadores tiren a la baja. Los investigadores han demostrado que el ser humano tiene una capacidad limitada para mantener la concentración en situaciones complejas y estresantes, como es el caso de las negociaciones. Por tanto, una vez que la negociación está en marcha, tendemos a gravitar hacia el punto que tiene mayor significación psicológica para nosotros.

En ese contexto, obsesionarse con una BATNA la convierte en tu objetivo, y por tanto fija el límite superior de lo que vas a pedir. Después de haberte pasado horas preparando una BATNA, tiendes a conceder mentalmente cualquier cosa que esté más allá de ella.

Está claro que tirar a la baja resulta muy tentador. La autoestima es un factor a tener en cuenta en la negociación porque mucha gente se fija objetivos modestos para protegerla. Cuando tiras a la baja es más fácil reclamar la victoria. Por eso muchos expertos en negociación afirman que mucha gente que tiene un objetivo en el que salgan ganando ambas partes en realidad lo que tiene es mentalidad de ganancia débil. Este tipo de negociador se centra en su mínimo y ahí es donde termina.

Así que si la BATNA no puede ser nuestro punto fuerte, ¿cuál debería serlo?

A mis clientes les digo que como parte de su preparación deberían pensar en los posibles resultados de los extremos: el mejor y el peor. Si tenemos cubiertos ambos casos, estaremos preparados para cualquier cosa. Así que debes tener claro lo que no puedes aceptar y tener una idea acerca de cuál es el mejor resultado posible, pero puesto que aún te falta recopilar información de la otra parte, debes tener en cuenta que el mejor escenario posible tal vez sea todavía mejor de lo que crees.

Nunca estés tan seguro de lo que quieres como para que no puedas llevarte algo mejor. Siendo flexible abordarás la negociación con mentalidad ganadora.

Imagina que estás vendiendo unos viejos altavoces porque necesitas 100 dólares para comprar otros. Si te centras en el mínimo de 100 dólares, te relajarás cuando oigas esa cifra y eso es lo que conseguirás. Pero si te enteras de que en las tiendas de segunda mano de productos de audio se venden por 140 dólares, podrías ponerte un objetivo por lo alto de 150 dólares y seguir abierto a ofertas mejores.

Bien, aunque yo aconseje pensar en un rango de mejor y peor para dar a mis clientes la seguridad de contar con una estructura, con respecto al pliego de negociación mi consejo es que te limites a anotar en él el objetivo por lo alto, pues te motivará y te centrará a nivel psicológico, y te entrenará para que veas que toda oferta que esté por debajo es una pérdida. Tras décadas de estudios sobre la fijación de objetivos, queda claro que las personas que se plantean objetivos específicos, que suponen un reto pero son realistas, terminan consiguiendo acuerdos mejores que aquellos que no se fijan ningún objetivo o simplemente se esfuerzan por hacerlo lo mejor posible.

En resumidas cuentas: las personas que esperan más (y lo expresan) consiguen más.

Estos son los cuatro pasos para establecer nuestro objetivo:

- Fija un objetivo optimista pero razonable y defínelo con claridad.
- Anótalo.
- Discute tu objetivo con un colega (esto hace más difícil que luego te acobardes).
- Lleva el objetivo escrito a la negociación.

Sección II: El resumen

Resume en un par de frases los hechos conocidos que han dado pie a la negociación.

Durante la negociación tendrás que aportar algo más que argumentos interesados sobre lo que deseas. Y será mejor que puedas responder con empatía táctica a los argumentos de la otra parte; a no ser que sea un incompetente, tu interlocutor vendrá preparado para dar argumentos con una interpretación de los hechos en la que él salga favorecido.

Debes esforzarte por que todos partáis de la misma base.

Describe claramente cuál es el estado de las cosas antes de empezar a pensar en actuar en sus límites. ¿Por qué estás ahí? ¿Qué quieres? ¿Qué quiere tu contraparte? ¿Por qué?

Debes ser capaz de resumir la situación de modo que tu interlocutor responda con un «así es». Si no lo hace, no lo has hecho bien.

Sección III: Las etiquetas/la autoacusación

Prepara dos o tres etiquetas para plantear una autoacusación.

Intenta anticipar qué le parecerá a tu interlocutor el planteamiento que le presentes en el resumen. Haz una lista concisa de las acusaciones que te pueda hacer, sin importar lo ridículas o injustas que suenen. De cada una de las acusaciones, elabora una lista con no más de cinco etiquetas y dedica algo de tiempo a representarte esas posibles escenas.

Hay etiquetas rellenables que se pueden emplear en casi todas las situaciones para extraer información de nuestra contraparte o para desactivar las acusaciones:

«Parece que _____ tiene un gran valor para ti.»
«Parece que no te gusta _____.»
«Parece que aprecias _____.»
«Parece que _____ lo haría más fácil.»
«Parece que recelas de _____.»

Como ejemplo, si estás intentando renegociar el alquiler del apartamento para que te permitan subarrendarlo y sabes que el casero se opone a esta idea, las etiquetas pueden ir en esta línea: «Parece que no es demasiado amigo de los subarriendos» o «Parece que prefiere que los inquilinos sean estables».

Sección IV: Las preguntas calibradas

Prepara de tres a cinco preguntas calibradas para detectar lo valioso e identificar y superar los elementos que podrían acabar con el acuerdo.

Los negociadores eficaces saben ver más allá de las posiciones aparentes de la otra parte (lo que dicha parte exige) y bucear en las motivaciones subyacentes (lo que les hace querer lo que quieren). Las motivaciones son aquello que les preocupa y lo que esperan, e incluso desean ardientemente.

Detectar lo que le preocupa a la otra parte parece sencillo, pero a menudo se interponen en el camino nuestras expectativas más básicas sobre lo que supone una negociación. Casi todos damos por hecho que las necesidades de la otra parte están en conflicto con las nuestras. Tendemos a limitar nuestro campo de visión a nuestros propios asuntos y olvidamos que la otra parte también basa sus asuntos en su visión particular del mundo. Los grandes negociadores saben ir más allá mostrándose curiosos acerca de aquello que está motivando de verdad a la otra parte.

Hay una gran cita de J. K. Rowling, la autora de *Harry Potter*, que resume este concepto: «Tienes que aceptar la realidad de las demás personas. Crees que la realidad es algo con lo que se puede negociar, quieres que nosotros creamos que es como tú aseguras que es. Pero has de aceptar que somos tan reales como tú; debes aceptar que no eres Dios».

Hay un pequeño número de preguntas enunciadas con «¿qué?» y «¿cómo?» que puedes usar en casi cualquier situación. He aquí algunas:

«¿Qué estamos intentando conseguir?»
«¿Qué hace que merezca la pena?»
«¿Cuál es la cuestión central aquí?»
«¿Cuál es el mayor reto al que os enfrentáis?»
«¿Cómo encaja esto en el objetivo global?»

Preguntas que permiten identificar las cuestiones que están más allá de la mesa de negociación y que pueden acabar con lo acordado

Cuando se organiza una comisión para debatir cómo se implementará el acuerdo, el apoyo de esa comisión es fundamental. Adapta tus preguntas calibradas para identificar y desvelar las motivaciones de aquellos que están más allá de la mesa de negociación, entre ellas:

«¿Cómo afecta esto al resto de vuestro equipo?»

«¿Cómo de implicada está la gente que está al margen de esta decisión?»

«¿Qué es lo que vuestros colegas ven como los principales desafíos en esta área?»

Preguntas para identificar y diluir las cuestiones que acabarán con el acuerdo

A menudo, quienes tienen la capacidad de influir en una negociación son quienes están más cómodos con la situación tal cual está. Cualquier cambio puede hacer que parezca que no han hecho bien su trabajo. En una negociación como esta, tu dilema será cómo hacerles quedar bien en caso de que se produzca ese cambio.

Aunque tengas la tentación de centrarte en las cuestiones económicas, deja a un lado eso por un momento. Hay un porcentaje altísimo de negociaciones que en realidad giran en torno a cuestiones que no tienen nada que ver con dólares ni céntimos. A menudo tienen más que ver con la autoestima, el estatus, la autonomía y otras necesidades no económicas.

Piensa en su percepción de la pérdida. No olvides que una pérdida duele al menos el doble que una ganancia equivalente.

Por ejemplo, quizá el tipo que tienes al otro lado de la mesa esté dudando si instalar el nuevo sistema de contabilidad que necesita (y que tú le ofreces) porque no quiere estropear nada antes de la revisión anual, que le toca dentro de cuatro meses. En lugar de bajar tu precio, lo que puedes hacer es ofrecerle la posibilidad de impresionar a su jefe prometiéndole que no correrá ningún riesgo y que terminarás la instalación en noventa días, garantizado.

Preguntas para desenterrar las cuestiones que pueden acabar con el acuerdo

«¿A qué nos estamos enfrentando aquí?»

«¿Cuál es el mayor reto al que os enfrentáis?»

«¿Cómo os afecta la posibilidad de llegar a un acuerdo con nosotros?»

«¿Qué pasa si no hacéis nada?»

«¿Qué coste os supondría no hacer nada?»

«¿Cómo beneficia este trato a los elementos de los que vuestra empresa se enorgullece?»

A menudo resulta eficaz hacer estas preguntas en grupos de dos o tres porque son tan similares que ayudan a que tu interlocutor pueda pensar las cosas desde ángulos distintos.

Por supuesto, cada situación es única, pero si combinas adecuadamente estas preguntas llevarás a tu interlocutor a revelar información acerca de lo que desea y de lo que necesita, y al mismo tiempo le empujarás a ver las cosas desde tu punto de vista.

Prepárate para lanzar etiquetas de seguimiento a las respuestas que dé el interlocutor a tus preguntas calibradas.

Tener etiquetas preparadas te permitirá devolverle al interlocutor rápidamente sus respuestas, lo que te proporcionará información ampliada. De nuevo, he aquí algunas etiquetas rellenables de las que podrás tirar sin necesidad de pensar demasiado:

«Parece que _____ es importante.»

«Parece que pensáis que mi empresa está en una posición perfecta para _____.»

«Parece que os preocupa que _____.»

Sección V: Las ofertas no económicas

Prepara una lista con los elementos no económicos de valor que posee tu interlocutor.

Pregúntate: «¿Qué podrían ofrecerme para que yo accediera a hacer esto gratis?». Recuerda la anécdota que conté hace algunos capítulos acerca de mi trabajo para la asociación de abogados: el interés de mi interlocutor era pagarme tan poco como fuera posible para quedar bien delante de la junta directiva. Y se nos ocurrió que podían publicar un artículo sobre mí en su revista. Para ellos eso tenía un coste muy bajo y yo consideré que favorecía mis intereses.

Si desean conocer más sobre mi empresa, The Black Swan Group, cualquier información o asesoría adicional sobre negociación, o si quieren contactar conmigo para que dé una charla en su empresa, pueden visitar nuestro sitio web: www.blackswanltd.com.

Notas

1. Robert Mnookin, *Pactar con el diablo: cuándo negociar y cuándo luchar*, Barcelona, Planeta, 2001.
2. Roger Fisher y William Ury, *Obtenga el sí, el arte de negociar sin ceder*, Barcelona, Gestión 2000, 2004.
3. Daniel Kahneman, *Pensar rápido, pensar despacio*, Barcelona, Debate, 2012.
4. Philip B. Heymann y Departamento de Justicia de Estados Unidos, *Lessons of Waco: Proposed Changes in Federal Law Enforcement*, Washington D.C., Departamento de Justicia de Estados Unidos, 1993.
5. George A. Miller, «The Magical Number Seven, Plus or Minus Two: Some Limits on Our Capacity for Processing Information», *Psichological Review* 63, núm. 2 (1956), pp. 81-97.
6. Greg J. Stephens, Lauren J. Silbert y Uri Hasson, «Speaker-Listener Neural Coupling Underlies Successful Communication», *Proceedings of the National Academy of Sciences of the USA* 107, núm. 32 (10 de agosto de 2010), pp. 14425-14430.
7. Matthew D. Lieberman *et al.*, «Putting Feelings into Word: Affect Labeling Disrupts Amygdala Activity in Response to Affective Stimuli», *Psychological Science* 18, núm. 5 (mayo de 2007), pp. 421-428.
8. Jim Camp, *De entrada, diga no: las herramientas que los negociadores no quieren que usted conozca*, Barcelona, Empresa Activa, 2004.
9. De *care,* «cuidado», y *confront*, «confrontar». *(N. de la T.)*
10. Herb Cohen, *Todo es negociable*, Barcelona, Planeta, 1983.
11. Antonio R. Damasio, *El error de Descartes. La razón, la emoción y el cerebro humano*, Madrid, Crítica, 2004.
12. Jeffrey J. Fox, *Cómo ser un galáctico del marketing*, Madrid, Síntesis, 2003.

13. Daniel Ames y Malia Mason, «Tandem Anchoring: Informational and Politeness Effects of Range Offers in Social Exchange», *Journal of Personality and Social Psychology* 108, núm. 2 (febrero de 2015), pp. 254-274.
14. Kevin Dutton, *Split-Second Persuasion: The Ancient Art and New Science of Changing Minds*, Boston, Houghton Mifflin Harcourt, 2011.
15. Dhruv Khullar, «Teaching Doctors the Art of Negotiation», *New York Times*, 23 de enero de 2014, http://well.blogs.nytimes.com/2014/01/23/teaching-doctors-the-art-of-negotiation/, consultado el 4 de septiembre de 2015.
16. Albert Mehrabian, *Silent Messages: Implicit Communication of Emotions and Attitudes*, 2.ª ed., Belmont (California), Wadsworth, 1981, y *Nonverbal Communication*, Chicago, Aldine-Atherton, 1972.
17. Lyn M. Van Swol, Michael T. Braun y Deepak Malhotra, «Evidence for the Pinocchio Effect: Linguistic Differences Between Lies, Deception by Omissions, an Truths», *Discourse Processes* 49, núm. 2 (2012), pp. 79-106.
18. Gerald R. Williams, *Legal Negotiations and Settlement*, Saint Paul, Minnesota, West, 1983.
19. Marwan Sinaceur y Larissa Tiedens, «Get Mad and Get More than Even: The Benefits of Anger Expressions in Negotiations», *Journal of Experimental Social Psychology* 42, núm. 3 (2006), pp. 314-322.
20. Daniel R. Ames y Abbie Wazlawek, «Pushing in the Dark: Causes and Consequences of Limited Self-Awareness for Interpersonal Assertiveness», *Personality and Social Psychology Bulletin* 40, núm. 6 (2014), pp. 1-16.
21. Nassim Nicholas Taleb, *El cisne negro: el impacto de lo altamente improbable*, Barcelona, Paidós, 2008.
22. Nassim Nicholas Taleb, *Fooled by Randomness: The Hidden Role of Chance in Life and in the Markets*, Nueva York, Random House, 2001.
23. Ellen J. Langer, Arthur Blank y Benzion Chanowitz, «The Mindlessness of Ostensibly Thoughtful Action: The Role of "Placebic" Information in Interpersonal Interaction», *Journal of Personality and Social Psychology* 36, núm. 6 (1978), pp. 635-642.
24. Deepak Malhotra y Max H. Bazerman, *El negociador genial: cómo obtener grandes resultados en la mesa de negociación y más allá*, Barcelona, Empresa Activa, 2013.

Índice alfabético

Fotografía del autor: © Clinton Brandhagen

CHRIS VOSS trabajó para el FBI durante veinticuatro años. Actualmente es uno de los mayores expertos y de los mejores profesores de tácticas de negociación del mundo. Es el fundador y director general de The Black Swan Group, una importante empresa de consultoría. Ha impartido clases en diversas universidades y escuelas de negocios como la University of Southern California Marshall School of Business, la Georgetown University's McDonough School of Business, la Harvard University, la MIT Sloan School of Management y la Northwestern University's Kellogg School of Management, entre otras.

Chris Voss utiliza sus muchos años de experiencia en crisis internacionales y negociaciones de alto riesgo para desarrollar un programa único cuyas técnicas están acreditadas internacionalmente en el mundo de los negocios.

TAHL RAZ es un reconocido periodista, coautor del libro superventas *Nunca comas solo* (Amat Editorial, 2008).